武汉颂大教育科技股份有限公司资助出版

武汉大学教育研究

Wuhan University Educational Research

2019年卷第2辑（总第10辑）

武汉大学　主办

WUHAN UNIVERSITY PRESS
武汉大学出版社

图书在版编目(CIP)数据

武汉大学教育研究.2019年卷.第2辑:总第10辑/武汉大学主办.—武汉:武汉大学出版社,2020.9
ISBN 978-7-307-21532-0

Ⅰ.武…　Ⅱ.武…　Ⅲ.教育—文集　Ⅳ.G4-53

中国版本图书馆CIP数据核字(2020)第089812号

责任编辑:林　莉　　责任校对:李孟潇　　版式设计:马　佳

出版发行:**武汉大学出版社**　(430072　武昌　珞珈山)
(电子邮箱:cbs22@whu.edu.cn　网址:www.wdp.com.cn)
印刷:武汉图物印刷有限公司
开本:880×1230　1/16　印张:11　字数:324千字
版次:2020年9月第1版　2020年9月第1次印刷
ISBN 978-7-307-21532-0　定价:30.00元

目　录

CONTENTS

·高端论坛·

一流学科研究的现状、热点主题及前沿演进

——基于CiteSpace知识图谱分析

殷朝晖　胡中远

(武汉大学　教育科学研究院，湖北　武汉　430072)

摘　要：为了解目前一流学科研究现状，梳理该研究领域的热点主题及发展前沿，本文运用CiteSpace软件对CSSCI及核心期刊收录的1994—2018年期间“一流学科”为主题的952篇文献进行可视化分析，结果发现：一流学科研究近年来成为众多学者关注的热点问题。从2015年起，发文量呈井喷式增长。以武建鑫、周光礼等为核心作者，南京大学、厦门大学和中国人民大学等为主要发文机构，但目前该领域作者、机构之间合作还较少。一流学科基本理论研究、“双一流”建设、学科排名、一流学科建设、人才培养等是研究的热点主题。从宏观政策走向微观实践的学科建设成为重要的研究趋势。“一流学科”研究正迅速兴起，相关研究会越来越丰富和深入。

关键词：一流学科；CiteSpace；知识图谱

The Current Situation, Hot Topics and Frontier Evolution of First-Class Discipline Research

—Analysis of Knowledge Map Based on CiteSpace

Yin Zhaohui, Hu Zhongyuan

(Research Institute of Education Science, Wuhan University, Wuhan, Hubei, 430072)

Abstract: In order to understand the current research status of first-class disciplines, sort out the hot topics and development frontiers in this research field, this paper uses CiteSpace software to carry out visual analysis on 952 documents with the theme of “first-class disciplines” collected by CSSCI and core journals from 1994 to 2018, the results show that the first-class discipline research has become a hot issue in recent years. Since 2015, the number of publications has been increasing in a blowout way. With Wu Jianxin and Zhou Guangli as the core authors, Nanjing University, Xiamen University and Renmin University of China as the main publishing institutions, but at present, there is little cooperation between the authors and institutions in this field. The research on the basic theory of first-class disciplines, the construction of “double first-class”, the ranking of disciplines, the construction of first-class disciplines and the cultivation of talents are the hot topics of the research. From macro policy to micro practice, discipline construction has become

---

收稿日期：2019-10-18

基金项目：本文是国家社会科学基金教育学一般课题“知识生产模式转型背景下一流学科建设路径研究(BIA180173)”的阶段性研究成果。

作者简介：殷朝晖(1974—　)，女，湖南常德人，武汉大学教育科学研究院教育经济与管理研究所所长，副教授，教育学博士，主要从事世界一流大学研究；胡中远(1995—　)，女，安徽六安人，武汉大学教育科学研究院研究生，主要从事学科建设研究。

an important research trend. "First class discipline" research is rising rapidly, and relevant research will be more and more rich and in-depth.

Key words: First class discipline; CiteSpace; Knowledge graph

学科是一流大学建设的基本要素之一，学科水平标志着大学的实力。一流学科的发展是一流大学建设的重中之重。自"双一流"建设名单公布后，一流学科建设正如火如荼地进行着，相关的理论研究也随之开展和深入，对已有相关研究进行归纳分析，是了解学科发展现状、完善学科理论体系的重要途径[1]。本文通过 CiteSpace 软件对我国一流学科相关研究主题进行计量分析，形成相关知识图谱，探寻一流学科的研究热点、前沿及趋势，以期能够为一流学科的理论研究和"双一流"建设的实践探索提供参考依据。

一、研究设计

(一)研究工具

本研究的研究工具采用陈超美教授开发的 CiteSpace 信息可视化软件，软件版本为 CiteSpace V 5.3. R4。生成"一流学科"领域的科学知识图谱，展示了研究的整体情况，突出重点节点及相互关联，以直观可视化图像展现研究主题的演化过程。科学知识图谱是为探究知识单元或知识群之间构成、互动、演化等诸多内部关系，以知识域为对象，显示科学知识的发展进程与结构关系的一种图谱[2]。本研究使用 CiteSpace 知识图谱对"一流学科"主题文章的作者、研究机构和关键词等进行可视化分析，从而全面、客观、形象地认识一流学科建设的研究现状、热点和未来趋势。

(二)数据来源

本研究数据来源于中国学术期刊 CNKI 数据库，精确检索以"一流学科"为主题，限定 CSSCI 及核心期刊的文献，时间选取从 1994 年最早一篇期刊到 2018 年，检索出 1271 篇期刊，剔除报告、综述、征稿通知、访谈、贺信、学报订阅、话题、介绍、发言、论坛、讲话、获奖、新闻稿、致辞等非学术论文，最终保留限定 952 篇论文。使用 CNKI 的导出功能，以 Refworks 为输出格式，将含有作者、题目、摘要、关键词、期刊等信息的文献题录信息进行导出，以"download_X"为题录文件名，作为 CiteSpace 数据分析来源。本研究导出有"download_1""download_2"两组文件。

(三)研究方法

利用 CiteSpace 软件，将从 CNKI 里导出的 Refworks 格式的两组文件数据通过转换作为软件分析数据，参数设置中选择 1994—2018 年为时间跨度(Time Slicing)，时间分区(Years Per Slice)设为 1，节点类型分三次，依次选择(Node Types)作者(Author)、机构(Institution)、关键词(Keyword)；选择阈值(Selection Criteria)为临界值(Thresholds)，阈值设为(2，2，20)、(2，2，20)和(2，2，20)，c 代表频次大于 2，cc 代表共现频次大于 2，ccv 代表相似系数大于 0.2，其余为默认设置。分别运行生成图 2 一流学科研究作者共现图谱；图 3 机构共现图谱；图 4 关键词共现图谱。图谱中圆圈节点代表关键词，节点大小代表关键词出现的频次，节点之间的连线代表关键词之间的共现关系。

二、结果分析

(一)“一流学科”领域研究现状

1. 文献年度发文量分布分析

为探寻一流学科主题的研究概况及历史发展脉络，可以从论文的发表情况——年发文量进行研究。本文将检索出来的952篇论文统计作图，结果如图1所示。我们可以发现最早是1994年的1篇论文，到2014年的20年里是一个非常平缓低值的曲线，相关研究的文献数量很少且变化幅度很小，其中2002年、2012年略有增加，一直处于平稳的低水平发展初期。而2015年是一个历史性的转折点，从2015年开始，我国的一流学科研究开始增多，特别是2016年起呈现明显的快速上升趋势，发文量急剧增加，说明该领域研究正在迅速崛起和发展。其中，2017年年均发文量200多篇，2018年则爆发式增长到378篇。一流学科主题的研究正在成为研究的热点。究其原因，“一流学科”在我国可以说是一个政策导向型的词汇。整理有关政策文件发现，自2015年10月，国务院印发《统筹推进世界一流大学和一流学科建设总体方案》，做出了战略部署。2017年9月，国家正式公布“双一流”建设高校名单之后，“双一流”建设正式进入实施阶段，也因此掀起了一流学科研究的热潮。

图1 1994—2018年“一流学科”主题期刊文献年发文量

2. 文献作者分析

本文为了解该研究领域作者发文情况，对952篇文献的作者发文量进行了可视化分析，统计了发文量排名前20的作者及发文量(见表1)，并做出“一流学科”领域文献作者合作图谱(如图2所示)。在“一流学科”研究领域中，发文量排名靠前的作者有武建鑫(9篇)、眭依凡(5篇)、周光礼(5篇)、王建华(5篇)、姜华(5篇)、张伟(5篇)。其中，来自中国人民大学教育学院的武建鑫在这一领域研究发表的论文最多。除个体独立研究外，还有高产学者之间的合作研究。来自中国人民大学的武建鑫、周光礼教授在《什么是世界一流学科》中提出世界一流学科是建设世界一流大学的基础[3]。截至2019年4月，此论文的被引频次和下载次数分别达到180次和8217次，引用度极高。此外，马陆亭、卢晓中、董云川、胡建华、陈学飞等人相互之间形成了几个作者群体。图谱中显示有97个节点、51条连线，图谱浓度为0.011。表明共有 97 位作者，作者之间合作了 51 次。可见“一流学科”研究的学者数量不多，且大部分比较分散，多是个体独立研究，学者之间未形成广泛的合作。在合作空间上，大多数作者属于同一高校内部，跨机构、跨省域的作者之间的合作很少。此外，从时间上来看，大多数作者的文献都集中于 2015 年之后，这表明“一流学科”研究处于追逐热点、涌入兴起的阶段，且有越来越多的作者参与其中。

表 1　**一流学科主题发文量前 20 的作者和篇数**

Count	Year	Authors
9	2016	武建鑫
5	2016	眭依凡
5	2016	周光礼
5	2017	王建华
5	2016	张伟
5	2017	姜华
4	2016	刘国瑜
4	2016	耿有权
4	2018	董维春
4	2016	马陆亭
4	2009	王战军
3	2018	高耀
3	2016	李兴国
3	2017	刘海涛
3	2017	李春林
3	2017	殷忠勇
3	2009	翟亚军
3	2017	刘苗苗
3	2018	孟照海
3	2018	龚放

3. 发文机构分析

对“一流学科”主题研究成果的发文机构分析如表 2 所示，在“一流学科”的发文机构中，发文量排在前列的依次是：南京大学教育研究院、厦门大学教育研究院、中国人民大学教育学院、华中科技大学教育科学研究院和南京师范大学教育科学学院等。这些机构所属高校大多是以往的“985”或“211”高校，其中综合类、理工类大学较多，师范类院校较少。这与“双一流”建设大学的学校类型分布是一致的，因为这类学校的学者会更关注一流学科建设研究。从发文量来看，目前为止，10 篇以上的机构有 4 家，最多的南京大学教育研究院有 17 篇。我国“一流学科”主题研究领域机构图谱如图 3 所示。图中圆圈代表机构发文量，发文量越多直径越大。圆点之间的连线表示机构之间的合作程度，连线越多代表机构之间合作次数越多。图谱中 N = 101，E = 30，Density = 0. 0059，共有 101 个节点、30 条连线，图谱浓度为 0. 0059，代表

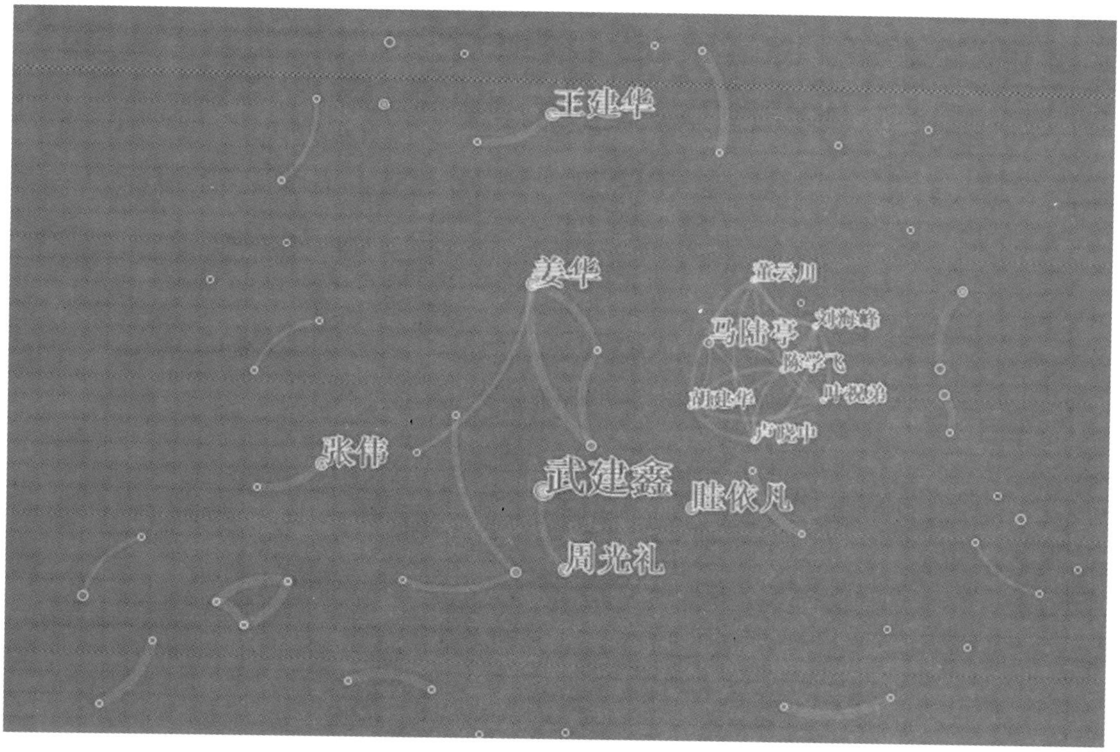

图 2　我国“一流学科”研究领域文献作者合作图谱

共有 101 个机构，机构之间的合作次数为 30 次。图谱中各个点分布较散，连线很少表明机构间的合作较少，缺乏联系。同时图中仅南京师范大学、中国人民大学、厦门大学、中国高等教育学会、华中科技大学之间构成一个合作网络，且以单线合作为主。总体上，此领域合作程度较低，机构之间还没有形成紧密的合作。这一现象与该领域研究还处于初级阶段有关。

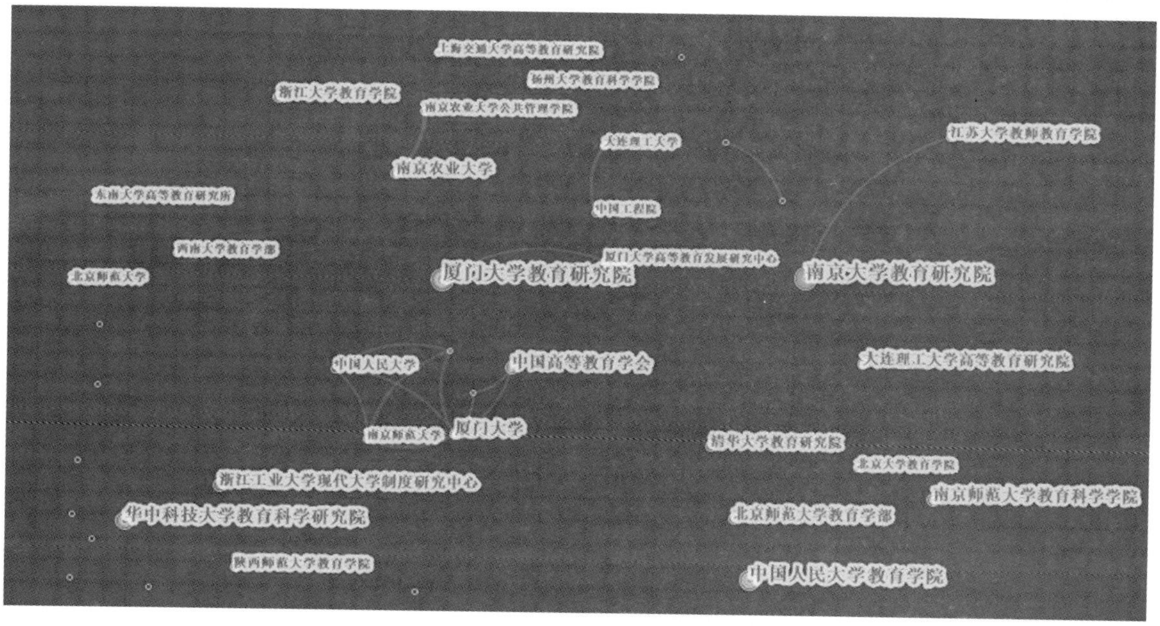

图 3　我国“一流学科”研究领域文献机构合作图谱

表 2　　一流学科主题高产发文机构及发文量

Count	Year	Institutions
17	2016	南京大学教育研究院
15	2016	厦门大学教育研究院
14	2016	中国人民大学教育学院
11	2017	华中科技大学教育科学研究院
9	2016	南京师范大学教育科学学院
9	2016	厦门大学
9	2016	中国高等教育学会
8	2016	北京师范大学教育学部
7	2017	大连理工大学高等教育研究院
7	2013	南京农业大学
7	2016	浙江工业大学现代大学制度研究中心
6	2018	浙江大学教育学院
6	2017	清华大学教育研究院
6	2017	江苏大学教师教育学院
5	2016	中国人民大学
5	2018	陕西师范大学教育学院
4	2016	南京师范大学
4	2018	北京大学教育学院
4	2017	厦门大学高等教育发展研究中心
4	2018	上海交通大学高等教育研究院

(二)“一流学科”领域研究热点与主题

1. 关键词共现知识图谱分析

根据文献计量学研究，文献关键词词频和共词可以反映出该领域的研究热点，中心度和词频较高的关键词是学者们研究的热点问题[4]。运行 CiteSpace 5. 3. R4 软件，以“Keyword(关键词)”为节点，生成了我国一流学科关键词共现知识图谱(图 4)及以“一流学科”主题收录的 952 篇论文的关键词汇总表(表 3)。如图 4 所示，在“一流学科”主题关键词共现图谱中，共有 212 个节点、419 条连线。可见一流学科研究领域关键词节点较多，且关键词彼此之间联系紧密。此外，十字越大表示关键词出现频次越高，连线越多代表该关键词中心性越强，也就越重要。为更清晰地呈现“一流学科”研究的热点主题，表 3 统计出了排名在前 30 位、频次在 10 次及以上的高频关键词及其中心性。综合图 4 和表 3 可知，1994—2018 年，该领域的研究热点有：一流学科、世界一流大学、“双一流”建设、学科建设和“双一流”等。其中高等教育、世界一流大学、学科、研究型大学、一流学科建设和中国特色等关键词中心性较高，即与其他关键词共同出现的几率较多，在共现网络中的影响力较大，是目前该领域研究者研究的热点和重点。

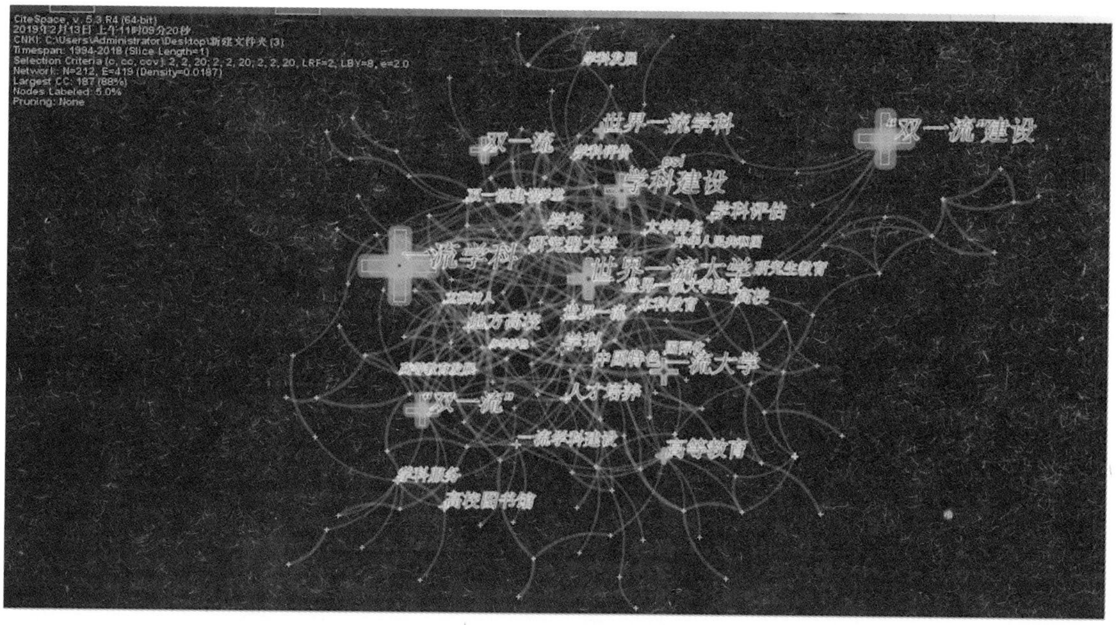

图 4　一流学科关键词共现图谱

表 3　　“一流学科”研究热点高频关键词

Count	Centrality	Year	Keywords	Count	Centrality	Year	Keywords
190	0. 05	1999	一流学科	19	0. 02	2017	高校图书馆
128	0. 19	2000	世界一流大学	16	0. 15	2016	一流学科建设
125	0. 05	2016	“双一流”建设	15	0. 15	2016	中国特色
102	0. 08	2000	学科建设	15	0. 06	2017	高校
73	0. 08	2016	“双一流”	14	0. 11	2002	世界一流
70	0. 02	2000	一流大学	14	0. 10	2017	学科服务
57	0. 02	2016	双一流	13	0. 04	2016	ESI
42	0. 04	2012	世界一流学科	12	0. 11	2012	学科评估
40	0. 21	2010	高等教育	12	0. 03	2012	大学排名
29	0. 16	2002	学科	12	0. 06	2015	世界一流大学建设
24	0. 03	2016	学科评估	11	0. 05	2016	本科教育
23	0. 08	2016	人才培养	11	0. 11	2017	双一流建设
22	0. 15	2002	研究型大学	10	0. 16	2016	研究生教育
22	0. 05	2017	地方高校	9	0. 10	2016	国际化
20	0. 18	2002	学校	9	0. 05	2017	学科发展

2. 关键词知识聚类图谱分析

关键词知识聚类图谱可以更加清楚地展示“一流学科”领域相关关键词的聚类情况。对高频关键词进行聚类分析，可以理清关键词之间的关系，从中分析出“一流学科”研究领域的研究热点与重点，同时可以看出未来的发展趋势，从而及时对研究前沿领域进行一定的预测。运用 CiteSpace 软件对文献的关键词进行聚类得到 1994—2018 年“一流学科”研究领域关键词聚类知识图谱(如图 5 所示)。在图谱中，节点越大代表出现频次越高，频次、中心值高的文献是研究的热点。在该图谱中，共计节点 212 个，连线 419 条，密度为 0.0187，网络模块评价指标中 Q 值为 0.6188，聚类结构显著，网络同质性指标值为 0.4054，聚类结果信度略高。由图可知关于“一流学科”研究的知识聚类主要围绕以下几大方面展开：“世界一流大学”“双一流建设”“学科建设”“一流学科”“高等教育”与“人才培养”等。通过对图 5 进行分析后，将关键词聚类为大学排名、学校、学科方向、双一流、人才流动、办学特色、学科结构、ESI、学位授权点、高校 10 个方面的研究热点。结合关键词聚类图谱，本文拟从以下 5 个方面进行主题热点分析。

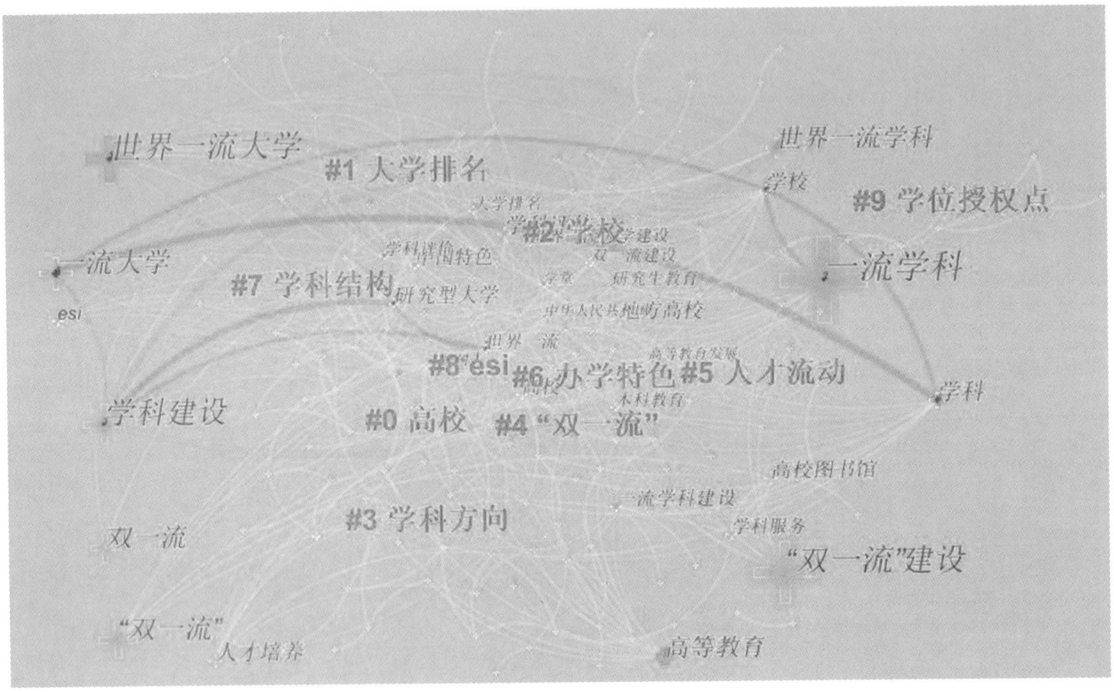

图 5　一流学科关键词聚类图谱

(1)一流学科建设与一流大学建设相辅相成

“双一流”建设名单公布后，一流大学和一流学科两者的关系也引发了诸多的探讨与研究。冯用军认为，学科是大学的基本要素，世界一流学科是创建世界一流大学的基础。必须以建设世界一流学科为基点和抓手去建设世界一流大学[5]。姜凡和眭依凡讨论了“双一流”之“双”与“单”的辩证关系，强调一流学科是一流大学的基石，要以世界一流学科建设为着力点和突破口建设世界一流大学[6]。总体来说，学术界已广泛认同世界一流学科是世界一流大学的基础这一说法[7]。同时一流大学建设引领一流学科建设，从某种程度上说只有一流大学的整体环境才能建成一流学科[8]。所以，一流学科建设需要一流大学的物质和人力资源等作为支撑，一流大学的建成需要一流学科作为基础，两者是相辅相成，共同促进的关系。

(2)一流学科建设与学科排名的关系

近年来，关于一流学科遴选、评价标准也开始引起了学者们的关注。在关键词聚类图谱中可以看到“大学排名”“ESI”等热点话题。我国“双一流”建设大学的学科建设深受排行榜的影响，学科排名指标俨然已成为学科建设的重要依据。张伟、徐广宇和缪楠等学者认为建设世界一流学科需要科学的评价标准和参照。他们以 ESI 最新学科评价数据为基础，从学科、高校和区域三个角度分析我国建设世界一流学科的基础与潜力，判断其是否已达到或接近世界一流水平[9]。不过，现在有很多学者提出学科排名的弊端，提倡理性看待。例如，王兴宇认为学科排名的工具理性和教育本身的价值理性存在着难以调和的矛盾。在“双一流”建设的大背景下，特别要理性看待学科排名，不可让排名影响了办学的初衷甚至教育的本质[10]。

（3）一流学科发展离不开学科建设

一流学科建设正成为学者研究的热点领域。从图5中可以看到与一流学科建设相关的有学科结构、学科方向、学科服务等。这些都是目前学者研究较多的领域，此外还有学科评价、学科发展等。何晓芳、王洋指出世界一流大学的学科结构及发展模式对我国“双一流”建设具有重要的参考价值[11]。江惠云、陈金彦认为凝练学科方向、培育人才团队、建设一流平台、培育重大成果、推进协同创新是高水平学科建设的重要途径[12]。杨颖、许丹、郭继军认为“双一流”学科建设为高校图书馆的学科服务赋予新使命并带来新机遇，并提出建立医学高校图书馆为附属临床医院提供嵌入临床教学、科研、临床实践、管理及医学成果转化“五合一”的服务模式，完善学科建设[13]。

（4）一流学科发展与人才培养相互促进

一流学科的发展从内在逻辑看是自身知识体系的完善与成熟，从实现根本上来看更离不开人才培养。刘光成、唐贤清提出学科建设是人才培养的依托，人才培养可为学科建设提供可持续发展的动力。实现一流学科建设与人才培养的协同互动必须紧紧抓住人才培养这个根本[14]。倪亚红、王运来认为在国家主义教育理念之下，学科建设和人才培养作为大学场域下同一大学治理过程的两个不同方面，具有共同的核心素养，其主要实践路径为教学与科研的统一[15]。一流学科发展如何与人才培养相互促进，我们可以借鉴国外的先进经验。陈新忠、张亮提出一流学科需要面向产业进行建设，指出德国霍恩海姆大学率先在欧洲开设有机农业和食品系统硕士专业，培养拥有产业链整体观、具备跨学科知识和技能的复合型有机农业人才，不仅巩固了学校农业科学全国第一的地位，而且促进了学校学科的发展。从而强调我国应在产教融合中建设世界一流学科，让学科发展与人才培养起到相互促进的作用[16]。还有学者提出人才培养的途径，徐辉提出要集中资源，引育院士、杰出青年、长江学者、国际知名学者及其团队，创建以大师为核心的若干个方向的团队群，从而造就世界一流学科与一流人才[17]。

（5）“中国特色”的一流学科建设

“双一流”建设工程是极具中国特色的高等教育政策。按照党中央国务院决策部署，“双一流”建设必须以中国特色、世界一流为核心，以立德树人为根本，以支撑创新驱动发展战略、服务经济社会发展为导向，这是“双一流”建设的根本任务和战略导向[18]。宫毅敏提出中国特色“双一流”建设的落脚点应在学科建设和专业建设上，重任是培养拔尖创新人才，资源配置方式应由政府主导过渡到由政府、市场主导与学校自主相结合并行，最后转为市场主导，要有世界标准，更要有中国特色[19]。冯用军、赵雪指出中国和平崛起和中华民族伟大复兴“中国梦”的实现，客观上要求建成若干中国特色鲜明的学科与专业、世界一流大学。构建中国特色、世界接轨的“双一流”战略评估标准，有助于为国家公开遴选和动态评估“双一流”战略提供参考借鉴[20]。

（三）“一流学科”领域的研究热点演进

1.“一流学科”领域研究热点迁移时区图

关键词共现迁移时区图如图6所示，节点之间的连线表示不同时间内节点的传承关系，连线越多表示节点的传承关系越紧密。节点不同的大小及颜色代表节点出现数量随时间的推进关系。节点依照时间顺序分布在横坐标时间轴上，展现了“一流学科”领域的热点演变过程。从图6可以看出，从1999年开始“一流学科”“学科建设”等相关关键词才开始密集增多，逐渐成为研究热点。1999—2003年成为第一阶段热点年份。2003—2009年基本上没有相关关键词，研究学者较少。2010年开始，“高等教育”“世界一流学科”

等关键词又开始出现，学者对这一领域有了关注。2015—2018 年，相关关键词呈喷薄式增长，学者对一流学科领域呈现高涨的研究热情。近年来，“一流学科”领域成为学者研究的热点领域，关键词之间的连线较多，新老热点的传承较紧密，“一流学科”领域的主题热点也在快速增加，内涵越来越丰富。

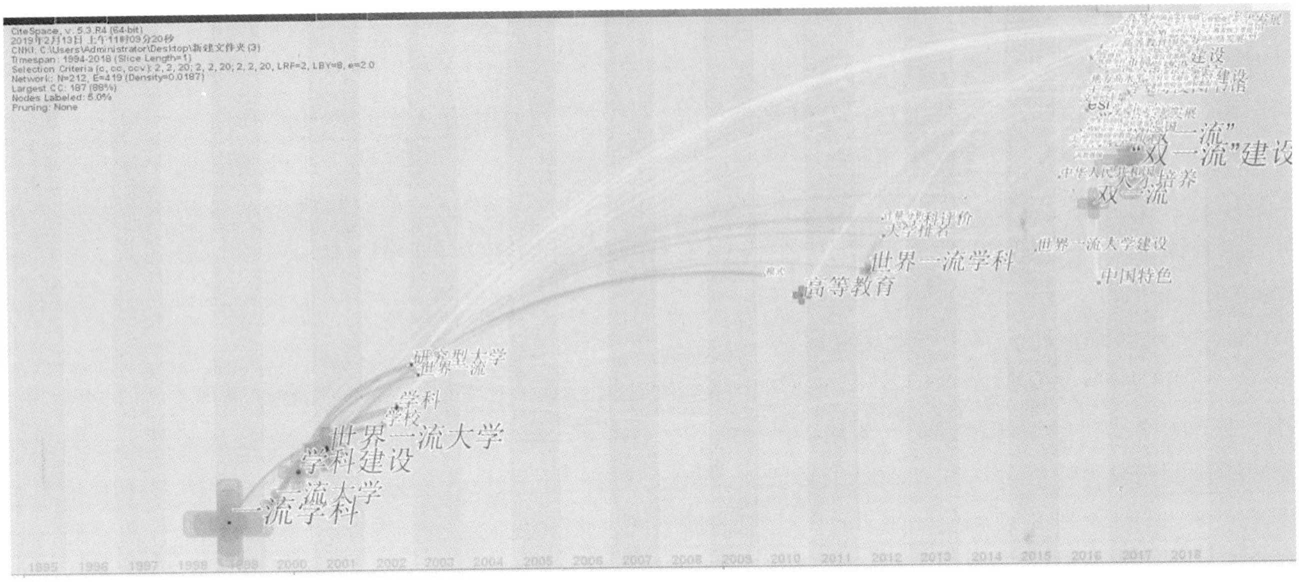

图 6　“一流学科”领域研究热点迁移时区图

2.“一流学科”领域突现词

CiteSpace 软件具有的突现词探测功能可以有效揭示出一流学科研究领域的研究前沿。点击软件的“Burst Terms”选项，“Node Types”中“keyword”选项，运行得到突现率最高的 5 个词，如表 4 所示：一流大学、学科建设、学校、研究型大学、世界一流大学。突现词表主要展示了突现词的时间跨度及其突现率。结合前文可见，关键词的中心性与突现率之间也不存在正相关关系。表 4 中的 5 个突现词均是 7 年及以上的时间跨度，突现值最低为 5. 0117，可见这些研究方向都曾长时间受到学者的关注，总体发展趋势比较稳定。选取具有代表性的突现词进行具体演进趋势分析，可以得出我国“一流学科”研究在 1994—2018 年这段时间内稳健型、渐弱型和渐强型这三类前沿主题的演进趋势。其中，学科建设、学校和研究型大学为稳健型研究前沿；一流大学为渐弱型研究前沿；世界一流大学为渐强型研究前沿。稳健型研究前沿这三个关键词十几年来一直属于研究热点，随着“双一流”战略的提出，世界一流大学慢慢代替了一流大学，成为渐强型研究前沿。

表 4　**1994—2018 年“一流学科”领域突现词**

Top 5 Keywords with the Strongest Citation Bursts

Keywords	Year	Strength	Begin	End	1994—2018
一流大学	1994	6.9459	2000	2006	
学科建设	1994	12.7949	2000	2014	
学校	1994	6.2795	2002	2016	
研究型大学	1994	5.0117	2002	2016	
世界一流大学	1994	15.1479	2006	2015	

三、总结

本文运用 CiteSpace 软件进行相关图谱分析，对“一流学科”领域论文发表数量、作者和机构、研究热点、热点迁移与研究前沿等进行梳理，得到以下结论：第一，从发文数量来看，“一流学科”研究论文数量整体处于增长态势，自 2015 年以来，更是呈爆发式增长，“一流学科”研究已经成为高等教育领域的热点问题。随着我国“双一流”战略的推进，相关研究成果会越来越多。第二，从发文作者和机构来看，我国“双一流”建设高校是本领域研究的主要阵地。但作者和发文机构都没有形成紧密联系的合作网络，依然呈现分散状态，需加强各研究者及各研究机构之间的合作，资源共享、优势互补，产出高质量的研究成果，为一流学科发展乃至“双一流”建设提供理论基础，进而指导学科建设实践，推动我国“双一流”建设。第三，从研究主题来看，多元分散性是主要特征。近年来，研究热点开始增多，主要从一流学科基本理论研究、“双一流”建设、学科排名、一流学科建设、人才培养、中国特色等主题展开进行研究。第四，从研究趋势来看，“一流学科”的研究角度从宏观政策走向微观实践且越来越深入。各高校积极探索学科建设的新路径，学科建设的动态评价指标和体系、学科文化、学科制度、学科团队、学科平台建设以及学科协同创新能力的提升等将是重要的研究方向。一流学科相关的研究主题及研究内容会更加具体，同时研究方法和研究成果也会越来越多样。

◎ 参考文献

[1] 杨海燕．我国高等教育研究的热点领域及前沿——基于 CSSCI 数据库 2004—2014 年收录文献关键词共现的计量和可视化分析[J]．复旦教育论坛，2015，13(4)：46-56.

[2] 陈悦，陈超美．引文空间分析原理与应用：CiteSpace 实用指南[M]．北京：科学出版社，2014：16.

[3] 周光礼，武建鑫．什么是世界一流学科[J]．中国高教研究，2016(1)：65-73.

[4] 陈明，侯剑华．管理控制领域的研究热点分析[J]．工业技术经济，2013，32(1)：152-160.

[5] 冯用军，赵雪．中国“双一流”战略：概念框架、分类特征和评估标准[J]．现代教育管理，2018(1)：12-18.

[6] 姜凡，眭依凡．世界一流大学建设须以一流学科建设为基础[J]．教育发展研究，2016，36(19)：3.

[7] 饶武元，刘浩．一流学科研究的主题、前沿及问题探讨——基于关键词共现知识图谱的可视化分析[J]．现代教育管理，2017(4)：11-17.

[8] 王喜娟，朱艳艳．高校“双一流”建设的研究热点初探——基于 CNKI 文献的知识图谱分析[J]．当代教育科学，2018(10)：88-91.

[9] 张伟，徐广宇，缪楠．世界一流学科建设的内涵、潜力与对策——基于 ESI 学科评价数据的分析[J]．现代教育管理，2016(6)：32-36.

[10] 王兴宇．“双一流”背景下学科建设的逻辑与路径——从学科排名谈起[J]．西南民族大学学报(人文社科版)，2018，39(10)：215-221.

[11] 何晓芳，王洋．世界一流大学学科结构及发展模式研究——基于 QS 学科排名基础数据的分析[J]．现代教育管理，2018(11)：65-69.

[12] 江惠云，陈金彦．研究型大学一流学科建设思考[J]．高等农业教育，2013(11)：40-42.

[13] 杨颖，许丹，郭继军．“双一流”背景下医学高校图书馆嵌入式学科服务研究[J]．数字图书馆论坛，2018(12)：62-66.

[14] 刘光成，唐贤清．一流学科建设与人才培养如何实现协同互动[J]. 湖南师范大学教育科学学报，2019(1)：124-125.

[15] 倪亚红，王运来．“双一流”战略背景下学科建设与人才培养的时间统一[J]. 江苏高教，2017(2)：7-10，15.

[16] 陈新忠，张亮．世界一流学科人才培养的经验与启示——以德国霍恩海姆大学有机农业和食品系统专业为例[J]. 高等工程教育研究，2018(4)：101-106.

[17] 徐辉．创建一流学科打造行业创新人才培养高地[J]. 中国高等教育，2017(15/16)：49-51.

[18] 黄宝印．科学谋划创新推进加快建设中国特色世界一流大学和一流学科[J]. 中国高等教育，2017(19)：30-36.

[19] 宫毅敏．对中国特色“双一流”建设的新思考[J]. 教育探索，2018(2)：62-65.

[20] 冯用军，赵雪．中国“双一流”战略：概念框架、分类特征和评估标准[J]. 现代教育管理，2018(1)：12-18.

·高端论坛·

创新型人才培养与高校心理健康教育研究

梁红霞

(武汉大学 研究生院,湖北 武汉 430072)

摘 要:习近平同志指出,创新是引领发展的第一动力,人才是创新的第一资源。高校应该以培养创新型人才为己任。培养创新型人才,就是培养具有创新意识、创新精神、创新思维、创新能力、创新人格特质的人才,这就需要发挥高校心理健康教育的作用,大力开展积极心理学教育,培养和引导学生发现自己的天赋和潜能,助力创新型人才培养。

关键词:心理健康;创新;人才培养

Research on the Cultivation of Innovative Talents and Psychological Health Education in Colleges and Universities

Liang Hongxia

(Graduate School of Wuhan University, Wuhan 430072, Hubei)

Abstract: Comrade Xi Jinping pointed out that innovation is the first driving force for development and talent is the first resource for innovation. Universities should take it as their duty to cultivate innovative talents. Cultivating innovative talents is cultivating innovative consciousness, innovative spirit, innovative thinking, innovative ability and innovative personality traits of talents which needs to play the role of college psychological health education, vigorously carry out positive psychology education, cultivate and guide students to find their own talent and potential and help cultivate innovative talents.

Key words: Mental health ; Innovation; Talent Training.

一、高校心理健康教育的相关研究

陈会昌在使用心理健康教育这一概念时重点强调其诊疗性,提出"心理健康问题,多是遗传和环境相互作用导致的","用以解决这些问题的应该是心理病理学和儿童精神病学。"①何少颖认为心理健康教育是指"教育者运用心理学、教育学、社会学、行为科学乃至精神病学等各种科学的理论和技术,有计划、有目的地对学生心理施加直接或间接影响,使学生保持积极健康的心理状态,从而充分开发自身潜能,促

收稿日期:2019-10-11

作者简介:梁红霞(1980—),武汉大学研究生院主任科员,博士,主要从事教学管理工作。

① 朱小蔓. 教育的问题与挑战:思想的回应[M]. 南京:南京师范大学出版社,2004.

进其心理健康与人格和谐发展的一种教育活动。”①栾海清提出“根据个体心理发展的内在规律，可以确定高校研究生心理健康教育的‘理论指导、体验培养、实践反馈’等基本维度，并以此建构高校心理健康教育的实践逻辑，即以促进适应为主的教育目标、旨在促进自我教育的教育原则、以服务支持为主的教育模式、全员参与的育人队伍、过程性导向的教育评价。”②朱美燕运用协同学的理论，积极探索并构建了心理健康教育的协同模式，以进一步促进大学生心理素质发展③。陈娟认为高校心理健康教育目前存在着心理健康教育理念“单轨化”、心理健康教育内容“单一化”、心理健康教育资源“缺位化”等问题，亟待解决④。本文旨在分析高校心理健康教育所存在的问题，研究心理健康教育与创新型人才培养之间的关系并探索积极开展心理健康教育的有效途径和方法。

二、传统高校心理健康教育存在的主要问题

第一，心理健康教育关注和面向的群体需要扩大。许多高校的心理健康教育课程及咨询，都是面向存在心理健康问题的学生，而忽视了对全体在校学生的全覆盖。然而，哈佛大学的积极健康心理学课是面向全校学生选修的一门心理健康课程，旨在挖掘所有学生的天赋和潜能，让学生能够认识和发挥自己的个性和优势，从而创造出积极的人生。哈佛大学的幸福课因此被选为最受欢迎的网络慕课，在全世界范围内，被广泛地下载和学习。九型人格的心理健康课程，即属于积极心理学的范畴，该课程改变以往仅仅面向负面情绪或者是消极情绪的学生讲授心理健康教育的方式，转为面向所有学生去积极探讨他们的性格类型和人格特质，从而激发学生的潜能和发挥他们的天赋能力，并最终达到促进高校创新型人才的培养的目标。

第二，目前的心理健康教育的课程教学模式较为单一。目前大部分心理健康课程仍主要采取传统的讲授式的教学方式，通过给学生介绍和灌输一些心理学的概念和定义、特征和要素，或借助一些常用的测量量表等达到教学目的。然而当前学生所急需的却是一些更为实用的心理学的基础常识，因此，心理学教学方式应该从传统的灌输式为主的课堂教学转为互动式的、沟通式的教学，从而达到良好的教学效果。尤其是在当前教学改革涌现“翻转课堂”的大背景下，我们更应该实施以学生为主的教学方式，将向学生提出问题并解决问题视为课堂教学的重点，而不是仅仅停留于灌输一些心理学的概念及其特征。九型人格心理学，以挖掘和发挥学生的天赋才干为最根本的目的，引导学生了解自己，洞悉他人并使得学生能够正确处理自己和自己、自己和他人、自己和社会的关系，从而能够更加快速地融入社会，实现人尽其才，才尽其用的最终目标。

第三，目前高校的心理健康教育队伍建设不完善，心理健康的师资水平有待提升。部分高校在本科生阶段开设心理健康教育的课程较多，而在研究生层面开设心理健康教育的课程相对较少。部分高校的心理健康教育仅仅是作为德育课的一个分支或者是一个章节而存在，许多心理学的教授和专家专注于课题研究，也很少给研究生开设心理学的相关课程。然而，相较于本科生，研究生面临着更大的心理压力，在学业、亲密关系、家庭经济、交友就业等许多层面都承受着更大的压力，亟待舒缓。因此，面对研究生心理压力多元化与高校课程师资不充分的突出矛盾，高校心理健康教育的师资力量有待加强，心理健康教育的师资水平也有待进一步提升。

第四，目前高校的心理健康教育课程内容不够完善，不能适应学生日益增长的心灵需求。大多数教材

---

① 何少颖．当代大学生心理素质教育[M]．福州：海峡文艺出版社，1999.

② 栾海清．高校研究生心理健康教育：反思与建构[J]．黑龙江高教研究，2017，284(12)：97-99.

③ 朱美燕．论高校心理健康教育协同模式的构建[J]．教育探索，2006(8)：94-96.

④ 陈娟．积极心理学对高校心理健康教育的启示[J]．吉林工程技术师范学院学报，2019，35(2)：70-72.

仍然停留在心理学相关概念的区分上，如分析什么是抑郁症，什么是神经官能症等。对于这些基本概念的学习，学生都可以通过互联网等途径加以了解学习，因而，学生迫切需要的是更加贴近心灵、贴近现实的理论指导。我们应该在课堂教学中加入更多在学生群体中正在发生的、实际的心理咨询案例和心理调适案例，也可以采用更多师生互动的方法让学生能够倾诉自己的一些问题，在课堂中通过研讨和倾诉，让学生的压力和情绪得到一定程度的缓解。

第五，要不断拓宽心理健康教育的途径。高校的心理健康教育不应仅仅局限于课堂，高校应该充分利用自己的人才和资源优势，发挥院士、专家学者、杰出青年的引领和带动作用，引导学生树立正确的人生观和价值观，加强校企合作，以拓展学生的视野，让他们在更广阔的世界中磨炼意志，大展宏图。大力开展学生社团活动和社会实践，让学生能够深入农村、深入基层，让学生学会合作，学会沟通，增强社会责任感和使命感，从而提升社会交往和合作的能力，为学生健全人格的全面发展提供广阔坚实的现实基础。

三、创新型人才培养与心理健康教育的关系

2009 年，俞国良教授在全国不同地区、不同类型的 10 所大学针对 1000 多名大学生的创造力和心理健康问题进行了调查研究。研究结果表明，心理健康与创造力之间有着极其密切的关系，心理健康教育为创造力的开发和创造潜能的实现提供了必需的认知、人格等心理条件。他认为在教育观念上，我们要树立创造力培养离不开心理健康教育的指导思想，要把心理健康教育作为大学创新教育工程中的一个重要子系统加以重视①。2011 年，魏荣基于理工科高校大学生的调查研究显示：大学生心理资本与大学生的科研成绩成正比。因此，高校亟待解决的问题就是开发、增加大学生的心理资本，引导学生的心理资本向行为绩效的转移，以提高他们的科研创新能力②。美国著名的心理学家特尔曼曾对 800 名男性进行了 30 年的追踪研究，他发现，被试者中成就最大的 20%和成绩最小的 20%之间最明显的差别不是智力水平，而是是否具有良好的心理素质③。人本主义心理学家的重要代表人物罗杰斯明确指出，心理健康是创造之本，要培养创新型人才首先要提倡心理健康和情绪健康，积极的情绪是促进创新活动的重要因素④。因此，创新型人才培养与高校心理健康教育研究显得尤为重要。

创新型人才培养与心理健康教育密切关联。创新是一个民族的灵魂，也是一所大学的核心所在。心理健康教育以及预防心理健康突发事件，不仅仅是高校学生工作的重要内容，也是人才培养的关键环节。创新型人才培养不仅要求高校培养具备一定创新能力的人才，更重要的是培养具备健康的心理素质和完善的人格的人才。当下各类学生的心理突发事件层出不穷，在网络和社会上都引起了极大的关注。而常见的心理健康突发事件的诱因常常是因为学生和导师之间、学生和恋人之间的关系没有处理好，最终导致学生抑郁身亡，甚至导致家庭的毁灭，因此处理好自己与自己、与他人、与社会的关系显得极为重要。我们需要给学生提供一个更好地认识自我，了解他人人格的工具，而九型人格正是这样一种工具，它是九种人格的性格形态学说。九型人格将人分为九种类型，每种类型都有自己独特的内在行为动机、行为的表现模式及其优缺点和防御机制，也都有自己的天赋优势。学生通过对九型心理学的学习，能够清楚地了解自己的优点和缺点，从而更加清晰地了解认识自己。此外，除了让学生了解自己，认识自己所属的类型外，也可以

---

① 俞国良，王浩．社会转型期大学生心理健康教育观念的思考：访谈证据[J]．黑龙江高教研究，2017(3)．

② 魏荣．大学生潜在心理资本的作用机制与培育路径——基于理工科高校大学生的调查[J]．教育研究，2011(9)：87-93.

③ 王继明．心理健康教育在创新型人才培养中的功能研究[J]．山西高等学校社会科学学报，2007，19(5)：86-89.

④ 杨洪，董秀成，李涛，等．借鉴人本主义心理学的创造观培养创新人才[J]．成都中医药大学学报(教育科学版)，2010(4)：10-12.

帮助学生了解他人，更好地明白其他八种类型人士的思维方式与行为模式。通过这种心理学的学习，能够让学生体验到各类性格的丰富多彩和参差不同。只有做到求同存异，才能够更好地认识自己和包容他人，与他人更加有效的合作与沟通。在当今社会，一个人很难单枪匹马地做出杰出的成就，个人的成功离不开团队的深度合作，跨学科、跨行业的沟通，甚至是跨国际的交流也是成功的前提和必要条件。高校中课题研究同样也需要同学之间和导师之间的相互协作，才能产出高水平的科研成果。每篇文章都有第一作者、第二作者、通讯作者等，并不是一个人就能够完成一个高水平课题的设计整理和出版发表。因此，沟通与协作的能力在创新型人才的培养和创新性成果的产出中都显得尤为重要。

创新的人，必定是能够洞悉自己人格、发挥天赋优势的人。相反，让鱼去学飞行，让鸟儿学游泳，永远都是走错了方向。一个创新型的人首先要明白自己的优势，尤其是性格优势。生而有涯，而学而无涯，因此找准专业，找准努力的方向很重要。

创新型的人才首先是健康的人，而健康的人都必须具备一定的抗压能力。当遭遇挫折与人生低谷的时候，不仅需要寻求他人的协助，更需要发挥自己已有的心理学常识进行自救。因此，一个健康的人应该学会如何平衡与外界的关系，以及如何疏导自己的压力。九型人格心理学正是一门让人能够看到自己成长的方向的学说。在九型人格心理学中有健康层级及动态连线等内容，可以让学生更加明确自己成长的方向，并且能够克服自己的短板。同时，九种健康层级的划分，也让学生能够了解自己所处的心理健康的水平，从而为他们的心灵健康成长指明了方向。

健康的创新型的人才，必须是有使命感的人才。九型人格心理学充分挖掘了九种形态性格、人的天赋和使命，让我们能够找到人生的意义，能把个人价值与国家要求与社会价值很好地协同起来。一个没有责任感和使命感、不具备担当能力的人是很难将创新的想法变成丰硕的成果的。由此可见，创新型人才培养与人的心理健康教育有着密不可分的关系。

四、创新型人才心理健康教育的内容和形式

第一，明确心理健康教育的主体。目前心理健康教育的主体仅仅是有心理健康问题的学生，因此，要明确和扩大心理健康教育的主体，不能仅仅局限于问题学生，而应该对所有高校的本科生和研究生实行全覆盖。让学生充分认识和了解自身的性格优势和天赋潜能，具有非常重要的现实意义，有利于学生发掘和认识自己喜欢的专业和所擅长的领域，培养学生与自己、与同学、与导师、与社会的沟通能力，因此，每一位学生都需要心理健康的教育。我们应该将高校心理学课程教学的内容由消极心理学向积极心理学领域拓展，让更多的学生从中受益。创新不仅仅是个别学生应具备的能力，而是所有学生都应该具备的潜能，应当让每个学生都认识到自己的优势，并让其充分发挥，这应该是创新型高水平大学因材施教的努力方向。

第二，创新心理健康教育课程的内容和形式。心理健康教育课程应该是一个与时俱进的课程，是具有现实的可操作性的课程，而不是概念化的理论课程。当前大学生需要的心理健康教育课程应该是能从思想上指导学生去提升自己的心理健康水平的课程，而不是学生必须完成的学分课程。因此，需要进一步明确心理健康教育的定位，促进高校心理健康这门课程的落地实施，使其具备更强的可操作性。对此，可以根据学生入校的心理健康特点对他们进行分层分类的指导。比如对新入学的学生，可以对其开设九型人格心理学的基础课程，让他们能够学会认识自己人格的类型特点以及能够识别其他八种性格类型的特征和行为动机等，让学生能够较好地理解他人，了解自己；对于二年级学生，我们可以根据他们所面临的交友、学业方面的问题进行指导，开设心理健康调适课程或心理咨询课程，让学生能够更好地进行人际沟通与交往，提升其应对和处理挫折的能力；对于三年级学生，可以根据他们急需的就业择业问题开设九型人格与

职业规划等课程，让学生能够认识到自己的优势能力和将所能从事的职业之间的差距，让学生能够找到与自己性格以及心理特征所匹配的职业，能够最大化地优化自己的职业选择。只有这样进行分层分类的指导，心理健康课程才不是流于形式的一个概念摆设，而是学生真正愿意学习和掌握的一门科学。只有将心理健康教育贯穿于大学教育和研究生教育的始终，才能真正地帮助学生发挥自己的潜能，提升学生的创新创业能力。

第三，营造有利于创新精神发展的心理健康教育的课堂。英国牛津大学的教授提出他们的学生是教授的烟熏出来的，这说明学生与老师之间的沟通是毫无障碍的，并且是一种研讨式的交流，应当改进大学的课堂教学方式，让我们的课堂由无声转向有声，由教授转向研讨，由以教师为中心改变为以学生为中心，以问题导向的方式来开展课堂教学，而不是简单的概念讲授，也不是机械的用量表进行测量得出数据。我们应该把更多的时间用于课下的研讨、课下的交流和课下的实践活动。在这些活动中，促进同学之间彼此的交流，让学生之间互相沟通自己的学科专业等相关知识，营造跨学科交流的氛围。在这些活动中，培养学生自我表达的能力，让他们变得更加自信和乐观，让他们重新能够认识到自身的价值，认识到团队的价值。

第四，加强心理健康教育的实践活动。可以让掌握一定心理学知识的同学组成心理健康互助小组，经常性和定期性地开展一些心理健康沙龙、心理健康志愿者活动，比如，走进养老院、走进孤儿院联谊等相关活动，让他们认识到自身的价值，以及自己能对社会所作出的贡献，可以积极组织学生参加各类心理素质拓展训练、心理沙龙、职业能力测试以及各类的团建活动，让他们在理论与实践的结合中，锻造他们自强弘毅求是拓新的品格，锻炼他们的抗挫折能力，培养他们顽强乐观、追求卓越、锐意进取的创新精神，使他们成为国家需要的创新型人才。

◎ 参考文献

[1] 朱小蔓．教育的问题与挑战：思想的回应[M]．南京：南京师范大学出版社，2004.

[2] 何少颖．当代大学生心理素质教育[M]．福州：海峡文艺出版社，1999.

[3] 栾海清．高校研究生心理健康教育：反思与建构[J]．黑龙江高教研究，2017，284(12)：97-99.

[4] 朱美燕．论高校心理健康教育协同模式的构建[J]．教育探索，2006(8)：94-96.

[5] 陈娟．积极心理学对高校心理健康教育的启示[J]．吉林工程技术师范学院学报，2019，35(2)：70-72.

[6] 俞国良，王浩．社会转型期大学生心理健康教育观念的思考：访谈证据[J]．黑龙江高教研究，2017(3).

[7] 魏荣．大学生潜在心理资本的作用机制与培育路径——基于理工科高校大学生的调查[J]．教育研究，2011(9)：87-93.

[8] 王继明．心理健康教育在创新型人才培养中的功能研究[J]．山西高等学校社会科学学报，2007，19(5)：86-89.

[9] 杨洪，董秀成，李涛，等．借鉴人本主义心理学的创造观培养创新人才[J]．成都中医药大学学报(教育科学版)，2010(4)：10-12.

[10] 程美华，刘青瑞，白瑞．浅谈高校心理健康教育与创新人才培养[J]．东北大学学报(社会科学版)，2012，14(1)：79-83.

[11] 安书江，韩继伟，孟令一．创新型人才培养理念下的大学生心理健康教育研究[J]．商，2014(38)：36-36.

[12] 罗登辉, 吴帅锋, 王桢淞. 高校学生心理健康教育与创新型人才培育[J]. 现代营销(下旬刊), 2012(11): 259-260.
[13] 滕易伊娜. 大学生心理健康教育工作研究[D]. 上海: 华东师范大学, 2008.
[14] 铁娆娆. 浅议创新型人才培养与高校人文素质教育[J]. 艺术教育, 2014(11): 50-50.
[15] 张青青, 王华, 吐尔逊娜依·热依木, 等. 高校创新型人才培养模式研究[J]. 课程教育研究, 2014(25): 20-21.

·高端论坛·

专业学位研究生实践能力培养路径研究
——以武汉大学为例

余　亮　王　丹　邹　玲

(武汉大学　党委研究生工作部，湖北　武汉　430072)

摘　要：武汉大学近年来高度重视专业学位研究生实践育人工作，通过实践锻炼、学术科技节、社会实习等方式来提升专业学位研究生的实践能力。本文围绕专业学位研究生实践能力培养路径进行探究，主要调查专业学位研究生对实践育人活动的认知、参与情况、收获及期望等，最后根据问卷数据分析给出政策建议。

关键词：专业学位研究生；实践育人；培养路径；实践锻炼

Research on Training Path of Professional Degree Postgraduates' Practical Ability
— Take Wuhan University as an Example

Yu Liang, Wang Dan, Zou Ling

(Graduate Work Department of the Party Committee, Wuhan University, Wuhan, Hubei, 430072)

Abstract: In recent years, Wuhan University has attached great importance to the practical education of professional degree graduate students, and has improved the practical ability of professional degree graduate students through practical training, academic science and technology festival, social practice and other means. This paper focuses on the practice ability training path of professional degree graduate students, mainly investigates the cognition, participation, harvest and expectation of practice education activities of professional degree graduate students, and finally gives policy suggestions based on the analysis of questionnaire data.

Key words: Professional degree postgraduate; Practice education; Training path; Practice exercise

一、研究的背景与问题的提出

专业学位是针对社会特定职业领域的需要，培养具有较强的专业能力和职业素养，从事实际工作的高层次应用型人才而设置的一种学位类型，是我国研究生教育的一种形式。我国自2009年教育部明确扩大

收稿日期：2019-10-08

作者简介：余亮(1987—　)，男，湖南岳阳人，武汉大学研究生学历，硕士研究生学位，现任武汉大学党委研究生工作部副主任秘书，研究方向为大学生思想政治教育；王丹(1979—　)，女，湖北武汉人，武汉大学研究生学历，博士学位，现任武汉大学党委研究生工作部主任，研究方向为思想政治教育；邹玲(1972—　)，女，湖北汉川人，硕士研究生学位，现任武汉大学研究生院培养处主任秘书，主要研究专业学位研究生教育。

全日制专业学位硕士研究生(以下简称“专硕”)范围之日起，全国硕士研究生教育逐渐转向以培养应用型人才为主的培养模式。与学术学位硕士研究生(以下简称“学硕”)相比而言，专业学位研究生教育更强调实践性与应用性。

近年来，我国大部分高校都在招收专硕，并制定了相应的培养方案，但是在专业学位研究生实践能力的培养方面，明显存在不足。本文主要从专硕研究生的实践能力培养路径着手，通过对武汉大学专硕研究生的问卷调查，了解专硕研究生对实践育人活动的认知、参与情况、收获及期望等，从经验出发进行反思和总结，以期为专硕实践能力培养路径的完善提出建设性建议。

二、文献综述

近年来，全日制专业学位研究生实践能力的培养逐渐受到学界关注，近期的著述和论文呈井喷现象(见图1)。

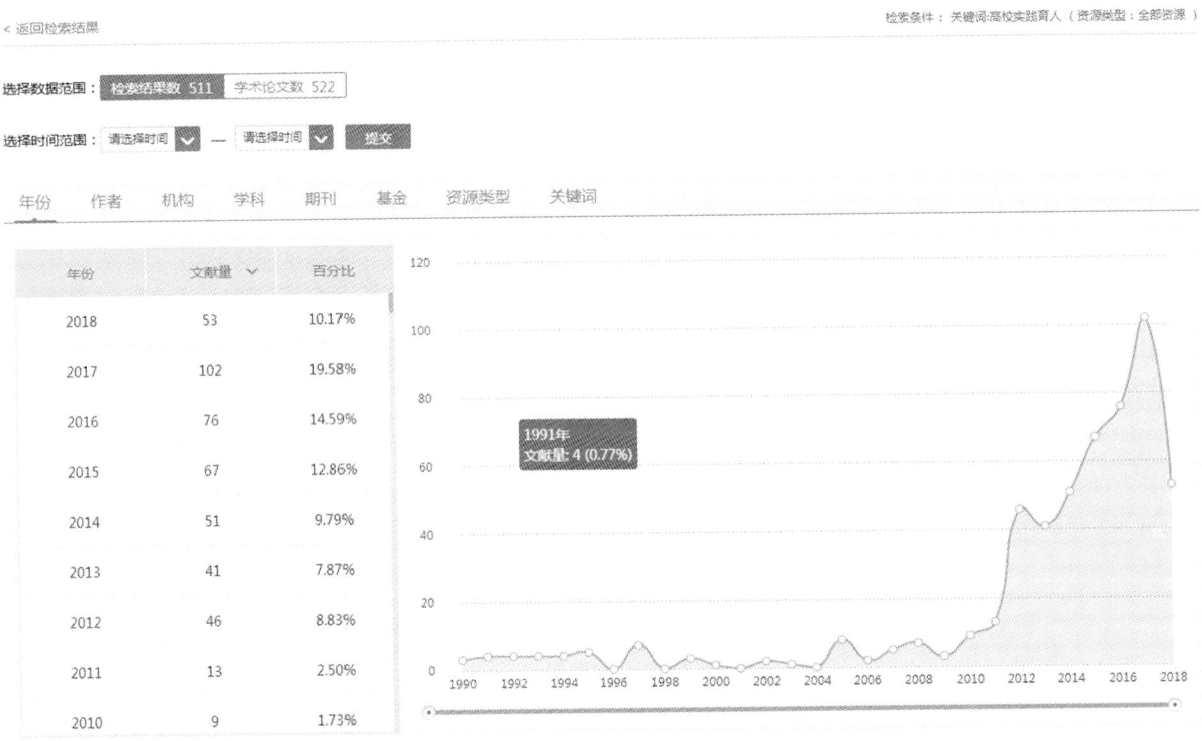

图1　关于全日制专业学位研究生实践能力培养的文献数量统计

笔者经过阅读和梳理这些既有文献，发现当下学界的研究主要集中在对专业学位研究生培养模式的探究上，如专业学位培养现状的描述和问题分析、课程改革、教学模式、实践能力培养现状等。其中王逸鸣、石运佳、蒋海涛以北京大学的研究生暑期实践活动为切入点，构建实践育人协同体系的路径培养模式，但其仅就路径培养模式简单介绍，忽视了实践主体的感悟，忽视了他们作为重要参与者对实践育人活动的成效评价①。甘霖基于问题导向，通过对武汉大学实践育人现状的分析和反思，分析了在实践育人中存在的问题和困境，并提出针对建议，但其更多强调整体的协同机制，缺乏对于具体实践路径的深描和针

① 王逸鸣，石运佳，蒋海涛．高校实践育人协同体系探索[J]．北京教育(高教)，2018(21)．

对性建议①。呼和结合访谈和问卷对当前社会实践运行的基本情况进行调查，梳理了当前高校开展大学生社会实践过程中存在的问题与不足，并从教育者和受教育者自身、社会环境等方面查找产生问题与不足的原因，她的研究面面俱到，但其对于微观层面的经验研究却是极为匮乏的②。

本文的创新点在于，通过经验研究，从微观层面探究高校实践育人的路径，从主体体验的角度了解实践育人的开展情况与效果，既能了解实践育人实施成效，又能对未来实践育人工作起指导性作用。

三、研究方法与数据分析

调研采用问卷调查法，回收有效问卷824份。数据分析以SPSS23.0软件为基本统计工具，结果如下：

1. 专硕最需要提高的能力

结果显示，专硕学生普遍认为“解决实际问题的能力”(81.1%)与“能将理论与实践相结合，将所学理论有效地应用于实践”(56.6%)是最需要提高的能力。可见，专硕学生对自己的培养目标是比较明确的，即应以实践为导向，这与当前高校专硕的培养目标相一致。

2. 专硕和学硕培养模式的区别

近41.3%的专硕学生认为与学硕在培养模式上有些区别，认为两者区别很小的有17.5%，认为两者区别比较大的有16%，不清楚的有16.5%。可见，专硕学生对两种培养方式的区别还是比较模糊的。原因在于，实际中高校在培养专硕时采用与学硕相似的培养方式，重视学术轻视实践，导致部分专硕学生对自身专业属性定位不明确。

3. 实践育人参与总体情况

(1)各类实践育人活动参与度。有48.1%的专硕学生参与过专业实践，36.8%的专硕学生自己找单位实践，28.6%的专硕学生参与过课题调研，志愿服务与实践锻炼均低于20%。保障专硕学生能有效通过社会教育补充课堂教学，应当开拓多种实践育人路径，加大学生志愿服务、实践锻炼的参与度。

(2)实践育人活动知晓途径。统计发现，通过“老师、朋友或家人推荐”获取相关信息占47.3%，通过网络信息平台占62.6%(其中通过学校网络平台占38.2%，其他网络信息平台占24.4%)，学生在有关实践育人信息获取时倾向于从社会关系网络中获取，随着互联网的发展，网络平台也成为学生获取各类信息的重要渠道之一。

4. 参与各类实践育人活动的动机

参与专业实践活动、实践锻炼和自己找单位实习的原因大多都是“积累工作经验，便于日后就业”，分别达到69.7%、60.5%和71%；参加志愿服务动机最高的是“扩大社交范围，掌握社交能力”。调查显示，专硕学生参与专业实践、实践锻炼、志愿服务和自己找单位实践的目的多以就业为导向。

5. 参与各类实践育人活动的能力获得

专硕学生最希望能在实践育人活动中获得“知识学习、运用、创新的能力”(53.4%)，其次是“适应社会的能力”(21.6%)。各项实践育人活动都在一定程度上提高了专硕学生的实践能力，在样本数据的百分比中均占最多数，分别达到了87.9%(专业实践)、71.6%(实践锻炼)、66.7%(志愿服务)、32.3%(课题调研)和82.5%(自己找的单位实践)。可见，武汉大学在开展的各项实践育人活动中，科学遵循了专业学位研究生的培养目标。通过实践育人活动，专硕学生在职业生涯规划、知识储备等方面有了较大的变化，加强了对专业的认同感，对自我定位和职业生涯规划有了更加明确的认识，同时专业技能得到了锻炼，对

① 甘霖．高校实践育人研究[D]．武汉：武汉大学，2014.

② 呼和．大学生社会实践育人机理及运行机制研究[D]．北京：北京科技大学，2018.

专业及相关行业的认识有了进一步的提升。

6. 参与各类实践育人活动遇到的困难

参与专业实践过程中的主要问题是“时间不充裕，任务太紧”，其次是“缺少稳定的校内外实践基地”和“实践活动种类有限，参与机会少”。参与实践锻炼的主要问题是“实践活动与专业联系不紧密，针对性不强”，其次是“实践基地和岗位有待拓展”和“考核评估机制不完善，实效性不高”。参与志愿服务的主要问题是“没有了解的渠道，不知道相关的信息”，其次是“课业太紧，有心无力”。参与课题调研的主要问题是“时间不充裕，任务太紧”，其次是“实践经费难以获得，实践成本太高”以及“学校或学院不重视，没有相关政策”。自己找单位实习遇到的最大问题是“课业太紧张，两头压力都很大”，其次是“实习报酬太低”和“实习信息难以获得，学院或学校在宣传上不够重视”。

7. 参与各类实践育人活动时对学校的期望

以上数据分析可以看出，武汉大学实践育人的各类路径既能响应落实教育部的有关规定，又能在一定程度上满足专硕学生对实践能力培养的需求，这是政策落实的微观层面上有益的实践经验，但实践经验仍需不断反馈才能改进。专硕学生认为最需改进的是“本专业学位课程实践教学内容”，其次是希望提高“实践基地的落实安排”和“校内导师和校外导师的指导”；在课堂教学中更希望采用“实际案例进行课程教学的形式”，其次是采用“互动式、讨论式教学方式”；最希望学校提供“更多的实践机会”，其次是“优秀的指导教师”和“加强学校、企业、学生的三方合作平台建设和管理制度”。

四、政策建议

1. 高度重视实践育人工作

高校在发展规划、人才培养规划中，特别是在专业学位硕士研究生的培养中，要把实践育人工作作为重点内容，响应教育部的发展要求，切实把解决好学生实践能力、创新精神的问题作为日常工作的重要议题。学校的自我评估和内部考核要把这些方面作为重要指标，要把组织开展社会实践活动与组织课堂教学摆在同等重要的位置，与专业学习、就业创业等结合起来。

2. 建立健全工作机制

领导机制是实现实践育人落实的重要指向标，应当在实际运行过程中发挥组织和导向的作用，引导专硕实践育人的工作有序开展。首先是将实践育人纳入专硕研究生培养计划方案中，结合专业特性，学校提供政策支持，学院充分发挥主观能动性，开展符合专业性质和需要的实践路径。其次，在专硕能力范围之内，制定切实可行的实践育人目标以激发学生们的参与积极性。学校和学院应当在培养目标上更为明确，不要将专硕和学硕的培养同一而论。最后，运用各种传播媒介，选择多样化的宣传方式去吸引同学的注意力和关注度。对各类实践育人活动进行宣传报道，一方面对参与其中的学生起到督促作用，另一方面引起社会各界的广泛关注和重视，吸引更多的学生参与其中。

3. 建构“五位一体”的实践育人路径

“五位一体”，是指以思想政治教育为背景，专业实践、实践锻炼、课题调研、志愿服务和自主实习等五种重要实践育人的路径相结合，以促进研究生理论素质和实践能力提升。

针对专业实习的问题，需要学校或学院适当调整专硕的培养方案，制订学科基础知识教学和专业实践相结合的培养方案，应该将实践教学环节纳入课程体系，规范实践教学的主要内容和时间要求，使二者达到有机结合。若将二者不分主次的杂糅在一起，反而使学生们两者都不能兼顾好，觉得实践不充裕、任务太紧；此外，多方联系对口的企事业单位，建立稳定的实习实践基地，同时开拓多样化的专业实习活动，让专硕研究生有机会去尝试不同的实习机会。

针对实践锻炼的问题，需要学校在提供实践锻炼服务时，尽可能拓展实践基地，并与实践基地商议以求提供更多的实践岗位，满足实践的需求；完善考核机制，让实践锻炼的成果能被科学客观地考核，激励专硕研究生在各自实践的岗位上做出最大的成就。

针对志愿服务的问题，学校或学院可以与相关志愿服务部门实现对接，把一手消息传达给有意愿参与志愿服务的专硕学生，组建相关工作负责部门，建立激励机制，体系化制度化管理志愿服务工作。

对于课题调研的问题，专硕在校学习时间只有学硕时间的2/3，需要学校或者院系更多支持专硕的课题调研，为其解决经费、指导教师等后顾之忧。

对于自主实习时遇到的问题，就很大程度上需要学校就业处、院系和学生主体三者之间的联动，学校就业处应该尽力在就业季搜罗多方面的就业和实习信息，寻求与知名企业建立内推和实习联系的机会，及时更新到网上或者发放通知到院系。

4. 依托基地形成校内外协作机制

校内外协作机制是实现实践育人路径的关键，协调好校内外之间的关系，使其成为一个共同为学生实践育人活动服务的共同体。在校内方面，主要负责实践育人统筹工作，设立目标与计划，提供校内活动平台与指派教师等，提供制度上的保障与成果的考评；校外方面，主要为专硕实践育人提供实践基地以及校外专业指导。针对实践基地匮乏的现状，单靠政府政策性倾斜和单位的自觉，很难满足现实需要，这就需要高校和单位共建实践基地，既可以让高校研究生得到锻炼，又可以弥补企事业单位高素质技术人员不足，实现双方的共赢。

5. 建立常态化、品牌化的特色育人项目

针对专硕对实践基地的稳定化与多样化的需求，建设若干个全国高校实践育人创新创业基地，建设一批大学生社会实践活动示范品牌建设项目。目前专业实习实践、课题调研和自己找的单位实习实践品牌项目较多，实践锻炼的参与度较少，实际上实践锻炼是引入社会资源，带来岗位、资金和设备，增加创业、就业的机会，是地方柔性引才的重要方式之一。为地方提供智库的同时，实践锻炼依托的基地还是联系高校资源和地方资源的桥梁纽带，有利于"产学研"相结合，因此，要形成高校的特色育人项目，要加强实践锻炼的品牌效应，建设成以基地建设为中心，高校和地方通过合作共建，充分实现高校职能部门、高校研究生、地方党政机关、地方设岗单位四方协同联动、合作共赢的基地化模式。

6. 加强实践育人过程管理

实践育人活动是一个多主体参与的培养模式，高校要明确自己的工作管理。首先，高校要着眼长远，统一规划专硕实践育人的目标、任务、路径，精心设计专硕实践育人的内容、载体和形式。其次，由于各类实践育人活动是多方协同联动，因此要确定实践育人工作的总目标和分目标，长期目标和阶段性目标相结合，要充分调研、反复论证，制定切实可行、具体细化的目标体系，实现目标由小到大、由近及远、由浅入深的转变。再次，优化工作程序，实现从需求征集到学生实地实践整个过程顺利完成，形成制度化、科学化和规范化的工作程序。最后，加强质量监测和评价，能够准确把握实践教育发展的规律，全面准确掌握大学生的认知状况，能够使实践育人的测评、督导工作有据、指导有方。

7. 完善保障机制

实践育人保障机制要遵循多样化、全面化、科学化的原则，力求能全方位保障实践育人工作得以顺利地开展下去。在学校层面要做到经费保障、制度保障、安全保障、基地保障、激励保障等。经费上要从国家下发的研究生培养经费中设置专门的研究生实践育人经费，专款专用，其次动员社会力量参与实践育人的经费来源；制度上要根据国家政策结合实际情况制定完善的小制度，明确各部门职责，优化各个工作流程；基地上要充分发挥高校的主观能动性，挖掘校内外基地资源，主动开拓新基地、新岗位；激励上要满足活动参与者的需要，让参与者真正感受到劳有所得、学有所用，以此来激发参与者的积极性、主动性和创造性。

◎ 参考文献

[1] 姚建军，师蔷薇．大学生社会实践存在的问题及破解思路[J]．思想理论教育导刊，2016(3)．

[2] 王逸鸣，石运佳，蒋海涛．高校实践育人协同体系探索[J]．北京教育(高教)，2018(21)．

[3] 司文超，朱华．高校实践育人状况的调查与分析[J]．思想教育研究，2016(12)．

[4] 甘霖．高校实践育人研究[D]．武汉：武汉大学，2014.

[5] 呼和．大学生社会实践育人机理及运行机制研究[D]．北京：北京科技大学，2018.

[6] 黄蓉生，孙楚杭．构建高效实践育人长效机制的思考[J]．中国高等教育，2012(3/4)．

·高端论坛·

人工智能应用于大学教学模式的思考

李龙博

（武汉大学　教育科学研究院，湖北　武汉　430072）

摘　要：随着人工智能的发展，未来的教育走向极有可能与人工智能紧密结合。本文通过查阅文献和现实分析法，结合当前人工智能背景，旨在分析大学课堂教学模式变革趋势，针对大学课堂教学模式现状，指出当前大学生学习动力不足、自我认知缺乏等问题，并提出基于人工智能人机交互，学习压力减小致使学习动力提高；其次分析人工智能下大数据引入教学模式的必然趋势，提出未来教学模式必须依托大数据分析，开展体验式教学，转向个性化交互式教育；最后提出人工智能下教师应该转变角色，转向情感化教学，引导学生进行自我教育，同时通过高质量数据分析来实现个性化教学，从而实现智慧型大学研究型人才培养目标，培养出具有个性和创造力的学生。

关键词：大学生；人工智能；教学模式；个性化

Thinking on the Application of Artificial Intelligence in University Teaching Mode

Li Longbo

(Research Institute of Education Science, Wuhan University, Wuhan, Hubei, 430072)

Abstract: With the development of artificial intelligence, the future trend of education is likely to be closely integrated with artificial intelligence. Through literature review and realistic analysis, combined with the current background of artificial intelligence, the purpose of this paper is to analyze the reform trend of university classroom teaching mode, and points out the current situation of college students' learning motivation and lack of self-cognition, according to the current situation of college classroom teaching mode, this paper points out the problems of College Students' lack of learning motivation and self-awareness, based on the human-computer interaction of artificial intelligence, the learning power is improved by the decrease of learning pressure; Secondly, it analyzes the inevitable trend of introducing big data into teaching mode under artificial intelligence, and points out that the future teaching mode must rely on big data analysis, so as to carry out experiential teaching and turn to personalized interactive education; In the end, it is proposed that teachers should change their roles, turn to emotional teaching, guide students to self-education, and achieve personalized teaching through high-quality data analysis, so as to achieve the goal of intelligent university research talents training and cultivate students with personality and creativity.

Key words: College students; Artificial intelligence; Teaching mode; Personalization

---

收稿日期：2019-09-10

基金项目：基金项目：国家社会科学基金重点项目“学校办学自主权边界及落实机制研究”(16AGL019)。

作者简介：李龙博（1995—　），男，甘肃兰州人，武汉大学教育科学研究院2017级硕士研究生，研究方向为教育管理。

一、大学生学习动力浅析

（一）概述

如今的大学貌似已经脱离“高贵”的精英教育了，并且正在向大众化和世俗化教育趋势迈进。无论大学四年我们学到的是什么，毕业之后将全部以市场和就业为导向，本文将以大学生的学习动力和人工智能背景下师生教学模式为切入点，探讨如何培养更优秀的人才。

学习和活动可以说是大学中最主要的两个部分。学习作为大学生最主要的工作之一，在不同的学生那里受到的重视程度均有所不同。首先要提及的是令人敬佩的学霸，他们全身心投入到学习当中，一切事务为学习让路，在学习上颇有一番建树；有一批人则没有把学习看得那么重要，不过也算是把学习当回事；自然也有进入大学无心学习，期末一片红灯甚至被退学的人。而活动则包括社会、社团、人际交往、教学等。

大学生学习的动力事实上普遍不高，除了少数学霸之外，多数的大学生将学习视作一种负担，只是在勉强应付，情况堪忧。这显然离大学所要培养的研究型人才相距甚远。

（二）学习

1. 学习动力分析之动机理论

什么是大学生学习的动机？其一，是学习到更多的知识，拓宽自己的知识面，提高自身的知识素养，以便实现自己的价值；其二，是为了获得一张文凭，为之后的学习或者工作提供便利，为自己未来的生活提供保障；其三，是通过学习，结识更多志同道合的老师或者同学。根据马斯洛需要层次理论，其中第二条只能算作生理需要，生理需要是低等级的，但是是强烈的。而第三条则可以说是社交需要，属于中等层次。第一条则是自我实现需要，是高层次的。事实上我们更多的动力来自第二条，属于生理需要，是强烈的，所以我们几乎每一个大学生都还在坚持学习，但是由于缺乏高层次的需要，所以这样的动力缺乏主动性和可持续性。有人认为，之所以学习，完全是因为必须学习才能拿到文凭，才能在将来找工作的时候混口饭吃，这样的动力是消极的，令人失望的。根据期望理论，我们进行学习，期望得到好成绩，希望得到别人的认同，还希望得到及时的回报。事实上这样的期望与现实是有差距的。关于成绩，是较容易满足期望的；而关于认同，就比较欠缺，成绩好，也未必能得到认同。另外就是及时的回报，也就只有奖学金了，但毕竟也只是少数。由上可知，从期望理论来说，大部分人的期望难以实现，导致学习动力下降。

2. 学习动力分析之支持力理论

大学生学习始终缺乏强有力的支持力。进入大学，老师、同学等等一些人不会再像中学阶段一样不断地给予你学习的支持力，甚至说父母也不再像之前一样来支持学习，或者说明确表示不需要一门心思把精力都放在学习上。这样子，大学生学习就突然减少了外在的支持力。

3. 学习动力分析之归属感

大学生学习的归属感并不高，大学不同于初高中，行政班的概念被不断地弱化，再也没有一群人在一起学习的那种氛围了，这一点导致了大学生学习归属感的严重缺失。大学生在学习当中，归属是不固定的，或者说，只能算是归属在整个大学之中。大学是很广的，没有一个固定的小范围的学习归属感，学习的动力自然大打折扣。大学生并不会因为自己在认真学习而强烈地感受到自己属于哪个团体或者组织。

4. 人工智能是大学生学习动力的强心剂

大学生学习的动力并不高，学生缺乏对自己的明确认知，不清楚自己专长与兴趣所在，进一步造成学习的盲目性。大学生的学习动力主要来自希望通过学习获得文凭为找工作提供便利，动力来源消极被动、不稳定、可持续性差，可见情况并不乐观。要想提高大学生学习动力，除了自身发挥主观能动性外，还应着眼于教师课堂的教学模式，真正在教学中提升效率，塑造优秀的学生。而这要紧密联系当前人工智能的发展，将其引入大学课堂，实现人机直接交互，帮助学生定位自我，并给予清晰有效的反馈。基于人工智能背景下，机器承担分析学习材料的中介功能，书本、教条、鞭策、引导注意力集中这些环节将迎刃而解，人与知识的链接不再是刚需之后，即学习步骤不再烦琐，目标指令清晰，学生学习压力和阻力减小，学习动力将得到充分释放。

二、人工智能下大学课堂教学模式变革

(一)大学课堂教学概述

“师者，所以传道授业解惑也。”传统的学校教育无疑是老师为了学生理解课本知识，向学生灌输正确的知识和文化价值观，传统的学校教育为中国造就了一大批优秀人才，却鲜有影响力极大的大家，这种传统课堂讲授法，是以教师为中心，忽视了学生作为认知主体的作用，把学生视为书本知识的接受者，在教学上“重传授、轻参与”。这种方法不利于学生学习能动性的发挥，不利于培养学生的问题解决能力和自主学习能力，而在如今快速发展的社会中，培养出独立、自由、富有创造性的学生是我们向往的目标，故传统的教学模式必须做出一定的改进才能更好地适用于现代化社会发展的需要。

当前，人工智能正以超出人们预想的速度发展。2017 年“两会”首次将人工智能写入政府工作报告，人工智能发展上升为国家战略。人工智能(AI)，是研究、开发用于模拟、延伸和扩展人的智能的理论、方法、技术及应用系统的一门新的技术科学[1]。人工智能是计算机科学研究和发展的一个重点领域，其中心任务就是研究如何使计算机能做那些只有靠人的智力才能做的工作，用技术系统来突破人的自然智能的局限性，达到对人脑的部分替代、延伸和加强，使人类能够更富有创造性地开展工作，从而帮助人类完成以前无法想象的日益复杂的艰巨任务。

我们必须要注意到未来的教育走向极有可能与人工智能紧密结合，因为人工智能和大数据在教学方面的引入势必会极大影响教育质量，具备大数据技术能力的人工智能在分享知识的规模和深度上是不可想象的，因此人工智究竟怎样应用于大学教学模式是值得我们思考的问题。

(二)大数据分析是教学模式变革的重点，实现教学测评自动化

人工智能背景下运用大数据分析势在必行，而且一定要是高质量的数据，这在体育运动中屡见不鲜。例如，NBA 里关于 30 支球队的各式各样的数据分析，其详尽程度超乎我们想象，它们正是基于这样科学的数据分析从而不断调整球队、球员各个细节方面的运行，以此来保证自己在世界范围内的篮球霸主地位。教育行业或许可稍加借鉴。大数据和人工智能一个很重要的特点，就是会跟踪记录学生的所有学习过程，发现学习的重难点，帮助学生及时地去调节学习过程，取得更好的学习效果，而不再是帮你进行简单的评价，给你一个简单的分数。大学班级几十人的情况很是普遍，中小学更是如此，老师只有一双眼睛，两只耳朵，但是机器可以帮助老师观察每一位学生，大数据可以成为老师的眼睛和耳朵，运用人工智能自动的数据结构化技术，可以把当前采集的数据编进计算机进行分析，比如学生所做的试卷、作业等资料，从而帮助每个学生整理学习笔记，发现自己学习中的问题，帮助学生更有效率地学习[2]。

高质量的大数据分析可以对教学体系进行反馈和评测。试想一个场景，当某学生在查询自己期末成绩的时候，他看到的不仅是一个简单的分数，还附有一份“ 诊断报告单”[3]。这是我们当前大学考试之后不

曾见到的场景，我们在教学系统往往只能查到每一门课的分数，除此之外再无任何反馈。而通过这份报告，学生不但可以了解到自己学科板块知识点和能力点的掌握情况，还能看到对自己的优势、劣势的学科分析。这就是借助大数据的帮助，通过对学生学习成长过程与成效的数据统计，诊断出学生知识、能力结构和学习需求的不同，以帮助学生和教师获取真实有效的诊断数据。学生可以清楚看到问题所在，学习更高效；教师也可对症下药，选择不同的教学目标和内容，实施不同的教学方式，进一步提高教与学的针对性、有效性和科学性。

（三）人工智能下体验式教学模式的应用

1. 体验式教学概念界定

体验式教学起源于20世纪初的德国，曾在牛津受教的教师科翰在“二战”期间流亡英国，运用体验式培训创办了一所学校，用来培训年轻海员在海上的生存能力，明显提高了海员生存率。战争结束后，体验式培训的独特创意和培训方式逐渐被推广开来，培训对象由海员扩大到军人、学生、工商业人员等群体，培训目标及培训手段也有了很大丰富。

体验式课堂教学以人为本，尊重学生个体差异、尊重参与者个性和能动性。体验式教学模式强调课堂上要同时发挥教师和学生双方的主体作用，既不单纯突出教师的主导地位也不过分宣扬以学生为中心，只有注重师生双方的互动关系，使教与学得到有机的统一才能真正提高教学质量。体验式教学法是学习者通过自身的亲自操作和体验，变被动听课为积极思维、主动实践从而获得知识与掌握技能的一种教学方法。可以使学生通过多种形式的“体验”来激发学生思考和实际运用的积极性，增强学习效果[4]。

如今，随着教育信息化的发展进入一个崭新的时代，我们完全可以尝试将人工智能与体验式教学深度结合，让教学变得更为精确、更为贴切、更为规范。也就是说，将来我们可以基于人工智能去深度开展体验教学。

2. 人工智能下教学模式由静态型向交互型转变

当前我国大学倡导体验式教学模式，由“教师中心论”转向“学生中心论”，或者是“教师主导，学生主体论”等说法层出不穷。实则究其本质，无论哪一种教学模式，学生和教师的互动、学生和知识的互动均停留在静态层面，教师和学生的交流停留在短暂的课堂，甚至学生也承担了一部分教学任务，学习效果也只是停留在对知识的堆砌和简单的梳理总结层面，教师指导停留在“点拨”层面，学生和知识的交互更无从谈起。人工智能背景下，教师更多关注学生综合发展，培养其主动学习和创新意识，能在不同知识结构中，发现本质，结合实践，并自主搭建建构式思维，即从静态型学习向交互型学习转变。

人工智能将来要实现的是与人类的紧密贴合，甚至实现“思考即学习”，那么链接人与知识的工具不再是刚需。未来教育重心在于更高级的人机交互，这里提到的交互不仅指学生和老师的交互，学生和知识的交互应该成为努力的重点，每个知识点都可以立体展现。具体来说，机器知道你学习的特点，掌握你的进程，实现即时反馈，给予学生适当刺激和激励，释放更聪明精确的提示，这样一来，人与知识的交互便可做到脱离工具，实现精确把控，知识也各取所需。

3. 人工智能下学习动力由外驱型向内驱型转变

在传统学习模式下，大学生学习动力缺少自我实现动机，多依靠外在显性物质目标，显然是缺乏主动性和可持续性的。在人工智能背景下，机器实现自身深度学习，成为外驱力的有效替代者，大幅度削减学生学习试错空间，实现精准学习，进一步削减学习压力带来的紧张和挫败感。而此时外驱刺激显得不再迫切，学生有机会从容面对知识，审视自身学习状态，调整自身学习进程，成为独立学习者，建构内驱发展，学习动力由外驱型向内驱型转变，有机会实现自我学习。

4. 人工智能下恰当使用案例教学方法

美国教育学家布鲁纳认为："学习存在表层和深层两个过程，掌握知识经验的过程是学习的表层，而通过知识形成一定的思考方式、学习态度，增强解决问题的能力和自信才是学习的深层，真正的学习应包括获取知识、发展能力和形成态度。"[5] 作为结合人工智能背景的教育工作者，理应让深度学习在课堂上扎根。

案例教学逐渐成为教学中必不可少的教学形式，在各个专业学习过程中，引用案例必不可少，教师针对课程内容选择恰当案例加以辅助分析，难点在于人工智能课程教学内容抽象性很强，难度较大，在教学中，教师必须要做到对案例的合理科学地选择，这样才能保障课程教学的效果，才能引领学生进行观察、思考、归纳。值得一提的是，这里强调恰当的案例，如何精确定位最佳的案例，此时便需要人工智能准确搜索数据、整合数据、分析数据，紧接着建立合适模型，最后精确给予教师反馈。这样才能使学生深切体会到课程内容深层含义。

其次，要考虑到案例的真实性、目的性、启发性、时效性，而这皆可以运用数据分析来相应定位。以前教师更多凭借经验去定位怎样的案例才有启发性，当引入人工智能下的数据分析之后，这些工作完全可以由机器代替完成，而且完成质量相当可观。这样做一来可以提高教学工作质量，二来可以解放教师，减轻教师繁重的工作压力，让教师将更多的精力投入情感性、互动性教学中。

最后，学生结合案例讨论和课后分析完成作业，这就涉及如何检验学生掌握程度，此时同样需要数据分析。数据分析甚至可以告诉教师，案例学习到哪一个程度后需要进行讨论，不同阶段讨论哪个问题最合适，学生完成到何种程度才算掌握等，这些都可以有一个标准化的数据模型来进行检测，从而有效检验和提高学生知识掌握程度。人工智能广泛应用于教学中是未来趋势，教学势必会走向规范化和精确化。

三、人工智能下教师角色发生转变

(一)教师转向情感化教学

人工智能时代下，机器和数据可以代替教师做很多简单而又繁重的工作，有人会担心教师会不会失业，实则没有必要担心，当教师从烦琐的工作中解放出来后，反而才有精力去做更具有创造性的情感教学，也就是指要在教学过程中与学生真正产生的情感沟通交流，毕竟人工智能不可能代替人类智能，教师所做的情感教学是机器所不能做到的，也是更有难度的工作。所以要求教师调整教学角色，改变教学重心，致力于创造性教学，不断完善自己，进行自我教育，从而更好地适应人工智能下的教师角色。

大学教师，传道授业解惑之师，首先自己要树立独立之思想、批判之精神，教师往往与学生直接交流，要想培养出独立、自由、富有创造力的学生，教师首先要影响学生，引领学术盛行之风，营造师生共同发挥能动性教学之氛围。

(二)关注人工智能如何"落地"，提升教师使用意愿

人工智能虽然不是新概念，提出至今也有一定时间，包括教育信息化亦是如此，可当前现实情况是其并没有大规模真正应用于教育，其中必定有一系列实施过程中棘手的难题。所以我们需要更加关注人工智能究竟如何在教育领域落地生效，如何有效结合。

现实课堂中，教师可能会出现抵触情绪，究其原因，无非是技术并没有让老师感觉到方便和轻松，反而是徒增累赘和烦恼，教师宁愿坚持使用自己原来的教学方式和教学经验，也不愿再花多余精力去研究机器、技术和数据。

我们反思教师使用意愿不高的原因，可能是技术效果不强、教师工作压力繁重等，因此需要对症下药。首先，必须使技术操作简单化，最好是简单明了，这需要人工智能具体的技术环节的努力，这样才会让教师从一开始就产生兴趣和学习欲望，避免抵触情绪。其次，给大学教师减负，降低教师繁重工作压力和行政压力，让机器代替教师较大部分的繁琐工作，让教师有时间和精力投入新模式教学。至于如何让机器代替教师机械工作，又得回归于高质量的数据分析当中去。

(三)教师引导学生走向定制化学习

人工智能背景下，学习不再是以教为中心，而是由“教”走向“学”[6]，在大数据分析背景下，学生可以轻松获得正确、精确的自我认知和自我定位，从而获得主动学习的机会。在教师引导下，根据每一位同学的数据分析，制定出适合个体的学习计划和培养方案，如此一来，学生由集体式学习走向个性化学习，准确地说，应该是定制化学习。学生有专属于自己的学习分析报告，而不再是同质化的全面教育。学生能知道自己的特长所在，发挥自己的潜力，并充分利用好自己的天赋。同时教师是课堂的指导者，而不再是课堂的承包者。在课堂上，教师是一个公正的主持人，不干预学生的发言内容和思想，只是控制并赞扬发言者为大家带来新的感受和经验，并且让每个学生都有表达自己情感或思想的机会。长年累月，我们会学会如何表达自己内心感受和思想，学会聆听每一个人，学会尊重每一个人的感受和看法。由此，我们最初的认知、感受、思想便得以独立、自由地表达出来。

(四)人工智能下教师注重激励性教育

在新的教学模式下会给我们的教学带来很多便利，此时我们更需要关注学生的自主学习和自我教育，我们要防止这样的情况：学生即使有了清晰的自我认知却仍然学习热情不高，学习动机不强。教师需要引导学生进行自我教育，采用激励手段帮助学生提高学习欲望，学会自我教育。

著名经济学家曼昆在《经济学原理——微观经济学》[7]中讲道：“人们会对激励作出反应。”由于人是集感性和理性为一体，在处理事情中更多地考虑自己的利益与尊严，当学生面对老师上课的激励时，学生的行为也会有所不同。

在激励学生的学习激情时，大学教师要针对学生的具体特征及其生活环境进行分析。如喜欢体育的学生，可以鼓励其多参加体育比赛；喜欢文艺活动的学生，可以为其提供更多平台；而针对内向的学生要鼓励其多交流，组织一些必要的社交活动增进学生的感情与增强综合素质能力。

在大学教育课堂中，要充分调动学生的积极性，发挥学生的潜力和凝聚力，就要采取必要的激励措施，通过调整学生的参与方式，树立学生正确的价值观，同时加强学生的自我认同感。课堂上，必要地赞美一下学生问题回答得精彩，或者在课间和学生进行交谈，都能为课堂的环境带来良好的氛围。教师应鼓励学生追求自己的目标并提出实现方案，促进学生的价值目标设立并鼓励学生坚定自己的价值观和人生观，设定适当的目标有利于调动学生参与意识，提高学习效益，增进课堂的积极性。

四、结论

本文通过分析大学生学习动力现状，以及大学传统教与学的模式阐述，解释其在人工智能、教育信息化可见的未来，已经不能再很好地调动学生课堂积极性。以此为背景，阐述了人工智能对大学教学模式的影响，以及在此基础上教师和学生的角色转变，得出以下结论：

1. 人工智能让教育精确化成为可能，实现交互式学习模式

人工智能已经在影响着我们的生活，虽然可能首先并不是教育领域，但毫无疑问将来会对教育产生巨

大影响。不光科学需要精确化，教育同样也可以变得精确化。将来，随着人工智能和教育紧密结合，高质量的大数据分析和个性化教育模型将成为常态。传统的教学模式将进行巨大调整："教"向"学"转变；被动学习向主动学习转变；同质化学习向个性化学习转变。

大学教育以培养独立、自由、创造型人才为目标，这对学生及教师的互动提出更高的要求。树立教师自信，变传统教学模式为交互式教学，师生双方在体验式教学中共同配合，各自发挥能动作用。教师不仅是学习上的导师，更是精神上的导师，发挥课堂主持人作用，优化自己的教学模式，调动课堂积极性，培养学生发散性思维，建设智慧型大学。除此之外，交互式学习更应注重学生与知识的交互，简化教育工具，实现精准学习，自己把控学习进程，倡导无障碍学习。

2. 人工智能下，教师转向情感化教学，个性化学习成为可能

当教师日常的繁琐工作被机器所代替，教师自然可以拿出时间投入到富有情感的教学中去，与学生产生心灵上的沟通也将不再是空谈，所以当人工智能应用于教学模式，教师角色势必需要进行调整，因为此时，教师工作重心已经发生变化，教师需要真正把关注点放在学生个体身上。此外，以前的集体式教学将被个性化教学逐渐取代，随着技术日新月异的发展和数据处理专业程度的提升，我们完全有理由相信将来每一位学生的成长轨迹都是完全不同的，这也正是发扬学生天赋，适应学生特质的教育。

人工智能下的个性化教学，每位学生都是潜力股，只要教育得当，每个人都可能出类拔萃。

◎ 参考文献

[1] 本刊综合中国教育装备网，中国教育信息化网，央视新闻客户端等整理报道．走进人工智能教育新时代[J]．教育家，2017(34)：6-9.

[2] 吴晓如．人工智能和大数据驱动下的个性化教育[J]．新课程教学(电子版)，2017(4)：8.

[3] 本刊综合中国教育装备网，中国教育信息化网，央视新闻客户端等整理报道．走进人工智能教育新时代[J]．教育家，2017(34)：6-9.

[4] 朱浩亮．论体验式教学模式在《管理心理学》教学中的应用[J]．科技信息，2011(19)：186.

[5] 杜厚娴．给学生"带得走的东西"[J]．江苏教育，2019(9)：1.

[6] 关新．人工智能时代的教育：精准教育与终身学习[J]．华东师范大学学报(教育科学版)，2017，35(5)：14-17.

[7] 曼昆．经济学原理[M]．梁小民，梁砾，译．北京：北京大学出版社，2009(4)：5-7.

·教育政策与管理·

法科硕士研究生导师指导模式的优化
——基于6所法学“双一流”高校的实证研究

叶小琴　喻秀艳

(武汉大学　法学院,湖北　武汉　430072)

摘　要:基于问卷调查和半结构式跟踪访谈的实证研究发现,法科硕士研究生导师指导模式运行状况不佳,指导效果与研究生期待呈现较大落差,培养质量与社会需求脱节。主要原因在于法学硕士、法律硕士(法学)与法律硕士(非法学)三种类型研究生的培养目标混同、导师指导机制不健全、培养过程随意。应从培养目标明确化、指导机制灵活化及指导过程精细化三方面优化导师指导模式。

关键词:法科硕士研究生培养;研究生导师指导模式;导研关系;精细化指导;实证研究

The Optimization of Tutor Guidance Mode for Master of Law Students
—Based on the Empirical Research of Six Law “Double First-Class” Universities

Ye Xiaoqin, Yu Xiuyan

(Wuhan University Law School, Wuhan University, Wuhan, Hubei, 430072)

Abstract: Based on questionnaire survey and semi-structured follow-up interview, the empirical research shows that the guidance mode of law graduate students is not good, the guidance effect is far different from the expectation of graduate students, and the training quality is divorced from the social demand. The main reasons are that the training objectives of the three types of graduate students are mixed, the mentoring mechanism is not perfect and the training process is random. The guidance model should be optimized from three aspects: explicit training objectives, flexible guidance mechanism and refined guidance process.

Key words: Postgraduate training in law; Graduate tutor guidance model; Guidance research relationship; Refined guidance; Empirical research

一、问题的缘起与研究设计

优化法科硕士研究生导师指导模式是法学“双一流”时代的主旋律之一。2018年8月教育部、财政部

收稿日期:2019-10-07

基金项目:基金项目:2018年武汉大学法学院研究生教学改革研究项目“法科硕士研究生指导模式的实证研究”。

作者简介:叶小琴(1978—　),女,湖北鄂州人,法学博士,武汉大学法学院副教授、硕士研究生导师,中国犯罪学学会常务理事,研究方向为比较及国际刑法学、犯罪学与刑事政策;喻秀艳(1994—　),女,重庆黔江人,武汉大学法学院2017级硕士研究生,研究方向为中国刑法学。

与国家发展改革委印发的《关于高等学校加快“双一流”建设的指导意见》(以下简称《“双一流”意见》)提出，培养多层次、多类型的一流人才是“双一流”建设的落脚点。一流法科人才更是社会主义建设的坚实基础，因为社会主义法治的本质是法律人之治，假使没有法律家阶层，任何法律秩序都不可能存在[1]。《“双一流”意见》还指出人才培养关键在教师，而导师制度是决定研究生培养质量的关键。硕士研究生数量在“双一流”法学院学生总数中占据多数，“双一流”时代的法科教育更重视硕士研究生法律知识和法律技能的综合能力培养，这对法科硕士研究生导师提出了更高要求。教学规律显示，法科本科生培养质量主要取决于课程体系和课堂教学效果，法科博士生的培养质量更多取决于学生的学术积累及在硕士阶段所受的学术训练，法科硕士生培养质量则主要取决于导师指导的成效。

研究生导师制度相关研究尚缺乏对法科硕士研究生导师指导模式的关注以及深度分析。当前关于研究生导师制度的成果主要关注两方面问题：其一，关注宏观层面问题，诸如导师遴选、导师职责、导师评价等制度的完善[2]，主张教育应该培养学生在不同价值观中实现自由的、充分的、完全的自我选择[3]；其二，从中观层面展开对法学教育的专门研究，揭示了中国法学教育和法律职业间的断裂现象[4]，对目前法科硕士研究生两大类三小种的分类培养目标进行了初步描述[5]。法科硕士研究生导师制度应围绕导师的教育指导目标、研究生的学习期待与法律职业需求三个维度构建，其中研究生的学习期待是连接法学教育与法律职业的桥梁。不过，既有研究并不关注从研究生角度分析导师选择、导研关系定位、导研沟通等问题。对于该类研究生指导模式的微观层面问题，急需结合实证研究的发现进行分析。

本文以法科硕士研究生导师指导模式的优化作为问题导向，针对6所法学“双一流”高校(北京大学、清华大学、武汉大学、中国人民大学、中国政法大学、中南财经政法大学)三种研究生采用问卷调查和半结构式跟踪访谈方式进行实证研究，描述硕士研究生视角下导师指导模式存在的问题，并据此深入分析，给出优化导师指导模式的建议。首先，结合6所高校在读法科硕士研究生的特征，通过分层抽样方法抽取受访者，形成有效问卷167份。根据录取条件及培养方案的差别，法科硕士研究生包括法学硕士与法律硕士两大类，后者又分为法律硕士(法学)与法律硕士(非法学)，因此法科硕士研究生包括三种类型。为保证数据的科学性和代表性，本次调查对象只针对法学门类中学科代码为0301的法学类学生，不包括公安学类学生和培养方式为定向或者委托培养的非全日制学生。同时由于实证研究的周期为2018年11月至2019年4月，考虑到信息收集的全面性，也没有包括研究生一年级学生。最终本次问卷调查的样本总体约为5500人。因为调查针对导师指导模式，本研究根据导师确定受访者，以保证各专业领域导师的学生均有同等几率进行信息反馈。在6所高校的研究生导师中各随机抽取10位导师，再将该导师指导的硕士生分为法学硕士、法律硕士(法学)、法律硕士(非法学)3组，然后在每组学生中采取简单随机抽样方法各抽取1人作为问卷调查对象，这样每个学校的计划调查样本为30人。不过，由于清华大学未设置法律硕士(法学)专业，只发放问卷20份，因此最终共计发放问卷170份，有效回收问卷167份，回收率为98%。其次，结合问卷调查中发现的重点问题，通过半结构访谈方式对17位硕士生进行了跟踪访谈。研究采取招募志愿受访者方式，联系6所高校中3种专业(清华大学法学院系2种)硕士生各1人(前期没有接受问卷调查的研究生)，共计17人进行为期3个月2~3轮的实地或线上跟踪访谈，以补充导师指导模式相关问题的具体细节。

二、当前法科硕士研究生导师指导模式的不足

受研究经费与周期的限制，本研究的结论在广度和深度方面具有一定局限性，不过对于法科硕士研究生导师指导模式这个微观层面仍进行了比较深入的研究，发现了一些有价值的新情况。实证研究发现，导师指导效果与研究生期待之间呈现较大落差，导师有效的指导输入与学生高质量的输出仍不协调，人才培

养与法律职业的能力需求严重脱节，主要体现在培养目标混同、导师指导机制和培养细节三方面。

（一）三种法科硕士研究生培养目标的混同

目前我国法科硕士研究生导师制度的核心问题在于，三个专业培养目标不清，培养混同或趋同。研究发现，50%以上导师同时指导法学硕士、法律硕士（法学）和法律硕士（非法学）三种硕士研究生；66%的导师指导的学生专业分布严重不均衡。通常认为法学硕士生教育主要培养学术型人才，即法学人；法律硕士生教育主要培养实务型人才，即法律人[6]。这种学理区分虽存在合理之处，却加剧了培养过程中的差别化待遇。

第一，法学硕士生教育培养目标并非纯粹的学术型人才，忽视多样化培养目标导致人才培养的单一性、盲目性和狭隘性。法学硕士研究生导师的教育培养目标由法律人才培养定位决定。学界对法学硕士生的培养目标有两种观点：第一种是单纯学术型目标，认为法学硕士教育制度设置的初衷是为法律教育和科研机构培养学术型人才；第二种是多样型目标，认为法学硕士培养目标多样，国家层面为社会提供高素质的实用型法律人才，社会层面为法学博士研究生提供合格生源[7]。问题在于，如果仅仅将法学硕士的培养目标定位于纯粹学术型法律人才，则未能认识到法学硕士作为精英型人才需要兼顾坚实的法学理论基础和综合实践能力的要求[8]。多数研究生导师往往不重视通过实习指导、设计实证研究项目等方式对法学硕士生进行实务能力训练，这严重忽视了低读博率和高就业率现实下法学硕士生强化法学知识应用能力的学习期待。

第二，法律硕士教育以实务型人才培养为目标，但现实中法律硕士培养的专业性、职业性以及应用性特征不明，与法学硕士的指导呈现同质化现象。法律硕士专业设立伊始，便致力于培养面向立法、司法、律师、公证、审判、检察的实务性人才[9]。但由于路径依赖，法律硕士的培养模式很大程度是对法学硕士培养模式的简单移植[10]。部分导师沿用培养法学硕士的方法培养法律硕士，片面强调以科研成果产出来衡量法律硕士的教育质量，培养过程逐渐背离职业型应用人才的基本轨道，人才培养出现“学术化”倾向，无法与法学硕士进行准确区分。

法律硕士（非法学）以培养复合型实务法律人才为目标，却缺乏复合性培养设置，呈现出培养目标的“无差别、一体化”格局[11]。具备两门专业知识背景是本专业的最大特色和优势，但是真正的复合型人才含义不单纯指有两种或者两种以上知识背景的人，而是指能够将两种或两种以上不同学科知识背景进行融合的人[12]。但是，目前绝大多数法科研究生导师是单一学科背景，缺乏多学科知识体系，无法指导学生进行知识融合和创新，导致硕士（非法学）边缘化现象日益严重，复合型特色也逐渐丧失。

法律硕士（法学）以专业型法律人才培养目标，但“专业型”含义模糊。由于“法学”和“法律”的区别基本套用了“学术型”和“实务型”的区别，导致法律硕士（法学）的定位愈发模糊[13]。根据教育部对法律硕士（法学）的培养定位，应关照法律硕士（法学）学生的本科法学背景，既注重专业型的要求进行分方向培养，又突出强调实务型的特点[14]。但由于职业教育环节的基础课程和实践课程配置不足，法律硕士（法学）教育始终无法摆脱法学硕士和法律硕士（非法学）教育制度惯性的影响[15]。研究生导师的指导过程中，大多数导师并没有针对性的对于法律硕士（法学课程）设置方面泛而不精的问题，有针对性地对学生进行个别化指导以夯实其基础理论。

（二）导师指导机制的缺陷

1. 导师选择机制僵化

第一，选择准备阶段缺乏导师的信息。学院通常只提供导师组教师名册和联系方式、官网的教师简介，缺乏前期资料的提供导致研究生对导师信息了解不全面，常常出现“误选”和“错选”之类研究生的学习期待与导师的指导模式不匹配的情况。研究发现，90%的受访学生通常采取事先咨询本科院校与硕士院校同学、教师、辅导员或者通过网络了解导师信息资料，但是仍有10%的学生缺乏准备，随意选择导师。同时，研究生获取信息的渠道有限，获取的信息呈现碎片化，而且有些客观信息也往往被提供者或多或少掺入了主观评价的色彩。

第二，选择时间规定不合理。如表1所示，88%的院校将导师选择时间安排在开学前或者开学前三个月，短暂的时间设置导致导师与研究生之间缺少相互了解的过程，职业规划缺位情况下极易产生选择"跟风"现象。尤其是缺乏法学基础知识的推免法律硕士(非法学)研究生，这类学生在各个高校人数占比近15%，最终不可避免地出现规模化的导师"盲选"现象。

表1　**学校规定的法科硕士研究生导师选择时间**

选择时间	开学前	第一学期	第二学期
百分比	34%	53%	13%

第三，选择方式被动。从表2可知，占比45%的受访研究生通过教学系统和邮件等方式与导师进行联系确认，这不利于双方的相互了解，最终促成"想象型"导研关系的建立。结果造成实际指导过程中双方产生落差感，加剧导研关系的紧张与矛盾，引发后期更选情况的出现。然而，部分培养单位禁止研究生选定导师后更换导师，这不利于研究生"跟风盲选"后的再次理性选择，导致研究生消极接受指导。而针对这种严重缺乏灵活性和科学性制度设计下学生的学习状态，导师往往比较忽视。即使偶然了解这种情况，对于"想另选他人"的研究生，或多或少有些不重视，严重影响指导成效。

表2　**学校规定的法科硕士研究生导师选择方式**

选择方式	双方互动选择	系统单方面操作	院系安排
百分比	55%	26%	19%

2. 指导制度不合理

目前关于法科硕士研究导师培养模式主要有四种：单一导师制、双导师制(合作导师制)、导师组制、学徒制。导师组制度①、学徒制主要适用于国外。在调查的6所高校中单一导师制度适用最为普遍，比例高达87%。单一导师制度是指法科硕士研究生在硕士阶段，仅有一位校内导师进行指导的制度，现实中导师挂名指导的情形也属于单一导师制范畴。单一导师制度对导师的综合素质要求极高。实际上，多数情况下一位导师无法准确定位各专业特色，也难以有效达到理论与实践双重培养的要求，指导效果并不理想。

双导师制度是教育部着力推进的一项创新性的导师制度，但是从实施现状看仍属于倡导式，并不具有强制推行的效果。双导师制度模式是指学校聘请校外专家、学者、管理与技术精英等为兼职导师与校内导师共同培养研究生的模式[16]。虽然双导师是公认的理想师资模式，但是培养单位主要聘请具有行政职务的校外导师，产生盛名之下其实难副的结果。研究生甚至受到"以吏为师"的官本位思想引导[17]。研究发现，仅有13%的受访学生拥有两位导师。而由于校外导师指导形式化、指导内容不合理、导师工作繁忙

① 导师组培养模式在美国适用较多。该模式下研究生都由一个指定的论文委员会进行指导。委员会由3至4名具有不同专长和不同学术观点的教授组成，其中一名是主要导师。

以及指导模式不合适等问题，校外导师整体满意度较低，为6.5分(总分10分)。

3. 评估机制缺位

《“双一流”意见》提出立德树人的成效是检验学校一切工作的根本标准，但导师指导质量的评估机制仍未予明确。研究发现，反馈机制的设置情况不理想、不规范，仅有20%的受访学生所在培养院校设置了对导师指导情况的反馈机制。即使存在导师评价机制，由于导师制度中导师占据绝对话语权，导致研究生主体地位逐渐丧失，无法合理表达意见和要求[18]。此外，72%的受访学生表示自己对反馈信息的结果并不清楚，因为87%的反馈信息由学校和学院处理，反馈信息的后期处理、反馈、改进均存在明显的内部化倾向，导师也不了解指导中的不足，止步于前而惰于对不足进行反思。

(三)培养过程随意

目前，法科硕士研究生对校内导师指导的整体满意度8.5分(总分10分)，仍有小比例的非常不满意和不满意存在，反映出其中仍然存在问题。

1. 导师的教育指导能力和投入不足

第一，约50%的导师对其指导的硕士研究生缺乏培养规划。目前研究生导师的遴选虽然也设置了特定条件和岗前培训，但是导师的遴选侧重导师的科研成果，培训方式单一，培训时间也很短，导致导师在教育指导研究生方面的专门能力不足。大部分导师往往以个人的科研为中心来“安排”研究生的培养，最终导致培养内容狭窄、培养过程混乱和培养成效差。数据显示，80%的受访学生表示校内导师主要指导内容是毕业论文，缺乏实习或调研、个人独立办事能力、就业发展等方面的指导，导致半数法科硕士研究生缺乏明确的研究规划和职业规划。

第二，导师时间精力有限，缺乏个性化培养。为了完成固定的年度审核和绩效评估，导师任务繁重，同时各院校导师指导的在校硕士研究生总人数明显超负荷。如表3所示，在5人以下占比17%，5人至10人占比32%，10人以上占比51%，个别院校导师指导的在校研究生人数高达25人，每位导师平均每个年级需要指导2至5名硕士生。因此，尽管40%的受访学生希望得到导师一对一的指导，但是定期的读书报告或学术交流会仍然成为主要的培养模式，特色化、个性化的培养目标难以实现。

表3　**法科硕士研究生导师指导的在校研究生总人数**

指导人数	5人及以下	5~10人	10~15人	16~25人
百分比	17%	32%	25%	26%

第三，导师缺乏结合理论与实践进行综合指导的意识和能力。研究发现，仅有42%导师会安排实习、访谈、问卷调查等参与型课外实践活动。研究发现，仅有35%的导师兼顾学术性和实务性人才的综合培养倾向，但占62%的受访学生希望在研究生期间获得法学理论研究能力和法律实务技能的均衡培养。由此可见，导师的具体培养倾向与学生的培养期待之间存在较大落差。大部分导师仅具有法学一门学科背景，知识理论较为单一，往往毕业后直接到科研岗位工作，缺乏法律实务经验。研究生导师往往重视法学教义学的理论建构，把法律作为一个孤立的社会现象加以讲解，仅从规则解释和适用角度就法论法。但实际上，应该从社会经济背景、政策变化、法律规制的实际效果及限度等更为广阔的视域来研究法律现象。[19]目前的指导模式还停留于培养研究生记忆、理解重要法学理论观点的层面，导致研究生缺乏独立的批判性思维能力，对于立法、司法和法律关联事件缺乏立体和整体的把握。

2. 导研关系的定位不当

目前，导师与研究生的关系错位情况严重。根据导师与研究生的交流与指导方式，可将导研关系分为五种：放养型、权威型、雇佣型、师友型以及其他型[20]。研究发现，放养型和雇佣型是最普遍的两种类型。放养型关系中导师对不积极主动的学生采取放任式管理，导师成为“研究生学位论文指导老师”，导师与研究生之间逐渐疏离。此外，高校学术资源与市场之间的联系日益紧密，导师与研究生甚至形成了不平等的“隐性雇佣”关系[21]。这种雇佣关系既体现在学术任务、行政实践任务中，也存在于生活事务方面，研究生逐渐成为导师的工作和生活“助手”。

3. 导师与研究生沟通不畅

导师与研究生双方交流频率低，面对面交流机会极少。如表 4 所示，50%的受访学生通过电话、邮箱、微信等通信工具与导师进行线上沟通，69%的受访学生与导师的交流频率是一月一次以下，可见导研之间沟通严重不足。不平衡的师生是研究生与导师单独交流的频率和机会少的重要原因，导师与研究生之间时间的不协调导致线上交流成为交流沟通的主要途径，面对面交流的真切和全面效果无法实现，降低了导研的认同感和熟悉度，而陌生感和畏惧感反作用于日常交流，使得交流频率逐渐较低，最终形成恶性的导研沟通循环。

表 4　　导师与研究生的沟通频率

沟通频率	一学期一次	一月一次	两周一次	每周一次	一周多次
百分比	23%	46%	10%	16%	5%

三、优化法科硕士研究生导师指导模式的建议

(一)培养目标的明确化

第一，清晰区分法科硕士研究生 3 种类型学生的培养目标是解决培养混同的主要途径。针对法科硕士研究生 3 种类型学生的培养目标，各培养单位级应该保持本专业的培养特色。学术型研究生教育属于“本体论”教育价值观，为防止法学硕士研究性和学术性被逐渐淡化，应更加注重知识本身的价值；应用型研究生教育属于“工具观”教育价值观，要防止法律硕士专业内容被“学术化”趋势主导，需更加注重知识的社会价值[22]。基于《“双一流”意见》的部署，应当大力培养高精尖急缺人才，探索建立政治过硬、行业急需、能力突出的高层次复合型人才培养新机制。基于法律硕士实务型人才培养的特殊性，应明确法律硕士(非法学)的复合型要求，基础知识的学习能力与法律实务问题解决能力的综合培养是首要目标。为此，导师应注重对学生跨学科知识融合能力的塑造，发挥各自高校的多学科优势，重视对研究生选修课程、参加学术活动的个别化指导。同时，在法律硕士(法学)清晰的专业区向下，应以专业型的精英实务人才培养为目标，结合法学基础知识，导师着重培养学生综合应用多种法律知识的实务操作能力，而非仅仅狭隘的传授本二级学科的知识，践行基于宽口径的专业型指导方针。

第二，要高度重视法科硕士研究生共同培养目标的研究和践行。若过度关注、追求法律硕士与法学硕士的差异性，忽视二者之间的共性又难免陷入矫枉过正之中[23]。因此，在准确区别法学硕士和法律硕士专业特色和培养目标基础上，应认识到法学硕士多样性目标和法律硕士综合能力的要求，推进高层次人才供给侧结构性改革，优化不同层次学生的培养结构。导师应基于各专业的培养大纲，制定系统的培养计划，根据本人的指导规模与学生类型，制定具体的培养目标，重视在指导过程中，培养全体法科硕士的专业基础理论、法学思维能力、学术论文写作能力与案例分析能力。故而，导师应该结合国家重点、重大科

研计划任务，坚持高素质、高能力以及高品德为一流人才培养计划，综合法科硕士研究生的学术性和实践性要求，盘活整个教育指导环节。此外，导师既需要以法学理论为依托，注重培养学生的法律智慧、法律修养，也应重点培养法学知识运用能力、专业思维能力、问题分析能力、人文体验能力、角色调适能力[24]。例如，导师可以充分利用学校建立的校外教学实践基地，组织研究生参加教学实践基地的交流活动，引导研究生利用教学实践基地进行小型实证研究、安排研究生进行公益性社会服务等方式，在真实的法律应用场景中对研究生进行综合培养。

（二）指导机制的灵活化

1. 优化导师选择制度

首先，加强导师确认过程中的信息交换。导师选择过程中应建立科学全面的信息互换机制，提倡导师与研究生之间通过面谈确认指导关系。这样，有利于加强导师信息的充分公开。学院应鼓励硕士研究生主动制作自我陈述或者简历，保证双方充分了解和交流，避免了解不足导致的研究生学习期待与指导效果之间的落差问题。

其次，确立导师选择确认时间的分类别区分处理机制。开学前确认导师的制度无法实现会面式确认而缺乏合理性，入学后确认指导关系更加科学合理。基于专业特色，建议将法学硕士、法律硕士（法学）两种专业研究生导师选择时间确定于入学后第一学期。将法律硕士（非法学）研究生导师的确定时间定于入学后的第二学期，保证该类学生学习一定的法学基础知识、确定发展方向后进行导师选择，避免盲选和跟风问题。

最后，建立灵活的导师选择调整机制，赋予研究生更多自由。建议借鉴国外导师更换机制，允许研究生在后续阶段发现导师与自己研究兴趣有较大差异时，可以申请更换导师。当然，无限制的任意更换导师会破坏原导师和现导师、原导师和研究生之间的关系，影响教学管理秩序。因此，需要防止研究生选择的任意性，设置严格程序限定更换导师的频率和条件，助力良性持续导研关系的建立。

2. 导师组成多元化

首先，增加单一导师制度下的交叉学科交流。为了克服单一导师制中导师理论广度不足和能力欠缺问题，导师在不断提升理论与实务能力的同时，学校层面或者导师个人也可以探索跨学校、跨院系、跨专业的交叉培养交流活动。这样，有利于扩展研究生多面向的知识，弥补单一导师制度的不足，形成多元投入、合力支持、协同推进的指导格局。

其次，优化双导师制度，并尽量普遍推广。革新旧的培养传统，充分发挥双导师联合培养机制的优势，结合各个专业的特点和发展目标，注重理论研究和实务能力的均衡化培养，双导师制应在各自领域各有侧重，其中法学硕士的双导师制度主要面向的是理论研究，使待定的法律制度得以完善；而法律硕士的双导师制度主要面向的是法务实践，使焦点的社会冲突得以解决[25]。同时，严格校外导师的遴选制度，明确校内外导师的基本责任，防止导师的责任推诿和指导不到位。结合双方的利益需求，建立长期的合作机制，保障研究生获得优质的校外指导。

最后，汲取导师组制多元性因素，发挥资源聚合功能。结合导师团队联合培养的优点，培养单位可以建立一支高水平且结构合理的研究生指导小组，形成具体专业方向的研究生联合培养团队，包括校内研究生导师团队的建设，校际研究生导师团队的建设，校企学科间的团队联合培养[26]，为研究生提供广泛的知识类别，培养多样化思维体系。同时，按照年龄、职称、经历以及研究方向确认主副导师，明确具体责任划分，避免责任推卸，将团队合作的优点发挥极致。

3. 反馈评价机制动态化

首先，各培养单位应该制定严格规范的导师指导评价机制，畅通评估和反馈渠道，保障学生的意见得到及时掌握和跟进。评价机制应重视多元化内容，将导师指导的内容、日常交流沟通等信息纳入评估范围，并坚持重点问题及时调整和改进，保证导师不适当的指导得到有效监督和及时纠正。

其次，组建多元化的导师指导评估队伍。研究生对导师的评价可能视角比较单一，有时还带有情绪化色彩。建议从多角度评估导师指导效果，评估主体由学生扩展到学院领导、第三方评估机构以及其他导师，最终形成全面的多元导师评价制度，科学地考量指导效果，避免评估形式化。而且，应当将评估结果阳光化，让研究生与导师充分了解评估结果，据此跟踪导师不足之处与改进成效。而且应反复公开与评估，最终形成良性可持续的评估体系。

(三)指导过程的精细化

1. 提升导师的教育理论修养与实践指导能力

高质量的导师队伍是培养高质量学生的重要因素之一，这要求导师不仅在专业方面具有较高的科研水平，同时也应在教师职业道德、教育心理学与教学方法方面具有相当的水准。故而，应当加强导师在教育理论修养与实践指导方面的综合能力，建设优质的导师队伍。

首先，加强师德师风建设，提高导师综合能力。应严把导师遴选和考核晋升标准，将师德师风作为评价教师队伍素质的第一标准，打造有理想信念、道德情操、扎实学识、仁爱之心的教师队伍，建成师德师风高地。学校应通过制度设计改变研究生导师过分重视科研工作的单一倾向，鼓励教师在教育理论修养和实践指导能力方面加大投入。学校可以通过加强入职培训和在职研修，支持高校教师参加国际化教学培训和国际交流项目，提升法科硕士研究生导师在教育学方面的素质，培养理论与实务多面向发展的新型导师。

其次，明确和不断丰富指导内容。建议研究生导师在以下层面有针对性的培养法科硕士生的各方面能力：第一，帮助研究生树立从事法律事业的远大理想、正确的学习态度和思想状态，引导研究生克服功利主义思想，摆脱懈怠的情绪，确立学术本位思想。第二，指导研究生制定清晰的短期、中期与长期人生规划，并据此形成研究生 2 至 3 年在读期间的学习规划，促进学习效率和效果的提升。第三，着重法学创新意识和法律实践能力的综合培养。例如，除了上文提及的充分利用教学实践基地资源设计各种培养活动之外，还可以带领研究生参与案例性教学或实训课程，通过资料的整理、准备、表述对已经积累的知识进行科学的整合、加工和创造，进而产生新概念、新知识、新思想，与此同时锻炼研究生的思辨能力、组织能力和表达能力[27]。

2. 明确导研关系定性

明确研究生和指导老师之间导研关系的委托法律关系属性。事实上，培养单位和导师之间是一种委托合同关系，委托给导师的内容是指导硕士研究生，这便成为导师义务；而培养单位和硕士研究生之间则是一种教育服务合同关系，硕士研究生有权获得培养单位导师的指导，这是硕士研究生的权利[28]。因此，导师有义务依照委托合同进行有关指导，硕士研究生有权利依照服务合同享受相关指导，双方清晰认识到此种权利义务分配，能够防止畸形导研关系的产生，保证研究生获得充足和优质的指导资源。

3. 加强导研沟通

学校和导师应通过多种方式提高导研沟通频率，并丰富沟通方式。若要打破法科硕士生指导过程中的导研沟通障碍，改革沟通方式势在必行。对此，导师和研究生双方均应抛弃传统的师生间不平等心态，积极主动地进行交流和沟通。考虑到当前导师教学、科研、社会服务各方面任务繁重的现状，建议侧重鼓励学生增加与导师之间的熟悉度。同时应采取多种沟通方式以畅通沟通渠道。导师可以组织会议对硕士研究生进行学术动态关注，同时也应重视单独进行指导，以关注每位研究生的特点，制定个性化的培养方案。目前导师和研究生之间往往通过微信群或者个人微信进行沟通。这种沟通方式有利于提高效率，但微信之类信息网络沟通工具往往变成导师为中心的学习等各项任务发布平台，导师难以了解学生的学习和思想动态。因此，尤其倡导导师与每位研究生之间应保持一定频率的个别面谈沟通方式，以发挥面对面交流沟通的情感和细节优势，增加师生之间的了解度和信赖感。

四、结语

实证研究发现，研究生导师在法科硕士研究生成才和成人道路上扮演了关键角色，不过目前指导模式还有一定程度的优化空间。导师指导贯穿法科硕士研究生培养过程的始终，有效的指导模式是培养研究生成为卓越法律人才的核心。法学“双一流”高校更应不断提高硕士研究生培养质量，引领我国的法学教育。为切实改变法科硕士研究生导师指导模式中现实存在的问题，应深入分析法科 3 种硕士研究生培育目标的不同，重视个别化学习规划的指导，加强硕士生自主学习意识和学习能力培养，促进导师与学生之间的良好沟通。同时完善导师集体指导与个别指导的各项规则和指南，构建科学的导师指导制度，建立友好型导研关系，为我国社会主义法制建设输送高质量人才。

◎ 参考文献

[1] 孙笑侠．法律人之治——法律职业的中国思考[M]．北京：中国政法大学出版社，2005：13.

[2] 陈闻．硕士生实践能力培养的外部制约因素[J]．社会科学家，2009(10)：125.

[3] 唐爱民．当代西方教育思潮[M]．济南：山东人民出版社，2010：23.

[4] 方流芳．追问法学教育[J]．中国法学，2008(6)：65.

[5] 赖早兴，贾健．法律硕士(法学)和法学硕士研究生分类培养研究[J]．河南警察学院学报，2016(4)：123.

[6] 李洁，李晓欧．中国法科研究生教育向何处去[J]．中国高教研究，2010(2)：33.

[7] 徐信贵，崔梦豪．法学硕士研究生教学改革目标导向与教学方法变革[J]．重庆行政(公共论坛)，2015(6)：74.

[8] 林仕尧．法学硕士研究生实践能力培养的内涵与路径探究[J]．学位与研究生教育，2015(7)：16.

[9] 李德进，刘夏怡．法律专业学位研究生培养规格的个性与共性——论西南少数民族地区法律专业学位研究生培养目标[J]．法律与社会，2016(15)：231.

[10] 黄锐．以实践能力为核心的专业硕士培养模式研究[J]．教育研究，2014(11)：88-94.

[11] 龙翼飞，胡林林．法学家中国人民大学法律硕士人才培养模式创新与实践——以“因材施教分类培养”为中心[J]．法学家，2013(3)：173.

[12] 付春杨．在理想与现实之间——从问卷调查看法律硕士教育存在的问题[J]．学位与研究生教育，2008(2)：58.

[13] 郑毅，李苗苗．我国法律硕士教育制度若干问题刍议[J]．教育与考试，2013(2)：83.

[14] 徐胜萍，田海鑫．法律硕士(法学)专业学位研究生培养模式探究[J]．研究生教育研究，2016(5)：74.

[15] 冀祥德．论中国法科研究生培养模式转型之必要——从以培养法学硕士为主转向以法律硕士为主[J]．环球法律评论，2012(5)：148.

[16] 汪全胜，陈光．研究生培养的“合作导师”模式析论[J]．评价与管理，2013(3)：9-12.

[17] 杨德桥．法律硕士研究生职业能力培养路径探析[J]．科教文汇，2017(3)：35.

[18] 张端鸿，陈庆，邢睿．以公约精神与评价体系完善推动导师和研究生关系建设[J]．实践研究，2018(5)：98-100.
[19] 雷鑫，谢利平．法学硕士研究生培养模式的反思与探索——以实践性教学为视角[J]．教育教学论坛，2012(28)：144.
[20] 程燕燕．我国高校硕士研究生与导师的沟通研究——以J大学为例[D]．广州：暨南大学，2015：55.
[21] 张端鸿，陈庆，邢睿．以公约精神与评价体系完善推动导师和研究生关系建设[J]．实践研究，2018(5)：98.
[22] 马更新．法律硕士研究生学术能力培养简析[J]．中国法学教育研究，2017(1)：154.
[23] 邓海峰，杨如筠，张召怀．法律硕士培养中的精耕细作与彰显风格——清华法学院法律硕士教育改革的新探索[J]．研究生教育，2017(5)：73.
[24] 林仕尧．法学硕士研究生实践能力培养的内涵与路径探究[J]．学位与研究生教育，2015，7：16-17.
[25] 孙昊亮，唐诗．法律硕士研究生培养中双导师制的完善[J]．法学教育研究，2017(2)：251.
[26] 黄继蓉，黄文韬．研究生导师模式的一些探讨[J]．高教论坛，2009(2)：114.
[27] 黄小筝．法学专业研究生培养模式改革初探[J]．法制与经济，2007(8)：84.
[28] 孙文桢．法律视角下导师与研究生关系初探[J]．学位与研究生教育，2017(2)：10.

· 教育政策与管理 ·

从政策制定到院校践行：日本建设世界一流大学的经验启示

李欣铖　张胜文

(武汉大学　教育科学研究院，湖北　武汉　430072)

摘　要：日本自 20 世纪 90 年代开始实施“卓越计划”，经过 20 多年的发展，三个阶段的分步实施，日本高等教育质量显著提升，建设起一批世界一流高校。分析其成功原因，即离不开各个阶段政策目标的一致性、践行的稳定性和考评的规范性，也离不开各高校的努力，其中东京大学通过坚守办学宗旨、重立发展目标、打造新课程体系和实现国家化等努力成功跻身世界一流大学。分析借鉴日本建设世界一流大学的经验，对我国“双一流”建设具有重要意义。

关键词：卓越计划；世界一流大学；高等教育改革；日本

From Policy Making to College Practice: Japan's Experience in Building a World-Class University

Li Xincheng, Zhang Shengwen

(Research Institute of Education Science, Wuhan University, Wuhan, Hubei, 430072)

Abstract: Since the 1990s, Japan has implemented the “Excellence Program”. After more than ten years of development and three stages of implementation, the quality of higher education in Japan has been significantly improved, and a number of world-class universities have been built. The analysis of the reasons for its success is inseparable from the consistency of policy objectives at all stages, the stability of practice and the standardization of evaluation, as well as the efforts of colleges and universities, among them, Tokyo University has made great efforts to become one of the world's top universities by adhering to its tenet, re establishing its development goals, building a new curriculum system and realizing its nationalization. It is of great significance for the construction of “double first class” in China to analyze and draw lessons from Japan's experience in building a world-class university.

Key words: Excellence Program; World-Class University; Higher education reform; Japan

国务院印发的《统筹推进世界一流大学和一流学科建设总体方案》中提出：到 21 世纪中叶，一流大学和一流学科的数量和实力进入世界前列，基本建成高等教育强国。党的十九大明确指出：加快一流大学和一流学科建设，实现高等教育内涵式发展。

收稿日期：2019-07-30

作者简介：李欣铖(1995—　)，男，湖北十堰人，武汉大学教育科学研究院硕士研究生，主要研究方向为高等教育学。张胜文(1995—　)，男，湖北荆门人，武汉大学教育科学研究院硕士研究生，主要研究方向为高等教育学。

自20世纪90年代以来，为适应全球化的趋势，打造高等教育卓越基地，日本推动“卓越计划”的实施，经过20多年的发展，日本高等教育质量获得显著提升。中国“双一流”建设刚刚起步，而日本经过数十年的发展已取得阶段性成果，分析并借鉴日本建设一流大学的成功经验，对我国“双一流”建设具有重要借鉴意义。

一、政策主导推动建设一流大学

（一）战略背景

政治经济发展的瓶颈急需突破。20世纪80年代，日本虽成为世界第二大经济体，但在技术输出上仍处于劣势地位，这与其大国地位存在差距。为改变技术贸易逆差的现状，日本意识到科学技术的发展必须以科学研究作为支撑，于20世纪90年代确定“科学技术创造立国”的基本国策，因此创建一流大学，提升科研质量，为经济社会的发展提供技术支持成为必然选择。

高等教育质量急需提升。“二战”后日本的高等教育体制经历重大变革，随着高等教育办学规模的增大，日本实现高等教育“大众化”，但是人才的培养并不能与政治经济发展相协调。20世纪90年代，日本国内600余所高等院校，跻身世界一流大学的少之又少，大学内的人文社科研究也远落后于欧美教育强国，1991年，日本论文发表量仅为美国的五分之一[1]。随着日本产业调整，高等教育愈发显现出资源投入不足、人才培养滞后、科研产出匮乏和学科人才结构失衡等问题，不利于其综合国力的竞争。

20世纪80年代以前，日本并未形成“原发型”高等教育发展模式，从仿欧到仿美，日渐僵化的“道路”制约着各个高校发展。作为亚洲第一大国，日本高等教育的发展并不能与经济发展相适应，助力社会发展。为保证国际竞争中的优势，日本政府需解决高等教育发展中的问题，推动高等教育改革，实施“卓越计划”，希望通过构建一套健全的高等教育“生态”，推动构建一流大学，打造人才培育基地，提高科研质量和转换率，服务于日本经济社会的长远发展。

（二）发展历程

日本“卓越计划”历过“COE基地计划”“21世纪COE计划”和“全球COE计划”这三个阶段的发展，虽然每个阶段的战略在细节上存在差异，但在战略理念上一脉相承，共同构成高等教育卓越系统。

20世纪90年代，为解决经济发展中的技术难题，日本政府提出“科学技术创造立国”，在此国策的指导下颁布第一期《科学技术基本计划》。为响应号召，学术审议会议向文部大臣提交了《关于建设卓越教育科研基地（COE）》的建议，并提出具体实施方案，其中有两项具体措施是“核心研究机构支援计划”和“核心研究基地建设计划”，“COE基地计划”由此展开[2]。在第一期“卓越计划”取得较大成就的情况下，日本政府力图进一步提升本国高校的国际竞争力，时任文部科学大臣的远山墩子提出“远山计划”，此计划还未实施便因其遴选对象过于局限受到社会各界的批评质疑，而后该政策中的遴选对象由以大学转变为以学科为单位，“21世纪COE计划”因此而生，并于2002年启动。此计划共持续九年，以项目为依托对重点、特色学科进行培养，实现了预期目标。在高等教育国际化的背景下，为持续推动“卓越计划”，打造国际化的一流高校，日本政府于2007年启动“全球COE计划”，旨在继续搭建学科研究平台、培养跨学科人才，并进一步推动国际交流，实现科研国际化。

日本“卓越计划”在三个阶段虽各有侧重，但是一脉相承，构成了日本高等教育系统工程。“COE基地计划”通过合并科研院所，组建研究生院大学，为高等教育的发展搭建起研究基地；第二阶段的“21世纪COE计划”以学科为单位，通过第三方评价，遴选出优秀的国公私立的高校、具有博士招生资格的研究院和大学附属研究院所进行资助，组建发展卓越学科；第三阶段的“全球COE计划”则是在前两个阶段的基础上明确提出培养国际化领军科研人才的目标。

这三个阶段形成一条“组建基地—发展学科—培养人才”的脉络，且三个阶段层层递进。从组织架构上看，通过校内、校际和国际三类科研机构协同合作。各个受资助的高等教育机构内部打破学科壁垒，组建起跨学科研究平台，提升校内科研资源的利用率；学校之间，由校长牵头组建横向科研合作团队，有助于各高校发挥优势、取长补短，深化高校间的交流合作，整合优质学科资源构建卓越学科方阵；同时战略面向全社会，具有学科优势的地方公立高校与私立高校也可参与申请战略资助，成功地调动各类高校参与“卓越计划”的积极性，遴选范围的扩大，使得“既得利益者”产生危机感，敦促老牌公立高校提升竞争力。从建设愿景上看，“卓越计划”将提升博士教育质量作为战略目标之一，实现人才培养与学科发展的优势互动，以学科的卓越实现科研人员的卓越，为科学研究储备人力资源，最终实现“科学技术立国”地愿景。

（三）战略特色

经过数十年的发展，日本政府不断完善战略计划，每个计划即有阶段性的特色，又因其愿景一致相互衔接，由单一战略走向系统工程，“卓越计划”在人才培养、科学研究、学科发展和社会服务等方面取得巨大成就。其特色可总结如下。

1. 目标的一致性

1995年，日本出台《科学技术基本法》，文部省为响应号召颁布《科技白皮书》，确定“科学技术创造立国”的基本观点，希望通过高校科研水平的提升带动科学技术的发展。1996年，第一期《科学技术基本规划》出台，标志着科学技术振兴规划正式实施。该规划以实现科学技术振兴为基本宗旨，希望通过支持拥有雄厚科研实力的国立大学及研究机构，完善科研体制，推动卓越基地建设，发挥基地培育卓越科研人员的职能，从而带动日本科技的发展。第一期规划成为“COE基地计划”的重要指导方针。

进入21世纪，第二期《科学技术基本计划》出台，与第一期不同的是第二期有侧重地发展四大学科领域，同时以“21世纪COE计划”为依托实现本国科研系统的改革。高等研究机构在此阶段的目的变为通过资助世界一流的科学研究机构，培养各个学科领域的一流研究人才，从而推动建设具有国际竞争力的世界一流大学。

2006年，“全球COE计划”在第三期《科学技术基本规划》指导下实施。这一计划在继承前一阶段的基础上以强化日本大学育人职能为目标，以一流的研究平台助推国际化人才的培养，同时提出科学技术发展的新目标，并重视科研成果返还社会。与前两个阶段相比，“全球COE计划”更加注重国际化进程和科研成果的社会贡献。

综上所述，日本“卓越计划”虽由三个不用的“COE计划”构成，但每一阶段的“COE计划”都有《科学技术基本计划》进行指导，都以实现“科学技术创造立国”为目标，因此日本建设世界一流大学的战略规划具有目标一致性的特征，这也使得“卓越计划”在各个阶段始终沿着明确的路线前行，推动日本高校可持续发展。

2. 践行的稳定性

作为“卓越计划”的实施主体，文部省直接推动相关政策的实施，并筹集资助经费，但实施权委托给第三方执行机构。为提高资源的利用率，遴选最为合适的科研机构，“COE计划”成立执行委员会，委员会的成员大都来自各个学科或研究机构的专家，政府官员在委员会中的比重极低，委员会的权威性能够在人员变更中得到保持，同时不同阶段的委员会成员也有重叠显现，委员会成员的选拔标准得以继承。参与人员的权威和相对稳定，也体现了日本政府对“COE计划”政策支持的稳定性[3]。

除此之外，遴选结果也具有较高的相似性。虽然“卓越计划”的遴选对象由国立高校及其科研机构扩大为国公私立高校及众多科研院所，但是遴选对象更加倾向于在上一阶段中取得良好成绩的卓越基地。例如，参与“COE 基地计划”的 6 所国立大学的卓越基地在“21 世纪 COE 计划”和“全球 COE 计划”申请成功的项目数分别占总数的 35. 02%和 42. 86%。遴选结果重叠面较大，具有较高的稳定性，有助于巩固优势学科的发展。

3. 考评的规范性

科学规范的评价机制贯穿于“卓越计划”的全过程。就评价主体而言，从“21 世纪 COE 计划”开始，原本隶属于文部科学省的学术振兴委员会，通过改革成为拥有独立法人地位的第三方机构，文部科学省将遴选与评审工作全权委托给学术振兴委员会，弱化政府对政策实施的行政性干扰，确保遴选和评审结果的客观性，实现资源的合理分配。同时评审过程高度透明，评审团成员信息、相关通知、评审规则及结果都在政府及相关组织的网站予以公示。这使得受审对象能得到信息反馈，还有助于公众监督政策的实施，确保“卓越计划”实施全过程的公平性。同时评审分为事前遴选、中期考核和事后验收，将形成性评价与终结性评价相结合，即可确保卓越基地按照既定目标稳步发展，又可调整资金分配，提升资源的使用效率。

二、日本“卓越计划”工程中东京大学的具体行动

日本启动“全球 COE 计划”以来，东京大学积极响应，在已有的基础之上发挥自身的优势，追求卓越发展并且取得了明显的成效，向着建设世界最高水平大学的目标迈进。目前，东京大学已经成为世界上顶尖的综合性大学之一。在各类世界大学排行榜上，东京都处于领先地位。到 2018 年，日本一共有 27 人获得了诺贝尔奖，其中来自东京大学的毕业生就有 11 位，超过了总人数的三分之一。同时，东京大学在国内的地位和影响也是独一无二的，据统计，当代日本各界知名人士中，50%以上均出自东京大学，尤其在政界、金融界中最为典型。东京大学为日本在各个领域培养了大批精英人才，为日本的现代化建设以及在全球化竞争中发挥了极其重大的作用。

(一)明确新时期的发展目标

在根据日本国家宪法实行的教育改革的推动之下，东京大学肩负着为日本社会输送重要人才的使命，作为日本的新制大学开始了新的征程。由此以来，东京大学在培养社会尖端人才、推动社会科学技术迅猛发展的同时，为构建和完善先进的教学研究体制做出了巨大的贡献。随着国立大学法人化变革的推进，东京大学开始努力寻求能充分发挥其自主性和自律性的新地位。日本的“全球 COE 计划”把研究生教育作为抢占高等教育战略高地的关键策略，通过高端人才的培养来发展优势的学科，以科学技术的创新来提升大学的国际地位，打造具有东京大学特色的专业来提升自己的世界声誉。从而建成世界级的人才培养和研究基地，为日本的高等教育学界提供强大的人才支撑，并通过对科研成果的转化来促进整个日本高新产业的迅速发展，使得日本在教育、经济之间实现正向、高效的转化。

东京大学的宪章中提到，东京大学确立了新阶段的前进方向：在以往的发展基础上，持续带动世界一流的学术研究发展，致力于实现社会公正、科技进步、知识创新，使东京大学成为培养具有全球化视野的精英的教育场所[4]。

(二)确立“以质取胜”，“以质取量”的办学宗旨

东京大学始终坚守“以质取胜”“以质取量”的办学宗旨[5]。东京大学的整体师生认为：保持学校的稳定和学术上的高水平是维系学校尊严和荣誉所必不可少的因素。因而，他们在培育人才方面着眼于高质

量、少而精的战略。为此，他们采取了一系列动作：第一，控制学校的办学规模，限定每年招生的人数，坚持小而精的战略，从而维持学校高效率地运行。目前东京大学一直把学校总人数控制在3万人以内，本科学生人数保持在15000人左右；2004年，东京大学在校生总人数达到28386人，其中本科阶段各类学生包括旁听生共计15074人，研究生阶段各类学生包括硕士生、博士生、旁听生共计13185人。截至2014年5月1日，东京大学在校生总人数27975人，本科阶段包括旁听生在内各类学生共计14097人，研究生阶段包括硕士生、博士生、旁听生在内的各类学生共计13889人。在日本的高校之中，东京大学的报考偏差值是最大的，正是因为这种严进更严出的高标准，使得东京大学能源源不断地向社会输送各个层次的顶尖人才。第二，广纳贤才，建设一支高水平的师资队伍。拥有一批优秀的教师队伍是一个学校最大的优势，所以在确定一流办学目标后，东京大学的首要目标是“建设一流的师资队伍”。人才是学科发展的核心和根本。快速汇集一批世界顶尖和优秀的学术科研人才是学科建设的制胜法宝，无论是西方老牌的世界一流大学哈佛大学，还是亚洲一流的东京大学，以最大的力气和成效引进世界顶尖人才是其快速发展和领先时代的最重要举措之一。东京大学积极开展学术交流活动，让日本的学生能够有更多的机会去欧美进行学习，掌握欧美最前沿的科学技术，当他们回国后可以从事教学研究活动，从而进行科学知识上的反哺；另一方，当今世界的竞争归根结底还是人才的竞争，所以各个高校都在想方设法招聘世界上著名的学术权威或知名学者，东京大学也不例外，为此投入了大量资金与心血。

在教员任用方面有严厉的聘任、晋升制度。在选拔标准上，东京大学是多方权衡，考虑应聘者的综合能力，侧重科研成绩；在教师科研成果的鉴定方面，不仅需要专家和教授的推荐意见，还需要通过教授会的集体审议，获得三分之二以上赞同票者，才能成功晋级，以确保对教师的科研业绩进行公正的评价。可以说“广纳贤才、聘而用之”是东京大学建立高水平老师队伍的基础，而“严格任用、非升即走”则是它建设高水平教师队伍的保障[6]。

（三）打造开放、多样化的课程体系

日本卓越计划实施以来，东京大学一直致力于提升自己的教育水平，向世界最高水平的教育迈进，为了使自身的教育达到国际化水平，东京大学在卓越计划战略中提出要打造开放的、多样化的课程体系。课程的开放互通主要表现在两个方面：即国际高校间的开放互通和学校内部的学科交叉相融。为此东京大学采取的具体措施如下：第一，开设跨学科的国际化课程。跨学科的学习，可以培养出在特定领域更具有优势的学生。不同学科之间的优势互补更能满足当今社会对复合创新人才的需求。例如：东京大学开设了ITASIA课程(亚洲信息社会课程)，其目的是为了培养东京大学学生对国际关系与亚洲文化等方面的敏锐洞察力与思辨能力，这门课程招收来自亚洲或世界各地的学生，教授课程的语言是英语[7]。第二，学校内部高度重视打破学科之间的壁垒，促进学科内部的交叉融合。当今高等教育发展的共同趋势是学科间的互通交融。在世界顶尖的高校与实验室中所产出的重大实验成果与发明，大多是跨学科融合的结果。因而，东京大学设有许多跨学科的课程，其目的是为了加强学科的开放性，使得培养出的人才具有多角度思考、研究的能力。从而更好地应对研究中面临的复杂的实际问题。

（四）学术研究面向国际化，实现校际合作共赢

东京大学在《东京大学构筑全球大学模式规划》文件中指出，到2024年东京大学要立志成为非英语圈的研究型综合大学的范本，以实现教育全球化的目标。东京大学的构想目标中最核心的一部分是集中力量进行最尖端的科学研究，例如，同世界一流大学加强紧密协作，以提高学校创造能力。一个大学是不可能在封闭的环境中进步与发展的，只有与其他大学的合作与交流才能不断产生新的活力与生机。

大学办得成功与否与其学术研究成果的产出和社会影响的发挥是成正比的，所以东京大学把面向国际

的尖端科学研究作为其国际化战略的重要步骤。东京大学实现学术国际化的基本道路有两条：首先是以人类所面临的国际问题为焦点，把全球性问题与东京大学的优势学科结合起来，致力于找到问题的解决办法。其次是将高质量的教育资源与世界共享，实现世界顶尖大学之间科技成果的深入交流，促进学术成果的转化和利用。为了实现这一目标，东京大学一直努力加强与世界知名学术机构的深入合作，致力于构建国际化学术研究平台。在这个背景下，2011 年，东京大学汇聚了所有的优势学科成立了国际高等教育研究所，致力于国际化发展，与其他世界著名研究机构共同从事高端科学研究。

(五)发挥高校社会服务属性

东京大学宪章中，除了强调大学的教学和科学研究这两种重要功能外，还提到了大学的第三种功能：为社会服务。东京大学在发挥自身的社会职能方面的具体举措有以下几点 ：第一，承担构建世界知识产业创新平台的任务。2012 年，东京大学与国外机构共同举办“亚洲创业精神奖”，这个奖项从亚洲各国中选出具有较强的创业精神、对国家甚至世界产业发展起到推动作用的企业进行奖励，这种做法有效地推动了亚洲高新技术的发展。第二，强调科学研究的实践意义，积极促进科技成果的转化，加大科技成果应用的投入力度，使得科学研究与市场开发同步，推动跨国际产学研合作。第三，在面对全球性难题中，发挥高校的“智库”作用[8]。2008 年东京大学设置研究中心，目的在于发挥东京大学作为“知识创造的世界据点”的智库作用，致力于找到人类目前所面临的共同问题的解决办法，例如癌症的治疗、全球环境变暖等国际性课题。在研究成果的社会回馈方面，东京大学并不追求短期成效，而是把眼光放得更加长远，着眼于持久、系统化的学术研究。

三、日本建设一流大学的经验启示

我国“双一流”建设战略与日本的“卓越计划”虽然在具体举措上具有差异，但在出台背景、建设愿景和实施主体等方面具有相似性，两国都希望通过政策引导、支持和调控，集中资源，抢占高等教育发展的高地，建设世界一流高校，稳步提升高等学校的科研水平、人才培养质量和社会服务能力，从而服务民族振兴与社会发展。学习借鉴日本的成功经验对推动我国“双一流”建设具有重要意义。

(一)坚持政府核心地位，实现规划的有效性

日本属于高等教育集权与分权相结合的国家，政府机关把持着政策制定的权力，同时对战略的实施起着主导作用，虽然政策具体由学术振兴会负责实施，但是其权力是由文部科学省让渡出的，政府把持着“卓越计划”的宏观运行，对三阶段“COE 计划”起着政策引导的文件《科学技术基本计划》的制定权任集中在文部科学省手中。政府的主导有助于调控弥补政策实施中的疏漏。同时，不同时期社会需求对高等教育有不同的要求，过度的市场调节不利于学校发展瞄准定位和资源的合理分配。“卓越计划”之所以能够保持愿景的一致性，适应社会多样性的需求，政府功不可没。

政府的主导作用还表现在资金的筹备方面。以“21 世纪 COE 计划”为例，在 2001—2004 年之间，日本政府累计投入资金 1165.2 亿日元，折合人民币 72 亿余元。强有力的资金支持为日本卓越基地的建设提供了物质保障，确保政策实施落到实处。

总之，政府的主导不仅可以保障政策实施的连续性，还为政策的落实提供切实的物质保障，使得“卓越计划”能够切实有效地运行。

(二)确保评审的客观性，提升资源的利用率

21世纪初，在《大学结构改革方针》的指导下，日本高等教育逐步进行法人化改革，作为“卓越计划”的实施主体，学术振兴委员会从文部科学省分离出来成为独立的法人机构，真正实现管办分离，弱化了政府的行政干预，确保战略的稳步运行。

在卓越基地的筛查过程中，日本政府积极引入第三方评价，同时给予社会力量一定的话语权。文部科学省作为政策的制定者并未直接参与项目的考评实施，让学术振兴委员会牵头组织，项目前期的审查、中期考核和后期验收等工作。同时，考评主体积极吸纳民间力量，如大学基准协会等，旨在确保评审结果的客观性，选取最优发展潜力的卓越基地进行资助，实现资源的有效利用。

(三)高校建设立足全球视野，学术研究走向国际化

在高等教育的建设和发展中，我们要具备清晰的战略视野以及敏锐的洞察能力。而以往我国在建设高等教育的过程中常常把视角集中在国家的层面，缺乏全球和区域视野。因此，要合理地把握高等教育的时代特征、高校的自身定位以及我国的具体国情，摆脱传统的思维以及惯性，在此基础上将我国的大学建设目标瞄准国际顶尖的大学，取其精华，弃其糟粕。而日本的全球COE计划中，其高校建设视角是建立在全球最高水平的研究基础上，打造一流水平的国际性教育研究基地，用以开展世界级课题的研究。这一点非常值得我们国家借鉴学习。同时东京大学把开展面向全球的高端科学研究作为其国际化战略的重要一环，积极加强与世界学术研究机构的深入合作，共同解决人类所面临的难题。同时，中国的大学要更加重视与其他国家的合作，把自身发展同其他国家发展结合起来，使得自身成果影响到他国。所以双一流建设中，大学应该体现一种更为博大宽广的精神，具有全球化的战略视野，既能让我国的学术研究走向国际化，也能提升中国在世界的全球战略高度[9]。

(四)提升学术研究质量，强调高校社会职能

在我国的双一流建设的过程之中，我们除了要加强一流学科的建设，还要提升学术研究的质量。学术成果的产出以及其所带来的社会影响是评判一个大学存在价值必不可少的因素。大学是一个国家甚至是整个社会的学术组织，是通过不断的学术研究产生的理论方法和科技成果来促进整个国家和社会进步的。在每年的世界大学排行榜中的评估指标中，学术研究成果都占据了很大的比例。在USNews世界大学排行榜的评估指标中，学术领域的同行评价所占比例为40%；而泰晤士高等教育世界大学排名指标中，学校的整体研发实力这一项也占了30%。可以看出学术研究成果对于大学非常重要。在日本实施全球COE计划以来，东京大学一直致力于尖端科学技术的研究，加强与其他高校和社会组织的合作，因此该校的整体研发创新实力有了很大的提升。

大学是科研技术的生长点，是孕育新的经济增长点的重要摇篮。因而，我国的大学在“双一流”建设的过程中也要注重采取多种方法促进科研成果向生产力的转化，发挥自身的社会服务属性。大学的功能不应该还只是停留在教育与科研这两个层面，对社会的积极回馈也是极其重要的。以往与世隔绝的“象牙塔”式的中国大学的形象已经不该存在了，大学应该代表着社会先进生产力，是推动社会产业发展的强大动力。

◎ 参考文献

[1] 沈宇航. 日本大学“卓越工程”发展历程及其启示[J]. 山东高等教育, 2017(2): 20-26.

[2] 聂长顺．日本高校 COE 建设述评[J]．外国教育研究，1998(4)：44-48.
[3] 周天琪．日本“COE 计划”发展研究[D]．长春：吉林大学，2017.
[4] 东京大学．东京大学宪章[EB/OL].http：//www.u-tokyo.ac.jp/gen01/reki-int/reikibonbun/u0740585001.html.
[5] 王缅华．中日一流大学办学理念及其特色研究[D]．桂林：广西师范大学，2006.
[6] 张宝贵．世界一流大学的形成模式研究[J]．清华大学教育研究，2000(4)：68-73.
[7][8] 陈君，田泽中．日本世界一流大学的国际化战略及实践——以东京大学为例[J]．高等理科教育，2017(4)：57-63.
[9] 沈宇航．日本大学“卓越工程”发展历程及其启示[J]．山东高等教育，2017，5(2)：20-26.

·教育政策与管理·

深化学分制教学管理改革 拓宽学生个性化发展通道

丁家玲

(武汉大学 本科生院，湖北 武汉 430072)

摘 要：学分制教学管理，突出学生本位，主张因材施教，尊重学生个体差异，注重给学生更多的选择和自由发展空间，能较好地满足和适应新形势下人才培养的要求。积极推进学分制，深化学分制改革，创新完善相关教学管理制度，形成有利于学生自主学习、主动学习的良好机制，为学生营造良好的成才环境，拓宽学生个性化发展通道，是高校教学管理义不容辞的历史使命和责任。

关键词：学分制改革；学分制教学管理；学生个性化发展

Research on the Reform of Credit System Teaching Management Based on the Students' Personalized Development

Ding Jialing

(Undergraduate College, Wuhan University, Wuhan, Hubei, 430072)

Abstract: The credit system teaching management, which highlights the student standard, advocates to teach according to one's aptitude, respects the student individual difference, pays attention to give the student more choice and the free development space, can better meet and adapt to the new situation the talent training request. It is the historical mission and responsibility of university teaching management to actively promote the credit system, deepen the credit system reform, innovate and improve the relevant teaching management system, form a good mechanism that is conducive to students' independent learning and active learning, create a good environment for students to become talents, and broaden the channel for students' personalized development.

Key words: Credit system reform; Credit system teaching management; Individualized development of students

《教育规划纲要》指出："深化教学改革。推进和完善学分制，实行弹性学制，促进文理交融……"；"注重因材施教。关注学生不同特点和个性差异，发展每一个学生的优势潜能。推进分层教学、走班制、学分制、导师制等教学管理制度改革……"；"坚持以人为本……树立多样化人才观念，尊重个人选择，鼓励个性发展，不拘一格培养人才。"2018年9月教育部发布《关于加快建设高水平本科教育，全面提高人才培养能力的意见》，再次明确提出要围绕激发学生学习兴趣和潜能深化教学改革，要求改革教学管理

收稿日期：2019-09-15

作者简介：丁家玲(1969—)，女，湖北荆州人，文学学士，六级职员，武汉大学本科生院教务处主任秘书，研究方向为高等教育管理。

制度，推进辅修专业制度改革，探索将辅修专业制度纳入国家学籍学历管理体系，允许学生自主选择辅修专业。完善学分制，推动健全学分制收费管理制度，扩大学生学习自主权、选择权，鼓励学生跨学科、跨专业学习，允许学生自主选择专业和课程。国家关于学分制教学管理改革的政策意见充分表明学分制教学管理改革的重要性，也进一步明确学分制教学管理改革的目标。积极推进学分制改革，创新完善相关教学管理制度，形成有利于学生自主学习、主动学习的良好机制，为学生营造良好的成才环境，拓宽学生个性化发展通道，是高校教学管理义不容辞的历史使命和责任。

武汉大学于20世纪70年代末率先试行学分制改革，走上探索学分制教学管理模式的历程。八九十年代，伴随着社会经济和高等教育体制改革的不断深化，学分制改革涵盖的内容也越来越广，主辅修制、双学位制、第二学士学位制、创新学分制等教学管理制度相继实行。进入21世纪，学分制教学管理面临新问题和挑战，如优质教学资源的有效供给与学生日益增强的个性发展要求之间的矛盾，提高教学质量的要求与教师在教学上投入博弈的矛盾，学分制背景下教学管理与按学年收费不协调的矛盾等。武汉大学作为学分制改革的先行者，从2010年秋季开始，在全日制普通本科生中实施学分制收费改革。

武汉大学作为学分制改革的先行者和探索者，持续推进学分制改革进程，不断配套和完善教学管理制度，着力构建开放的课程体系、学生自主选择学业进程的制度体系、多元化学生学业指导体系、学生个性化发展培养体系、内部教学质量监控体系。五个体系相互支撑，以保证学分制教学管理的有效运行。

一、开放的课程体系

课程体系是学生知识结构的基本保障，有什么样的课程体系就会有什么样的知识结构，课程体系也是学生学习的指引图。21世纪是知识经济时代，知识经济时代需要高等学校所培养的人才具有创新能力、宽阔的学术视野和丰富的学术兴趣，也就是通常所讲的复合型人才。学分制教学管理的一系列改革能否真正既满足学生自主选择的需求，又能保证学生具备合理的知识结构；既保证培养规格和培养目标的统一性，又满足学生个性发展、多样性发展的需要，需要学校根据学生的个性化需求、个体性差异性等因素科学设计课程体系，构建多层次、多样化、开放性人才培养体系。

1. 设计开放的课程体系，实施开放式自由选课制度

自主选择是学分制建立的基础，是学分制的核心。实施学分制的目的就在于充分考虑学生在知识基础、兴趣爱好、自身能力、发展取向等方面的不同需求和个体差异，使学生可以根据自己的实际情况自主选择修读课程，自主决定学习进程。把学习的自主权还给学生，尊重学生选课、选教师、选修学习计划的自由，让其根据自己的兴趣和个性发展需要自主学习、自主发展、个性发展、全面发展，是学分制改革的基本思想。这就要求学校制定柔性的教学计划，建立开放的选课制度，为学生提供选择的时间和空间。首先是人才培养方案的设计要为学生自主选择。一是大幅度压缩课内学时和学分，取消指定选修课，减少必修课总量，扩大选课比例。二是增加课程结构的弹性空间，实行课程模块化，分级分类教学，学生根据专业性质或自身情况进行选择。三是开放全校所有课程，学生可根据个人兴趣和爱好在全校范围内任意选修或旁听有关课程；改变传统排课模式，将大学英语、思想政治教育、体育、军事理论等公共基础课由原来安排在前两年改为四年不间断开设，学生可根据自己的学习计划，灵活自由选择学习此类课程的时间。武汉大学从2006年修订人才培养方案时就对所有专业学生毕业应获得的学分数进行了统一规定：文科类140学分、理工医类150学分、5年制专业180学分；培养方案将课程结构简化为公共基础课(含学科平台课)、通识课、专业课；课程性质分必修课和选修课，规定文科类专业选修课学分不少于总学分的40%，理工医类专业选修课学分不少于总学分的30%；除医学外，要求所有专业均提供配套的辅修和双学位培

养方案，以供学生自由选修。

2. 拓展弹性学制，满足学生个性化专业学习的要求

四年学制(部分专业五年制)是本科教育的基本学制。在学年制或学年学分制下，学制是刚性的，学生没有选择。但学生个体无论是生理性还是社会性都存在一定差异性，这就必然导致学生个人的需求不同，对待学习的态度不同，今后发展的目标不同。学分制改革要体现尊重学生个性差异、尊重学生自主选择，就要为学生自主安排学习年限和个性发展创造条件。学生只要修完培养方案规定的课程学分，就可申请毕业。学生因家庭或身体的原因，不能顺利完成学业，如果学生有创业的意愿，希望先停学创业，积累经验，学校应允许学生在固有学制的基础上，适当延长毕业年限。1982 年，武汉大学率先实行弹性学制，制订了相应的实施办法，允许学生修满学分后提前毕业。此后，学校进一步拓展学制弹性，允许学生延迟 2 年毕业。对只有少量课程学分未完成或达到要求，为不影响学生就业，学校允许学生毕业离校后一年内返校修读，合格后补发毕业证和学位证。当然，弹性学制在一定程度上也降低了学生课程学习的紧迫感，可能造成学生怠慢课程学习，无法正常完成学业，如何在弹性学制下引导和保障学生向积极方面发展，是深化学分制改革中必须认真思考的问题。

允许学生自由选择专业，使学生能够就读于自己感兴趣的专业，是学习自由思想的重要体现。给予满足一定条件的学生入学后再一次选择专业的机会是实行学分制教学管理高校的普遍做法。但是，学生在重新选择专业的时候，实用主义或盲目跟风往往会主导学生的选择意向，从而造成人才培养的专业失衡。因此，高校在允许学生转专业时往往设置了许多限制，如人数比例、前期课程学分绩点排名等，这必然造成很多学生无法真正按自己的兴趣爱好自主选择修读课程。要真正解决这一矛盾，除了进一步放开转专业限制外，还需高校加大人才培养方案改革力度，增加课程体系的开放性，让学生不管被哪个专业学院录取，都可以在不转院转专业的情况下，完全按照自己的兴趣爱好自主选择想要修读的课程。

3. 实行创新学分制度

高校在修订培养方案时提出减少总学分，压缩课程学分和学时，增加选修课，减少必修课，其目的是要培养学生自主学习能力，给学生自由发展的空间和时间，将结构性学习与非结构性学习有机结合，课内学习与课外学习有机结合，理论学习与实践活动相结合，使学生全面发展、创新发展。但如果没有配套的措施，学生可能就会滥用学分制赋予的自由。为了引导学生珍惜学分制赋予的自由和选择，应鼓励学生多动手、多实践、参与科研创新活动。武汉大学于 2002 年创造性地出台了“创新学分”制度，学生根据自己的特长和爱好从事大学生创新训练、科研探索、学科竞赛、社会实践活动，取得具有一定创新意义的智力劳动成果或其他优秀成果，经学校评审认定后授予“创新学分”，可冲抵部分选修课学分，与专业学习相关的创新实践成果取得的创新学分可以冲抵专业选修课学分。

4. 实施学分互认和转换制度

实行学分互认和转换既是高等教育国际的一种趋势，也是国内实行和健全学分制的迫切要求，是学生转学转院系专业、参加跨校学习和国际交流学习中课程异动、学籍异动的需要。当前我国高校的优质课程资源有限，每所学校的学科专业设置和特色优势各不相同，如果高校间能共享资源，或通过国际交流合作，充分利用国内外大学的优质资源，实现优质教学资源的跨校、跨国配置，就能为学生成才提供更广阔的平台。早在 20 世纪 90 年代，武汉大学就与少数国内外大学建立了学分互认制度。2000 年与武汉其他六所部属大学联合办学，“本科生可以在各校互选课程，辅修双学位”。此外，学校还与国外大学签订并实施了互换本科生、互相承认学分的协定。

二、多元化学生学业指导体系

学年制中每个班的课表都一样，毕业方案统一，但学分制却表现出强烈的个性化、差异化，这就意味着并不是每个学生都明确自己需要什么，知道今后应该朝哪个方向发展，了解专业之间、课程之间有哪些联系。因此，推行学分制还需要有学业指导制度配套支持。武汉大学以“烛光导航”工程和大学生学习指导日为载体，加强对学生学习、成长和发展的指导。

1. 全面推行“烛光导航”工程

导师制是学分制的主要特征之一。传统的导师制偏重于学业指导，不太适应新形势下大学生的发展变化，在推行导师制的过程中，需要有所创新。武汉大学生命科学学院从2005年开始实施一项针对本科生的全新指导方式——“烛光领航”计划。由学院知名学者专家担任“烛光领航师”，每名领航师指导4名本科生，自新生入校直至本科毕业，在其成长成才、道德行为、人格养成、专业学习和职业规划等方面提供全程指导。“烛光领航”计划是成功的，在生命科学学院每年百余名毕业生中，80%都入读名校研究生，其中绝大多数都被全国乃至世界顶级科研院所录取为全额奖学金博士研究生(硕博连读)。2012年4月11日，学校召开“烛光领航”计划经验总结会，印发《武汉大学“烛光导航”工程实施办法》，在全校全面推行“烛光导航”计划，强化教师从关爱学生、指导学业、引领思想、职业导航等方面对学生的全程指导，并规定学校和各院系要将烛光导航师的考评结果作为对其年度考核、表彰及教师提职晋级的重要依据。

2. 设置大学生学习指导日

为加强对学生的选课指导，避免学生在选课中出现混乱和盲目，武汉大学于2007年首设“大学生学习指导日”，时间固定设置在每学年春季开学后的第一周。由学校教学管理部门牵头组织，相关职能部门配合参与，学校设主会场，院系设分会场。通过面对面咨询互动、专题讲座、网上答疑、现场直播等方式，帮助学生合理选课、科学制定学习计划、规划专业发展方向，帮助他们熟悉、了解学校相关教学管理规章制度，并解答学习中遇到的问题和困惑。按学分收费后，学校要求院系进一步加强学生学习指导，在学生选课期间落实指导人员、时间、地点，随时为学生提供选课指导和咨询。通过“烛光导航”计划和班级导师全覆盖，以及制度化的学习指导，为学生自主选择、自由发展保驾护航。

三、学生个性化发展培养体系

构建多层次、多样化人才培养体系。学分制改革必然要求进一步创新人才培养模式，探索多种多样的培养方式，以满足学生不同层次、不同类型的发展需求。武汉大学自2000年合并组建起就根据学校办学实际和特色，提出了“三创”(创新、创造、创业)教育理念，确立了培养“宽口径、厚基础、强能力、高素质”的复合型人才的总体培养目标。在总体目标的指导下，坚持统一性与多样性相结合原则，鼓励各院系根据不同的学科专业特点和条件院系大胆创新人才培养模式：

以国家基础学科人才培养基地为依托，培养专注基础学科研究的学术精英人才。基地班增加了基础学科课程学习学分的比重，以拓宽口径、夯实基础。武汉大学现有10个基地班。以双学位班为依托，培养复合人才。学有余力的学生，其主修专业课程平均学分绩点达到2.5及以上，可申请攻读双学位或选择辅修。申请双学位，需修满辅助专业的45个课程学分；申请辅修证书，需修满辅修专业的25个课程学分。以教改试验班为依托，培养跨学科特色人才。从20世纪80年代开始，学校在全国率先开办教改试验班。现有各类试验班12个。试验班可根据人才培养需要，自主设置课程学分，总学分控制在120学分左右。以国际班和中外合作办学为纽带，培养具有国际视野和国际竞争力的人才。国际班可参照国外大学同类专业人才培养方案设置课程学分。实施“订单式”培养。以社会需求为导向，与企业和行业合作，将其要求纳入课程学分体系，“订单式”培养高级专门应用人才。实行“基础学科拔尖学生培养试验计划”。2010年，学校基于自身发展定位和在创新人才培养方面的工作积累，制定了“基础学科拔尖学生培养试验计划”实施方案，专门组建“弘毅学堂”，设立数理化生计算机等七个弘毅学堂试验班。每年遴选一批优秀学生进行个性化的超常规培养，总学分由院系根据人才培养需要自行制定，学校不做统一要求。

四、内部教学质量监控体系

学分制教学管理为学生个性发展创设了自由学习的环境和制度保障，但就教学质量的过程监控而言，学分制淡化了学年制的班级管理，相对放松了对学生的过程管理，容易出现质量监控的盲点，因此，探索和建立一套符合校情的学分制教学质量监控体系尤为重要。一方面要充分发挥学分对学生学习质量的调节作用和激励作用，通过科学控制学生选课学分基本量、建立学分预警制度及严格执行毕业审核等方式，建立起一套基于学分的学生学习质量监控和调节机制；另一方面要建立健全学校内部教学质量监控制度，通过加强教学过程管理，完善学生评教和教学评估，保障课程资源质量和教师教学质量。两者有机结合，才能使学分制教学管理再上新台阶。

1. 建立学分调节机制

控制学生选课学分基本量，使学生不仅关注学习的量，更注重学习的质。选课制度规定，学生每学期选课学分不得低于 15 学分(毕业当年不作限制)，不得超过 30 学分。攻读双学位及实验班学生不得超过 45 学分。发挥学分的激励作用。主修专业课程平均学分绩点达到 2.5 及以上学生可申请辅修及攻读双学位；取得创新成果的学生可申请 10 个创新学分，并记为选修课程学分，创新学分不交纳课程学分学费；建立学分预警制度。学校每年对学生已完成的学分总数进行清理，对不合格课程总学分达 20~29 学分的学生进行警示，学生可申请将学籍编入低一年级。严格执行毕业审核，学校依据培养方案对学生学分完成情况进行毕业审核。

2. 健全内部教学质量监控

为了提高课程资源和教师教学质量，学校建立了一系列教学质量监控制度，如校院两级教学督导制度、常态化院系教学工作状态评估制度、学生评教制度等。校教学督导团不定期对院系进行通识课程、试卷及毕业论文等专项进行调研与检查，加强对教学过程和环节的监控。学生评教是教学质量的重要组成部分，学校通过规范评教程序，科学界定评教内容，并将评估信息及时反馈，以帮助教师不断改进教学，提高教学质量。常态化的院系教学状态评估促使院系更加重视本科教学，规范教学管理，优化教学资源配置，加强教学基本建设，深化教学改革和人才培养模式改革，为教学质量和人才培养质量提高奠定基础。学校还通过《督导之声》《明镜》《本科教学信息通报》等收集反映学生对教师的课程质量和教学质量的意见和建议。对学生评教分数低的教师，学校采取了重点跟踪、重点培训、责令转岗等措施。

五、成效与思考

学分制改革，无论是早期的选课制、主辅修制、弹性学制，还是后期的学分制收费改革，本质上都是教学管理的一种自我完善，是教学改革的一种表现形式。学分制教学管理不仅赋予学生学习自主性和选择性，也为高校优化课程设置、促进文理交融、实施素质教育、培养复合创新人才创造了条件。武汉大学在深化学分制改革过程中从自身的实际情况出发，认真探索学分制发展的内在规律，厘清学分制改革的基本思想，从最能反映学分制主要特征的环节入手，形成了较为完善的教学管理制度体系，在国内高校产生了较好的示范引领作用，也在一定程度上调动了教师的教学和学生的学习积极性，产生较好的教学效果。教师投入教学，注重加强教学内涵建设，从而取得了一批国家级称号的优质教育教学资源和国家级教学成果奖。2019 年中国高等教育学会发布我国首个普通本科院校教师教学发展指数，武汉大学位居第四，在综合类本科院校教师教学发展指数中位居第三，该项指数评估从“教师团队”“教材项目”“教改项目”“教学论文”“教学成果奖”“教师培训基地”六个维度和“教师教学竞赛”特别维度，共计 7 个一级指标，38 个二级指标和 52 个三级指标，全方位反映了我国高校近 30 年来教师教学发展现状和生态；学生自主学习、创新学习、积极向上的良好学风得以保持，中国高等教育学会首次发布 2013—2017 年全国普通高校学科竞赛评估结果，我校位居全国第六；2014—2018 年中评估结果，我校以 429 项获奖总数、总成绩 98. 33 分，位居全国综合排名第三位；学生校内辅修常年保持在 20%以上，学生毕业深造率达到 60%以上。

学分制改革的根本目的是为人才培养服务。因此，学分制教学管理的改革与创新必须坚持以学生为本，突出学生本位，注重给学生更多的选择和自由发展空间。要满足学生自主选课的要求，学校必须能够提供丰富可选的高质量的课程资源，并在学生的选修过程中给予充分的指导；选课制度的设计、课程体系的设计、人才培养方案的制定，要考虑学生的不同发展需求和学习目标；要充分利用现代信息技术，建立完善的选课平台和学生自主学习平台；要让学生要在学业导师的指导下，自主选择专业方向、学习方式与内容、学习进度，拥有适合自己的个性化培养“菜单”，有效调动学生学习的积极性和主动性；要充分发挥学分的调节作用和激励作用，建立基于学分的教学质量监控和调节机制。学分制改革是一个复杂系统的工程，需要高校以改革创新的精神，深入研究学分制实施过程中出现的问题，不断配套和完善相关政策和制度，探索建立既适合各校校情又具有中国特色的学分制教学管理模式。

◎ 参考文献

[1] 陆国栋，王小梅，张聪，陈临强．我国普通本科院校教师教学发展指数：设计、实践与启示[J]. 中国高教研究，2019(7).

[2] 王发明，刘福才．我国高校学分制改革的理性反思[J]. 山东高等教育，2016(11).

[3] 全国普通高校大学生竞赛白皮书(2012—2017)[M]. 杭州：浙江大学出版社，2018.

·教育政策与管理·

班级组织架构在普通高中班级自主管理中问题和对策的探究

——以开平市C中学为例

邱虎威

(开平市　长师中学，广东　江门　529300)

摘　要： 新课程改革倡导"以学生为本"的学生观，重视学生综合素质的提高，强调学生在班级自主管理当中的主体地位。班级组织架构是否科学、合理直接关系到学生在班级自主管理当中主体性的发挥，是提高学生综合素质的重要渠道。本文对现行班级组织架构在普通高中生自主管理中存在的问题进行了分析和研究，并针对这些问题提出了相应的对策和措施，以搭建优化合理的班级组织架构，确保该架构在班级自主管理中发挥积极作用。

关键词： 班级组织架构；班级自主管理；对策

Study on the Problems and Countermeasures of Class Organizational Structure in the Autonomous Management of Ordinary High School Classes

—Taking C Middle School in Kaiping City as an Example

Qiu Huwei

(Changshi Middle School, Jiangmen, Guangdong, 529300)

Abstract: The new curriculum reform advocates the student-oriented view, attaches great importance to the improvement of the comprehensive quality of students, and emphasizes the main position of students in the class independent management. Whether the organizational structure of the class is scientific and reasonable is directly related to the exertion of students' subjectivity in the independent management of the class, which is an important channel to improve students' comprehensive quality. This paper analyzes and studies the problems existing in the current class organization structure in the independent management of ordinary senior high school students, and puts forward corresponding countermeasures and measures to these problems, so as to build an optimized and reasonable class organization structure and ensure that the structure plays a positive role in the independent management of the class.

Key words: Class organization structure; Class independent management; Countermeasure

---

收稿日期： 2019-10-09

作者简介： 邱虎威(1982—　)，男，湖南怀化人，广东省开平市长师中学英语中学二级教师，硕士。主要研究方向：英语学科教学、高中班级管理与教育。

1 引言

基于时代发展特征的新要求、我国政治经济发展的客观需要和我国基础教育发展的内在需求，2001年教育部正式颁布了《基础教育课程改革纲要(试行)》，明确了基础教育课程改革的目标与总体框架。其核心理念就是为了每位学生的发展，以学生发展为本，促进学生全面发展与培养个性相结合，全面实施素质教育。除了提出新的课程观、教学观、学生观之外，新课程改革还倡导了新的教育观，其中很重要的一点就是倡导学生在班级管理中的自主性和合作性。这不仅有效地减轻了教师特别是班主任的工作压力，还有利于学生综合素质的培养，同时也有利于营造有序、和谐、互助、互学、互动、健康的班级文化氛围。更重要的是有利于因材施教，为学生个性的发展提供了机会和平台，促进了学生个性的发展。美国实用主义心理学家杜威提出"学生中心""活动中心""经验中心"教育即"生活""生长""经验改造"以及学校即社会。班级作为学校教育的基层单位，能否让学生自主地参与班级管理直接影响到学生经验的获得和自我成长的速度和质量，而合理有效的班级组织架构又直接决定了学生自主参与班级管理的深度和效度。

2 当前班级组织架构在普通高中生自主管理中存在的问题

本次研究主要从班级组织形式、班级组织管理、班级组织评价三个维度进行调查，通过开平市C中学的个案，以点带面地分析了当前班级组织架构在普通高中生自主管理中的现状，从学校、班主任、学生三个层面对存在的问题进行了总结和分析。具体如下：

2.1 学校存在的问题

第一，不重视班级组织架构的搭建和运转，缺乏制度的引领。虽然有学生管理手册，也有相关成文班级管理的制度和文件，但是这些制度和文件的内容大部分集中在针对学生的日常行为管理和班级日常管理方面，在班级组织架构方面缺乏全面系统的规范和指引。并且学校也很少组织班主任学习班级组织架构的搭建和运转，对班级管理的评价仅仅停留在班会公开课和班主任工作经验交流等形式上，缺乏对班主任进行这方面的培训。学校没有重视也没有形成完善的有关班级组织架构的制度，从而导致各班主任也忽视班级组织架构的重要性，没有重视自己所带班级组织架构的搭建和有效运转。

第二，班级组织形式及其评价单一、管理模式简单粗放。由于学校对班级组织架构的不重视和传统教育理念的影响，班级的组织形式还是采用单一的直线式结构，无论是职能结构、层次结构、部门结构、职权结构都是单一的并且流于形式(见图1)。

学校在对班级组织成员进行评价时，也只是单一地以三好学生、优秀团员、优秀班干部等荣誉称号进行评价。班级组织的管理模式也只是简单地由班主任从上至下要么以班主任为中心的专制模式、要么以学生半参与式的半自主式或者就是完全由几个班干部包干的放养式管理。

第三，过分强调分数和升学率，不注重学生在班级管理中自主性的发挥。班级的各科分数以及考上本科和重点本科人数作为考核评价班主任管理能力的重要指标，直接误导了很多班主任只重抓学生学习，把注意力集中到如何提高学生分数、如何做好后进生转化工作上，忽略了学生其他素质的培养，特别是自主参与班级管理能力的培养，没有注重在班级组织架构搭建和运转上能力的自我提升。

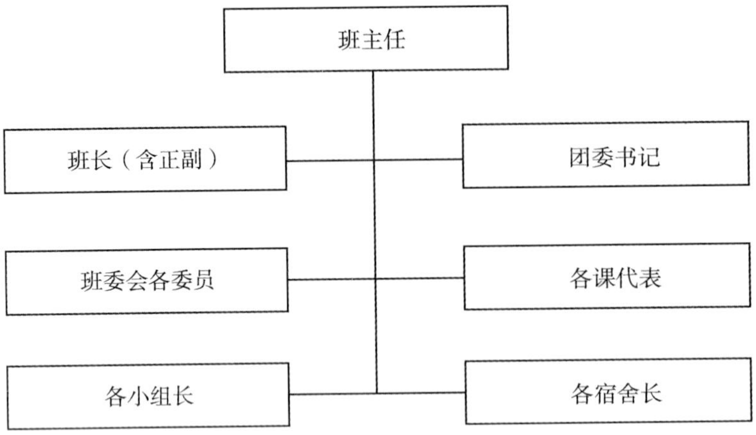

图 1　常见班级组织形式模拟图

2.2　班主任存在的问题

第一，班主任对班级组织架构缺乏深刻科学的认识。很多班主任要么是由学校直接任命、要么是为了职称晋升才当班主任，他们对班级组织架构在学生自主管理中的作用和影响没有深刻的认识，加之受传统教育观念的影响，他们肤浅地认为班级组织架构就是任命几个班干部、赋予一定的权利、明确相应的职责。没有对班级学生做全面深入的了解，也没有对班级组织架构做细致的研究和合理、科学的搭配构建，更没有对班级组织架构的有效运转做因地制宜的规划和调整。例如，无论是文化课班、美术班、体育班或者音乐班都简单地采用直线式班级组织形式，班干部由班主任直接任命或者少数学生选举产生。班级日常管理都集中在班主任和少数班干部手中。班级组织评价也完全由班主任在期末的时候进行评定评价。

第二，班主任班级管理业务素质欠佳。为了应付学校量化管理各项评比和各类活动比赛，班主任多半都是以罚代管、以凑代评、以仿代比，不去反思班级管理的方式方法。班级的组织架构有形却流于行，并且都是由班主任一手把控的行。还有些班主任甚至极端地认为学生的自主管理就是放手什么事情都让学生去管。班级组织架构的运转很大程度是围绕学校的各项评比，班主任管理业务素质没有得到质的提升，加之每个班主任对班级管理理解的不同和自身经验差异导致班主任管理业务素质参差不齐。

第三，缺乏对学生参与意识的培养。受分数和升学率的压力以及传统教育观念的影响，很多班主任把教学工作作为重中之重，认为班级管理就是班主任的事情，学生只要表现好、学习好就可以了，忽略了学生作为班级管理的主体地位，没有积极引导学生参与班级组织架构的搭建和有效运转，使很多学生没有参与班级管理的意识和参与班级管理的机会。加之班主任的过多干预进而使班级组织架构更加流于形式、形同虚设。

2.3　学生存在的问题

第一，对班级组织架构存在认识偏差。作为班级组织架构搭建和运转的主体成员，很多学生却丝毫没有主体意识，认为参与班级组织的架构的搭建和运转会影响学习，被动地认为班级组织就是由班主任一人搭建、一手管理。传统的“服从”意识，使他们在班级组织架构中简单地把自己看做是零部件，任由班主任安装、摆放，在班级组织架构中缺乏自主意识和参与意识。在直线式的班级组织形式下，除了个别班干部有机会参与班级管理、在班级组织架构中发挥一定作用外，大部分学生被剥夺了班级管理的自主权。这进一步加深了他们对班级组织架构认识的偏差。

第二，在班级管理中自主管理能力的不足。C 中学很多班级在班级组织形式上采用了班干部轮换制或者设定每日值日班长和常务班长制，旨在让更多的学生参与组织架构搭建和班级管理。但是在组织管理过程中管理方式简单粗暴，要么机械地作为通讯员传达班主任的要求，要么颐指气使、发火辱骂，要么就以权压人或者直接向班主任报告，利用班主任的权威来进行管理。这样既没有达到良好的管理效果提升自己的管理能力，还激化了班干部与同学之间的矛盾。整个组织架构的评价也是由班主任个人根据个人主观判断给出，学生在组织评价中没有自主评价权缺乏客观的评价能力。

3　普通高中生自主管理中班级组织架构的对策建议

3.1　转变观念，强化意识

第一，学校层面要改变以往的应试教育理念，注重学生个性的发展与成长，注重班级组织的培养，特别是学生在班级组织形式、组织管理、组织评价当中主体性的充分发挥。营造学生参与班级自主管理的氛围。转变以往在班级组织架构中以个别班干部为本的观念，重视每一个学生在班级组织架构的作用。在现行过分强调约束的制度上增加必要的人文关怀元素，在制度上保障每个学生都有机会参与班级组织架构的搭建和运转。

第二，班主任首先要明确自己在班级组织架构当中角色的定位。正是因为以往很多班主任都将自己定位于班级组织架构的领导者、指挥者，所以才使得我们的班级组织架构流于形式，学生的主体地位被剥夺。既然是学生的自主管理，那么班主任的角色只能是引导者而不是指挥者。其次，班主任要注重班级组织文化的建设，通过班级目标、班级公约制定、班歌评选、班旗、班徽设计、班容班貌布置、学生主持班会课、班级活动等形式鼓励学生主动参与班级的组织建设，培养学生在班级组织架构当中的主人翁意识。最后，班主任还要充分了解每个学生的个性特点，有针对性地在班干部选举、轮换和监督、班级日常管理、班级组织成员评价中给每一个学生提供适合提升学生个性发展的机会并予以必要的引导。

第三，学生首先要意识到学习不仅是知识和技能的学习，更多的是与人沟通交流、处理个人与他人、个人与集体关系等综合素质能力的提升。其次，参与班级管理，在班级组织架构当中履行自己的职责和义务不是服从老师安排按照规章流程办事那么简单，更多的是对自我的一种调节和反思，与他人的互动、互鉴，同样是一种学习、一种发展。再次，作为班级主人，班级组织架构当中没有个人英雄和至高权力，只有沟通、协调、统筹、合作。团队协作才能使班级组织架构有效地运转。

3.2　完善制度、采取切实可行的有效措施

第一，学校层面。将班级组织架构和学生自主管理纳入班主任考核指标当中。鼓励班级结合自身实际情况采用不同的班级组织形式。笔者所在的 C 中学，每个年级选科后分文科班、理科班、美术班、音乐班、体育班。由于各科班级数和男女比例不一样，学生综合素质也存在差异，相同的组织形式肯定不会产生相同的管理效果。笔者以自己之前所带文科班级的组织形式为例，以做示范(见图 2)。

班干部组成：班委会成员由班长(主持全面工作)、团支书(负责团建、文娱宣传、班会课组织)、副班长甲(负责考勤、纪律)、副班长乙(负责学习、卫生)、学习委员(负责学习、监督各课代表、考试安排)、纪律委员(负责纪律)、考勤委员(负责考勤)、生活委员(负责班级财务)、设备管理员(班级物资管理)体育委员(负责文体活动组织)、宣传委员(负责班级板报、班级文化布置、班级、校园活动组织)、劳动委员甲(负责室内卫生安排、检查)、劳动委员乙(负责室外卫生安排、检查)构成。相应的监察组成员由监察长(负责带领监察组成员对班委会成员进行监督、检查)、副监察长甲(负责监察考勤、纪律)、监

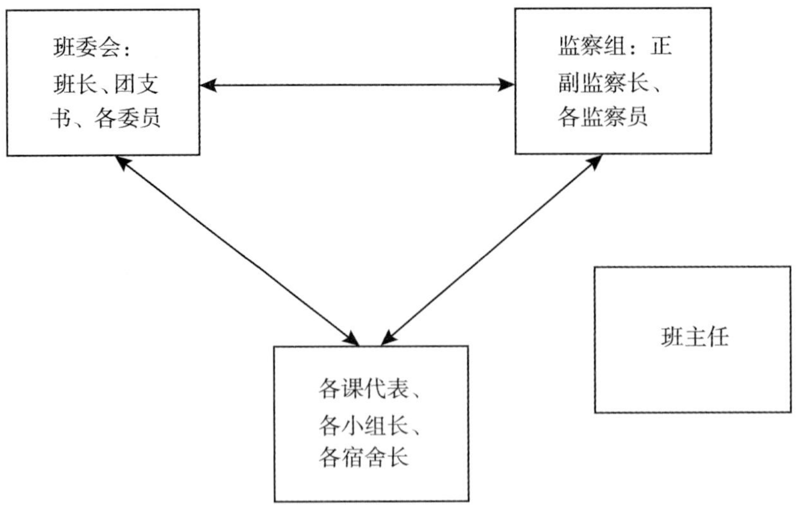

图 2　文科班级组织形式

察长乙（负责监察学习、卫生）、学习监察员、纪律监察员、考勤监察员、生活监察员、体育监察员、宣传监察员、劳动监察员甲、乙构成。各监察员监察内容与班委会各委员的职责相对应，并且监察组人员不能同时在班委会和课代表、小组长和宿舍长中任职。同时，各小组、各宿舍加设相应监察员。这样班干部就由班委会、监察组、各课代表、各小组长及宿舍长三套人马组成，分工明确、职责清晰。职位配备人数基本可以保障每个学生都有参与班级管理的机会。与传统班干部组成不同的是，增设了监察组，虽然分管内容相同，但是监察组平常只负责监督、检查，不负责管理（重大问题、事故除外）。这样就避免了以往只由一个班长或者值日班长监督不到位、不全面和班主任大小事务全包的问题，最关键的是可以避免班委会或者各课代表、各小组长及各宿舍长渎职问题的出现。同时，三套人马互相不隶属，相互监督、相互沟通协调，各司其职确保班级的日常管理都由学生自主进行，班主任只是在一旁作为引导。在班级组织管理方面，学校层面应当定期组织各班骨干成员进行培训、经验交流，互学互鉴、取长补短，让学生在班级自主管理当中充分有效地发挥主体性。为了激励学生积极参与班级组织架构的搭建和运转，在对班级组织进行评价时可采用多元主体评价，即学生自评、组评、学生互评、教师评定等。同时评价内容也采用多元化，如采用工作失误率、重大问题解决个数、有效沟通成功案例个数、工作反思总结、岗位出勤率、工作满意度等综合评价指标。

第二，班主任层面。首先，全面了解学生个性特点，任用班干部时实行教师推荐、民主选举、学生自我推荐相结合的方式。对班干部进行岗前培训和管理方式方法培训，同时定期开展工作反馈情况收集并给出指导意见，对学生在班级组织管理中出现的问题及时予以帮助、指导、调整。其次，建立奖惩机制，激励学生积极参与班级组织架构的搭建和运转。笔者所带班级在学校各项量化管理评分当中一直位于学校前列，很大程度上得益于笔者在班级组织架构形成之初，建立了积分制度。积分的多少直接与期末学生的评优评先挂钩，积分也客观地反映了学生在校期间各个方面的综合表现。如：担任班干部会在原始积分之上加一百个积分，某个学生在自己分管的职责上出现第一次失误给予警告，出现第二次失误将扣除五十积分；参与组织并主持班会课一次每人奖励五十积分；宿舍内务卫生一周之内没有出现问题，全员每人加五十积分；宿舍出现问题时，值日同学和最后离开宿舍同学每人扣除五十积分。积分的奖惩机制有效地调动了学生参与班级管理的积极性，同时也在很大程度上约束了学生在班级组织当中的行为举止，杜绝了学生反感参与班级管理和消极应付班级管理的心理。再次，班主任不定期地对班级组织框架中出现的问题及时进行监控并反馈给学生，给出原则和方向建议，让学生自行商量解决。同时开展丰富多彩的班级活动，如：主题班会、班级辩论赛、各类团体活游戏、各类才艺展示、户外拓展等，以此来培养学生在班级组织架构中的主人翁意识。最后，特定问题的特殊处理。班级组织形成之后，就会形成以原班级、兴趣爱好、地域等因素为纽带的各类圈子，这些特定的圈子如果引导得好，可以促进学生个性的发展，如果引导得不好，将破坏班级组织的生态结构，影响班级组织架构的正常运转。对于那些不健康的特定圈子，班主任可以通过调换岗位、调换座位、调换宿舍同时予以思想教育来消除其对班级组织架构的不良影响。同时，对于个别严重影响班级组织管理的问题学生要晓之以理、恩威并用、奖惩结合，逐步帮助其纠正错误思想，规范其行为，帮助其重新融入班级并在班级组织架构当中扮演适合自己的角色。

第三，学生层面。首先，学生作为班级组织架构的主体成员，要学会自我反思和调控，特别是个人情绪的控制。在班级自主管理当中，学生难免会出现情绪波动，心理受挫，只有调控好自己的个人情绪和心理变化，才能使自己在班级组织架构中保持理性，充分发挥个人的主观能动性。其次，作为模拟社会的班级组织，与人沟通是必不可少的，也是至关重要的。因此，注重自己与他人沟通能力的培养也成为班级组织架构成员的必修课。再次，团队意识的培养。由于分工明确，学生在班级组织架构中往往只看到个人和个人的岗位，而忽略了整个团队、整个集体，在处理问题和同学相处过程中缺乏全局意识和团队意识。最后，定期举行班级组织内部的总结述职和反思会议并进行分级培训，以此来提升每个学生的自主管理能力。班级架构的运转会在不同时期出现不同问题，这就需要学生学会及时发现问题、分析问题，学会统筹、协调，最终解决问题。

3.3　班级组织架构搭建和有效运转的辅助手段

第一，小组合作。将班级按照组间同质、组内异质的原则分成若干小组。组内由性格不同、学习基础各异、爱好特长有区别的同学组成。这样有利于学生之间的相互学习、带动和促进。小组之间采用组间同质，有利于小组之间的公平竞争，调动学生参与班级竞争的积极性，为班级竞争机制的形成奠定了基础。以小组为单位开展班级组织管理便于学生沟通，防止出现各自为政、对集体漠不关心的现象，同时还有利于班级决策的上传下达。

第二，非常设机构的设置。班级组织形式一旦形成，由于分工明确、职责清晰，就会出现管理真空区。也就是在班级自主管理当中总会出现一些突发的或者没有事先考虑到的问题，而这些问题不属于任何一个班级组织成员的相应职责管辖。为了解决这个问题，在班级自主管理当中，我们会在班级组织架构当中设置临时机构和非常设机构。如，校级运动会期间，临时机构有：广播组（负责广播稿的撰写）、保卫组（负责班级运动员比赛期间物品的保管和物资安全需求）、联络组（负责运动会期间班级组织内部成员之间的通讯联络）、项目组（负责组织比赛人员参加各项目比赛）、医药组（负责班级物品和药品的保管及伤员的救扶）、机动组（负责临时突发事件的处理）等。当一段时间内班级出现班级组织成员职责范围以外的问题而又没有人管的问题时，可建议学生自发设立巡查组，对这些没有人管的问题及时发现、及时处理并予以总结防止类似事情再次发生。

第三，班级活动方案的预审制度。无论是班级组织内部还是学校都会有很多活动，虽然学生是班级自主管理的主体，毕竟他们在组织策划方面缺乏经验。所以学生在组织开展活动之前最好拟定活动方案，经学生讨论之后再由班主任提出修改意见，以确保活动的安全、正面、有序进行。比如一些班干部在主持班会课时设置了游戏环节，为了活跃气氛，对在游戏环节当中没有答对问题的同学进行人格的侮辱惩罚，这样的惩罚方式肯定是需要修改的。所以班级活动的预审制度是有必要的。

◎ 参考文献

[1] 卢瑞民．普通高中班级自主管理过程中班干部管理策略研究[D]．保定：河北大学，2016.

[2] 张泽涓．高中生班级自主管理的现状、问题及对策的研究——以中山市X中学为例[D]．西宁：青海师范大学，2016.

[3] 黄石莲．班干部参与式管理模式在学生班级管理中的运用[J]．内蒙古师范大学学报(教育科学版)，2014(6).

[4] 魏书生．班主任工作漫谈[M]．桂林：漓江出版社，2006.

[5] 余少良．高中班级自主管理存在的问题及改进策略[J]．新课程(中学)，2015.

[6] 李新华．新课程改革下高中生自主管理研究[D]．桂林：广西师范学院，2011.

[7] 丁锦宏．教育学[M]．南京：南京大学出版社，2004.

[8] 王建琴．新课程背景下的高中班级自主管理问题研究[D]．延吉：延边大学，2010.

·教育政策与管理·

普通高中停学问题微研究

李红玲

（新洲区　第一中学，湖北　武汉　431400）

摘　要：本文以某普通高中停学问题为解剖对象，探讨了停学在违背规范教育精神、降低学生幸福度、影响教师职业幸福方面的负面作用，提出了加强制度建设、提升问题生学习质量以及提高班主任工作能力三方面的建议。

关键词：停学；规范教育；师生幸福

A Micro Research on the Suspension of Senior High School

Li Hongling

（No. 1 Middle School Xinzhou District, Wuhan, Hubei, 431400）

Abstract: This paper takes the suspension of a senior high school as an example, and discusses the negative effects of school suspension on violating the standard educational spirit, reducing students' happiness and affecting teachers' professional happiness, then, it puts forward three suggestions: strengthening the system construction, improving the learning quality of the problem students and improving the working ability of the head teacher.

Key words: Suspension; Normative education; Happiness of teachers and students

一、研究背景

某日在某高中，一声高过一声的争吵打破了校园的宁静。原来，一位学生家长和班主任发生了言语上的争执。事情的缘由是，当事学生在刚刚结束的期中考试中作弊，班主任征得年级的同意后作出了让该生停学一周的决定，并叫来了家长。但是家长却认为如果学校拿不出能证明孩子作弊的视频就不能认定孩子作弊，另外，家长不认可学校有让孩子停学的权力，认为停学是剥夺孩子的受教育权。双方争得脸红脖子粗，引得师生纷纷探头观望，严重影响了学校的正常秩序。

其实，近一、两年来，此类纠纷对于这所学校而言并不是个案。对于班主任的停学决定，绝大部分的家长还是作出了行动上的支持，少数家长会表现出反抗，有的是公开的，如上例中的那位家长，有的是半

收稿日期：2019-05-25

作者简介：李红玲（1976—　），女，湖北新洲人，中学高级，教育硕士，武汉市新洲区第一中学副校长，主要从事基础教育教学与管理研究。

公开的，如发动层层关系表达不满，向校长施压。通常，校方在这个问题上是与年级和班主任站在同一条战线上的，毕竟，学生的某些明显违反校纪校规的行为常常屡禁不止，停学就年级和班主任而言实乃无奈之举。因而，学校和学生及家长在如何看待停学这一处罚方式上存在分歧成为双方矛盾的导火索，冲突使得学生教育步入了两难的境地。师生关系和家校关系看似平静如水实则暗流涌动，学校教育和家庭教育的正能量相互消减，学生有质量的发展成为空谈。本着深入实际、解决问题的宗旨，本研究采取田野式方法，对案例中学校的停学现象进行实地调查，以期探明现象的起因、现状以及其实际影响，为学生的违纪教育寻找突破口。

二、研究对象与方法

本研究从关注学生的视角出发，从该校高一和高二两个年级中半随机地抽取学生(包括班干部、中等成绩学生和问题生)157名，在专人指导下，于集中的时间和地点，不记名、笔头、独立回答十个问题。问题涉及学生所在班级的停学情况(如人次、时间、原因、效果等)、学生对停学的态度、班级主要违纪情况、对违纪情况的处罚建议等。

三、研究结果

1. 每学期停学的人次和每次的时间

在高一和高二两个年级的31个班级中，一个学期中没有停学现象的班级只有4个，占比12.9%。停学人次2~4人为主，有3个班达到5~8人。停学时间3~7天的有15个班，占比45.2%。可见，停学的人数较多，频次较高，停学的时间较长。

2. 停学的决定者

44人(28%)认为是班主任做的决定，8人(5.1%)认为是学校的决定，40人(25.5%)认为是年级作出的决定，24人(15.3%)认为是班主任和年级一起作出的决定，只有1人(0.6%)提到班委会和班主任共同作出决定，学校(主要是教导处)和班委会的作用几乎缺失。

3. 停学的原因

学生列举的停学原因多样，稍加整合后具体见表1。

表1

停学原因	提到的次数
考试作弊	60
玩手机等电子产品	57
打架	46
抽烟	42
不守纪律(如迟到、旷课、上课睡觉等)	37
寝室打牌等	27
男女生交往过密	22
深夜外出上网	18

4. 停学对被停学学生的作用

停学对被停学学生的作用具体见表2。

表2

	积极作用	消极作用	因人而异	没有作用
提及人次	43	52	38	24
百分比	27.4%	33.1	24.2%	15.3%

认为停学对被停学的学生有纯粹的积极作用的受访者只有27.4%，认为只有消极作用甚至没有什么作用的占到48.4%，他们的理由集中在掉课、伤害学生自尊心、影响师生关系和家庭关系、挫伤学生学习积极性上。

5. 对停学的态度

36.9%的受访者支持停学，57.3%的受访者不支持停学，5.7%的受访者持中立的态度。不支持的理由除了上面所说的弊端外，主要归结为停学这种形式的教育作用不大，无法深入学生思想，且过于极端。支持停学的受访者主要希望停学能起到震慑作用，有的支持停学仅仅是为了换来几天安宁的教室学习环境。

6. 违纪的原因

违纪的原因包括散漫、逆反、吸引注意力、误交损友、自制力差、贪玩、学习压力大、缺乏学习的兴趣和信心、网瘾、攀比、年轻气盛、家长纵容、希望得到家里的关注、寻找思想和精神的寄托、集体观念不强、个人荣辱意识不强、睡眠不足等。

7. 班主任常用的违纪处理方式

常用的违纪处理方式有罚扫地和擦黑板、罚站、写检讨、停学、叫家长、谈话、剪短头发、隔离自习、罚运动，罚款等。

8. 受访者推荐的违纪处理方式

受访者推荐的方式涉及沟通交流指导、协同家长教育、提醒和帮助、罚写检讨和保证书、罚抄班级誓言、罚劳动等。

四、研究结论

(1)该校停学现象普遍；

(2)该校在学生违纪处罚方面没有形成一个统一的规范，处罚的实施主体、方式、程度、后续教育等方面较随意；

(3)学生总体上对停学持反对态度；

(4)学生违纪的最本质原因是无法体验到学习的快乐；

(5)以请家长和停学为代表的、很难触及学生心灵的违纪处罚方式较普遍；

(6)对于违纪行为的处理，学生最倾向于班主任的思想教育和指导。

五、研究思考

为了保证教育的有效性和教育工作的有效开展，实现学生有效学习及社会化发展，对学生的违纪行为进行合理的惩罚是必要的。不过，“惩罚的本质是一个人受到集体的责备，知道自己的行为有了错误，也就是说，在惩罚里并没有压制，唯有对错误的感知。因此，只有当舆论一致赞成惩罚的时候，才应当使用惩罚。”[1]然而，本研究中，停学并不被学生主体所认可，个中原因以及其危害值得思考。

1. 停学违背了规范教育的精神

规范教育应该是尊重教育规律的教育。为了保证教育的规范性，国家自上而下出台了许多相应的法律法规。学校作为最基层的实施国家教育权的主体，通过“统一”《宪法》《中华人民共和国教育法》《中华人民共和国义务教育法》以及《中学生日常行为规范(修订)》等上位法源，制定相应的校纪校规、学校章程、管理制度，对学生实施教育管理。然而，因为目前尚无立法机关或国家教育行政机关的审查机制，也无学生和学生家长的参考、修正机制，这些校规、章程、制度等在维持学校的秩序的同时，也可能损害到学生的权利[2]，甚至是最基本的受教育权。停学的目的虽然是警醒学生，但却没有任何法律法规甚至是校纪校规的依据，实质上就是剥夺学生受教育权。就连一位受访学生也提出了质问“学过《青少年法》吗？(学生的)受教育权？(班主任或年级的)处分权？”还有一位学生认为停学“只会起到消极作用，因为这违反了《人权宣言》，不符合科学发展观”，因此“不支持停学，(停学)剥夺了他们的受教育权，严重侵权！”

2. 停学降低了学生的幸福度

学生幸福感包括学校幸福感、同伴关系、师生关系、学习兴趣、学习动机、对作业的态度、对课堂学习的态度、学业的自我概念等多个方面。它既表达了学生对学校生活的积极感受和学习过程中的情感体验，也反映了对学校现实的认同，是情感、认知和行为三方面因素的统一。学生情感体验可以从学生的行为上反映出来，包括孤僻、遵守规范、反叛、顺从、革新等行为，从而影响学生学习活动的质量。研究表明，学生的幸福感是学生美德形成的重要的助推器，也是学生创造思维发展的重要途径。[3]

停学不但影响到学生的学习，更重要的是会阻碍学生情感的健康发展。关于对学习的影响，一位受访学生认为：“(停学)作用有，但不大，而且个人认为耽误学习时间。(因为)违纪者大多为成绩中下游同学，而高中的课程难、进度快，即使掉一节课(对他们而言)都有很大的影响。”学生们也强调了停学对学生情感发展造成的负面影响，认为“停学大部分情况下往往会对学生造成多方面影响，如自尊心受到打击，或自卑，更有甚者干脆自暴自弃”；“对于部分只是因为暂时思想分叉的学生，可能会使之在学校中受到名声损害，且对之心理创伤有一定的推动，也影响学习。对于部分思想不成熟的同学，易产生厌学，甚至厌世，攻击学校等心理趋向，或使其破罐子破摔”。停学给学生造成的情感创伤还来自学生对父母的歉疚感，就像一位受访者所说，“谁犯下的错谁自己担，没必要将痛苦转移到父母身上”。停学同样会使师生感情受损，因为“停学的学生会对班主任有意见，又害怕家长责骂和体罚，因此影响师生友谊。”有一位受访学生看得更深，认为班主任一意孤行“一停了之”的行为“治标不治本，扼杀了学生的天性”。

3. 停学影响着教师的职业幸福

停学无疑会使教师的幸福感大打折扣，因为它不但让学生、家长深受打击，学校、班主任也不胜其扰，因为掉课，被停学学生的补课还给科任老师增加了额外的负担。就以班主任为例，因为一时情绪化或的确无计可施而作出停学的决定后，他必须应对各方面的询问和责难，同时还要承受担忧的折磨：担忧学生的学业、学生的反应、社会的评论等。因此，就连一位受访学生都建议老师“对学生进行思想教育，不做停学这种不利人不利己的事”。

六、研究建议

1. 加强制度建设

学校应积极推进和落实依法管理，根据国家、地方各项法律法规以及学校的实际来制定相应的校纪校规，对学生的处分能够做到事实清楚、依据合法，符合规定程序。应在教师、学生、家长中进行有效的调研，充分利用各方面的智慧，充分反映各方面的需求。

2. 提升问题生学习质量

学困生不一定是问题生，但问题生基本上都是学困生，这可以从调查到的学生违纪的原因以及对问题生的相关研究结果中得到印证。就像某位受访者所说，他们因为“没有跟上(学习)进度，做作业如同看‘天书’，势必觉得无聊，(因此)就想搞点事情吸引别人注意”，或者是“对学习不上心，学不进去”，更有甚者，“因为听不懂老师讲课而不满”。鉴于此，要彻底摆脱停学困境，最根本的途径是帮助他们逐渐提升学习质量，让他们不断体验学习带来的充实感和成就感等积极的情感体验。

3. 提高班主任工作能力

要获得工作能力的提高，最根本的是要修炼内心。“只有在灵魂深处拥有感恩之心的人，只有内心深处真正富足的人，才能宽容地对待别人，才能客观地看待世界。”[4]惩罚不可少，但方式要慎选，要“以令人信服的、积极、健康的惩罚方式，使学生以理性、健康的心态面对未来的失败和惩罚，并以适当的方式回应惩罚做出良好的范例。”[5]班主任可以从学生那里寻找到一些工作思路。一位学生说得好：“犯错是学生的天性，哪有学生不犯错，关键是学校要对学生进行正确的思想引导。我相信大多数学生是有尊严有个性的，他们为追求所谓的个性化而违反了学校纪律，进而影响了其他人，但只要从思想上开刀，家长学校双重引导，我不相信哪个学生还会抛下尊严去违规违纪。”很多学生建议班主任要“寓情于人，寓教于乐，言传身教”，要“晓之以理，动之以情”，具体做法是“先问清楚违纪原因，接着心平气和地沟通，用平缓的语气对其进行教育，让其自己作出承诺，班主任对其多给予重视，时时与他谈心”。比如，“对于迟到，应该适当地提高查寝力度，避免因为睡觉太少起不来，还应该举行专题班会教学生如何提高做事效率”。

◎ 参考文献

[1] 向晶．暴露创伤与抚慰伤口——学生受教育现状剖析及教育的使命[J]．全球教育展望，2013(8)．

[2] 李东华．对义务教育阶段校规的界定及其形式法源的推演求证[J]．教学与管理，2011(5)：1．

[3] 孔企平．姚佩英．学生的主观幸福感具有重要教育价值——近年来“Well-Being”理论研究述评[J]．全球教育展望，2013(11)．

[4][5] 傅维利．论教育中的惩罚[J]．教育研究，2007(10)：11-18．

·教育政策与管理·

“减负”视域下小学奥数竞赛发展新路径探析

祁　思

(武汉大学　教育科学研究院，湖北　武汉　430072)

摘　要：在全国两会“预热”阶段，四部门共同治理校外培训机构的消息已经引起舆论广泛关注，会内会外新闻、评论连番引出新的讨论热点，令学生“减负”议题在今年两会期间持续高热。近年来，国家层面已经先后发布了多个减负令，但孩子负担不减反增。其中小学奥数与小升初择校的密切联系，导致课外培训奥数的情况尤为严峻，更是使其成为“出头鸟”。小学奥数的发展跌宕起伏，由“全民学奥数”到如今教育部的一禁再禁，其预期应具有的正面影响和现状的情况形成鲜明对比，产生这种现象有学校招生政策、家长教育观念、政府教育资源分配等多方面原因。针对原因，探析如何从多方面下手改善小学奥数发展的现状，让小学奥数回到良性发展的轨道上去。

关键词：减负；小学奥数；积极影响；现状；良性发展

An Analysis on the New Development Path of Primary School Mathematical Olympiad Competition from the Perspective of “Reducing the Burden”

Qi Si

(Research Institute of Education Science, Wuhan University, Wuhan, Hubei, 430072)

Abstract: In the “warm-up” stage of the national two sessions, the news that the four departments jointly manage off campus training institutions has attracted widespread public attention, news and comments from inside and outside the meeting have repeatedly brought out new hot topics for discussion, making the topic of “reducing students’ burden” continue to be hot during this year’s two sessions. In recent years, the state has issued a number of load reduction orders, but the burden of children has increased instead of decreasing. Among them, the close relationship between primary school Olympic Mathematics and primary school selection leads to the situation of extra-curricular training of Olympic mathematics is particularly severe, which makes it a “first bird”. The development of Olympic Mathematics in primary schools has experienced ups and downs. From the “all people learning Olympic Mathematics” to the current ban of the Ministry of education, the expected positive impact is in sharp contrast with the current situation. There are many reasons for this phenomenon, such as school enrollment policy, parents’ education concept, government education resource allocation and so on. In view of the reasons, this paper analyzes how to improve the current situation of primary school Olympic mathematics development from various aspects, so as to make primary school Olympic Mathematics return to the track of sound development.

Key words: Burden alleviation; Primary school Olympiad; Positive influence; Current situation; Benign development

---

收稿日期：2019-09-16

作者简介：祁思(1991—　)，女，湖北汉川人，武汉大学教育科学研究院硕士研究生，主要从事小学教学研究。

一、引言

古往今来，赞美数学的句子数不胜数，罗素更是把数学之美视为“至高无上的美”，而如今对于很多孩子们来说，他们并没有感受到这种奇妙的数学之美，甚至产生了严重的厌学情绪，数学之美演变成了奥数之痛。小学生到底该不该学奥数？在每年的“小升初”之前，都会成为媒体的最热话题，如今众人都把矛头对准了奥数，奥数俨然已成千夫所指。

“华杯赛”是国内小学阶段规模最大、含金量最高的数学竞赛活动之一，2018 年 2 月 28 日，该组委会已发出明确通知，第 23 届“华杯赛”决赛活动暂缓举行。除了“华杯赛”之外，另一备受家长关注、影响力较大的“学而思杯”，也明确表示不再举办。其实近两年，奥数杯赛叫停已经不是个例了。此前，上海的各种杯赛也已经陆续宣布暂停。

2017 年 12 月 11 日，教育部正式印发《义务教育学校管理标准》，在“维护学生平等受教育权”一项中明确规定，“不以各类竞赛、考级、奖励证书作为学生入学或升学的依据”。到 2018 年 2 月 22 日，教育部办公厅等四部门发布《关于切实减轻中小学生课外负担开展校外培训机构专项治理行动的通知》，其中治理任务和整改要求的第五条规定：“严禁校外培训机构组织中小学生等级考试及竞赛，坚决查处将校外培训机构培训结果与中小学校招生入学挂钩的行为，并依法追究有关学校、培训机构和相关人员责任。”这一系列的政策和举措不禁让我们深思，一切是奥数的错吗？其实不然。

二、奥数竞赛的积极作用

奥林匹克数学竞赛或数学奥林匹克竞赛，简称奥数。1959 年在布加勒斯特举办第一届国际数学奥林匹克竞赛，1986 年数学家华罗庚首次将奥数引入中国。奥数作为数学课堂外的一门知识，引进奥数的初衷是好的，对于小学数学也有许多积极的作用。

（一）提高学生对数学的学习兴趣

奥数不同于学校数学课本中的内容，它没有系统的知识结构，而是针对一种问题、一种现象、一种解题方法的学习。小学奥数会将奥数内容分成很多有趣的专题，比如流水行船、火车过桥、鸡兔同笼、牛吃草问题等，将生活中可见的一些现象、物品融入专题主题中，让学生能有空间发挥想象、情节带入；同时奥数的解题方法变化多样，有很强的技巧性，让学生们感受到数学中的乐趣与艺术，可以提高学生对数学的学习兴趣。

（二）锻炼学生创新思维能力

数学竞赛内容大多没有固定的模式可套，在学习阶段看似有分一个个专题，但是所学习的仍只是这类思想或方法。在实际的解题中，题型内容千变万化，许多题目是探索性和创造性的，要求学生通过观察、思考、发现规律才能找到解题途径。有的题目的解法甚至需要根据特殊情况提出猜测或假设才能找到突破口，这就对学生的创新思维能力发起了一个很大的挑战。通过对奥数的学习和在奥数中成长，能够很好地锻炼学生的创新思维能力。

（三）培养数学方面的优秀人才

奥数作为一项竞赛，内容难度比平均数学水平应掌握的知识高出很多，国际数学奥林匹克竞赛中国代表队领队熊斌曾在接受记者采访时说道：“大约只有 5%的学生适合学习奥数。”此外，奥数考点按板块分类，可分为计算、数论、几何、行程、应用题、组合、计数七大板块。从奥数考点的分类可以看出，奥数突出了数学思想和方法这个精髓，需要学生有较强的观察、分析能力以及掌握归纳、演绎、类比等重要的思想方法[1]，通过奥数学习，可以为培养数学方面的人才奠定基础。

三、我国小学奥数教育发展面临的问题

纵然奥数教育的初衷是好的，然而近几年随着“奥数热”的愈演愈烈，奥数教育本身所具有的正面功能并没有发挥出来，反而出现一些负面问题。

(一)揠苗助长现象层出不穷

正如熊斌所说的“大约只有 5%的学生适合学习奥数”，然而掀起的“全民学奥数”让很多并不适合学奥数的小学生加入了这一学习阵营。有的学生对校本知识都存在困惑，而在这种情况下赶鸭子上架学习奥数，由于基础薄弱，思维跟不上，上奥数课如坐针毡。家长花费大量金钱、学生花费大量时间和精力但效果不佳，给学生身体和心理上造成了沉重的负担，学生不仅没有提高学习兴趣，反而对数学产生恐惧的情绪，更不用说通过学习奥数提高逻辑思维与数学能力了。

(二)培训行业教学质量堪忧

奥数的火爆使得奥数培训机构如雨后春笋般出现，但是机构是否具有教育资质、教师教学质量如何保证并没有严格的监督和科学的把控。据了解，培训机构的教师工作强度很大，有时一天课时量达 8~10 小时，在这种强度下，教师的课堂如何做到生动有趣、深入浅出；也正因为强度大，培训行业流动性也非常大，在这种不稳定的环境下，如何潜心做好教育；此外，许多培训机构的教师为刚毕业的大学生，是否具有教师资格证、是否为师范专业、是否具有教学能力都无从考察，很多新教师上岗，孩子就沦为小白鼠。本来就难的奥数如果没有碰到专业教师，怕是会让学生听得一头雾水。总之，培训行业的教学质量也是众多家长诟病的地方。

(三)选拔不出真正的数学人才

真正的数学人才是对数学有浓厚的兴趣，愿意学、乐于学、肯钻研、肯吃苦，同时也有较强的数学思维和创新能力，而中国的小学生学习“奥数”蒙上了太多功利色彩，很多人并不是因为喜欢数学、热爱数学去学，而是为了各自的目的学，有的为了提高学校的成绩，有的为了拿奖牌，有的是看着别人在学所以也跟着去学。此外，解题能力也不能等同于研究能力，在中国传统文化的影响下，熟能生巧的观念深入人心，很多孩子投入大量时间在奥数练习题上，而这些练习多是机械练习、套公式，虽然有的能取得不错的成绩，但是这也只能证明其考试的能力，不代表就有研究能力[2]。真正的数学人才要具有能发现新问题的能力，这种能力才是最为关键的。

四、奥数竞赛陷入消极境地的因素分析

(一)学校招生政策的错误导向

初中入学考试的取消，这一“减负”举动不仅没有减负，反而增加了学生的负担，不少中学为了招收

更多的优秀生源，把"奥数"作为标准，拿武汉几所名校为例。2011 年武汉某中学招生简章中的择校要求，第一项即为竞赛证书要求：数学竞赛要有 1～2 个一等奖，可跨区；如有 4 个以上一等奖，还可减免部分费用。2016 年小升初择校武汉某附中的招生报名通知中，报名材料：成绩单、各竞赛证书(包括杯赛、艺术小人才等)原件及复印件、三好学生奖状等证书、学生简历、登记照 2 张。2017 年湖北某寄宿学校优录条件，其中一项就是杯赛，审核参考依据：主要参考的杯赛竞赛有锦奥杯、未来杯、IMAS、创新杯、华杯、迎春杯、楚才作文等，杯赛成绩好的可以直接录取。当小学奥数竞赛与小升初择校挂钩，奥数的学习就蒙上了一层功利的色彩。

(二)培训行业的过度吹捧

也正因为奥数与升学、择校有了密切联系，培训行业的奥数事业也更蒸蒸日上，可以说是已经形成了资金产业链。如表 1 所示，我们可以看到整个培训行业与杯赛组织达成了紧密协作关系。这种紧密联系势必会让培训行业大力吹捧奥数的神奇作用，提高校本成绩、获奖走名初，甚至抛出"竞赛班前几名可直升名初"的诱饵等。一旦奥数成为一种全民带目的性的教育，那么它已经偏离原本的价值取向和目的了。

表 1　**2017 年各培训机构可报杯赛一览表**

机构	可报杯赛
好学	创新杯、新希望杯、世奥赛、锦奥杯、惟乐杯、新星杯、新苗杯、NEAT、新希望中文写作、新希望英语、华杯赛、迎春杯、IMAS、习思英语、NECPS
Q 博士	创新杯、新希望杯、华杯赛、IMAS、迎春杯、世奥赛、锦奥杯、惟乐杯、新星杯、新苗杯、新希望中文写作、新希望英语、习思
博才	新星杯、新苗杯、世奥赛、新希望杯、创新杯、华杯赛、惟乐杯、IMAS、新希望杯中文写作、新希望英语
荆楚	创新杯、新希望杯、世奥赛、锦奥杯、惟乐杯、新星杆、新苗杯、华杯赛、新希望中文写作、新希望英语
新东方	创新杯、新希望杯、世奥赛、锦奥杯、惟乐杯、新星杯、新苗杯、华杯赛、迎春杯
慧泉	创新杯、新希望杯、世奥赛、锦奥杯、惟乐杯、新星杯、新苗杯
走北	新希望杆、锦奥杯、世奥赛、创新杯、新希望中文写作、新希望英语
博奥	锦奥杯，未来杯，新希望杯，创新杯，世奥赛，惟乐杯，长江杯
乐易思	创新、新希望、世奥、惟乐、新星、新苗、爱马仕
国才	创新杯、世奥赛、新希望杯、惟乐杯
巨人	创新杯、世奥赛、新希望
学而思	创新杯、NECPS、NEAT
明心	华杯赛、迎春杯

(三)家长错误的教育观念及从众心理

在很多中国家长心中，考试成绩好、上好学校、找好工作，就是一条成为成功人士的道路。即使在全球化的今天，各种文化冲击之下，这种教育观念也没有得到扭转，甚至把将孩子培养成一个优等生的起点越拉越前，很多孩子一年级就开始了各种培训班，其中奥数就是许多家长的普遍选择。家长试图让孩子通过学奥数提高学习成绩，通过学奥数得奖获得名初的入场券等。还有家长盲目跟随"潮流"，也没有明确目的，也不管孩子是否适合、是否学有成效。但是这些培训无形之中都加大了孩子的学习负担，严重影响孩子的全面发展。

(四)优质教育资源配置不均衡

我国的教育资源短缺，尤其是优质中学较为稀缺，家长们不愿意通过“就近入学”让子女进入薄弱中学，千方百计动用一切关系选择“名校”，这使得任何对招生有帮助的政策都会被格外重视，获奖概率较低的数学竞赛成为入名校的筹码，既然奥数获奖者可以保送上重点大学，那么有奥数特长的初中毕业生就可以保送上重点中学，有奥数潜力的小学生就可以保送上重点初中，这就是极具中国特色的层层选拔模式，该模式无形中提升了奥数的地位，扩大了奥数的社会影响力[3]。

五、小学奥数竞赛发展新路径

小学奥数全称叫“小学奥林匹克数学”，称呼起源于“数学是思维的体操”，它体现了数学与奥林匹克体育运动精神的共通性：更快、更高、更强，也体现了数学中的巧思、灵活、多变与其中渗透的数学美学。所以说，它应该是一门具有积极作用的正面学问，但是如今却变成小学生喊难、家长喊苦、教育部喊禁的不受待见的尴尬存在。如果一件好的事物只因它的发展暂时出现了偏差就舍弃它，那是因噎废食的做法，我们应从根源着手、从多角度分析，让小学奥数回归到良性发展的道路上。

(一)确保“小学奥数与招生录取脱钩”的政策落实

虽然教育部在 2017 年 12 月 11 日正式印发的《义务教育学校管理标准》和 2018 年 2 月 22 日发布关于切实减轻中小学生课外负担开展校外培训机构专项治理行动的通知中都明确了严禁招生与小学奥数挂钩的政策目标，但是政策的传达与实施仍需要后续监督。首先，确保文件及相关通知下发到每一个相关学校，并要求收到反馈；其次，设立专门小组对相关学校招生政策进行调查；最后，对各学校政策执行情况进行梳理，做到有奖有罚。总之，“去功利化”是奥数回归正常发展的首要条件，然而这需要政府部门的介入才能起到切实的作用。

(二)严格规范培训机构的责权利

在当前给学生“减负”的政策的背景下，培训机构似乎压力重重，但不得不说，人们对于培训班是存在合理需求的。对于学习能力相对薄弱，学校课本内容学习存在很大问题以及学习能力很强，学校内容吃不饱的学生，培训机构起到了很好的“培优辅差”的作用。除了重点整治培训机构的安全隐患、营业执照及办学许可证、教师资质等问题，对于培训班设置奥数班要求要更具体，比如奥数班的数量、奥数班招生对象、奥数班教学内容等设定要向所在地教育行政部门进行审核备案并向社会公布，避免出现“过度”“盲目”的培训。纵然培训机构在奥数“恶魔化”的道路存在一些积极的影响，但是不可否认的是，培训机构是在当今时代背景下，人们学习、工作的需求之中产生的并且更多的起到的是积极作用，所以奥数的新发展仍离不开培训机构，按正规、科学、高效的方式方法将奥数的精髓教给适合学习奥数或者乐于学习奥数的孩子，为社会培养具有超强数学能力的人才。

(三)积极引导家长树立正确的教育观

在这个充满竞争的现代社会，“唯分数论”的观念该摒弃了。孩子的学习能力、生活能力、抗压能力、协调能力等都应该成为培养的目标。此外，每个个体都有自己的独特性，同时每个方面总有优秀的人才，盲目追随只会沦落为考试的机器，最重要的还是提高孩子的核心竞争力。什么是核心竞争力？就是一个主体，无法为别人取代的能力和优势。培养核心竞争力的前提是适合，找到属于适合自己的路，坚持下去。在选择送孩子去学习奥数之前先了解自己的孩子，对学校课本知识是否学有余力、是否对数学感兴趣、是否有意愿去学奥数等等。除了家长自身的改变之外，学校也要积极帮助家长树立正确的教育观，学校可开设“家长学校”，每周或每月设立相关家庭教育的主题学习课程，给予家长科学的家庭教育指导，在加强家校之间的联系之外也能提高家校合作的有效性。对于奥数的新发展来说，这样有利于减少家长的盲目恐慌、乱报班的情况，有利于奥数健康发展。

(四)解决教育资源分配不公

数据显示，党的十八大以来，国家财政性教育经费占 GDP(国内生产总值)比例连续 5 年保持在 4%以上，中国教育事业总体发展水平跃居世界中上行列。这样的进步，固然值得肯定，但也要清醒地认识到，在教育上，我们与世界发达国家仍然存在较大差距，同时教育资源分配不公的现象仍普遍存在。首先，政府应继续加大教育投入，这是解决教育资源分配不公的首要任务；其次，科学合理使用资金，提高资金使用效益，坚持向教育的薄弱环节、关键领域倾斜，把有限的教育经费用到刀刃上；最后，逐渐取消二元分割制度，即“农村教育”与“城市教育”“重点学校”与“普通学校”的二元制，才能解决“重点”倾斜背后的不公平。虽然这条路不可能一蹴而就，但是只有在保证基础教育公平的前提下，才能使奥数的“功能”自在发挥出来。

(五)大力推进小学数学教材改革

2001 年 6 月 8 日，由教育部印发的《基础教育课程改革纲要》中，第五点教材开发与管理提道：“教材内容的组织应多样、生动，有利于学生探究，并提出观察、实验、操作、调查、讨论的建议。”当前我国小学数学教材内容并不能很好满足学习能力多层次的学生的需求，而奥数的乐趣性、可探究性、难度层层拔高性很好地弥补了先行教材的一些不足。首先，可将奥数中内容与校本内容相近或解题思路类似的部分根据难度进行分星级整合，比如 3 颗星(基础题)、4 颗星(拔高题)、5 颗星(竞赛题)，这样每单元后可增添“奥数乐园”板块，教师可在课堂上花少量时间解决 3 颗星到 4 颗星难度的题，5 颗星留给学生自主探索、讨论；其次成立奥数兴趣小分队，每周可安排一到两次课，由组长汇总提出小组每周学习奥数板块遇到的问题，组与组之间也可以共同讨论、互相学习，最后由老师进行解答；最后，奥数部分每学期进行一次测评，但不计入期末成绩，可建议表现突出的学生自愿参加奥数比赛。当然教材的改革意味着教师的教学能力应该得到相应的提升，对教材内容的熟悉、教授知识点的技巧等需要一定的时间来学习、钻研，并通过实践后再针对问题做出相应调整和提升。只有这样，才能更好地将奥数融入课堂教学、才能更好地将知识为学生所吸收。

六、结语

诚然现在奥数带来了很多消极影响，但是这些影响更多是因为人们赋予奥数太多额外“价值”所带来的，如果能清除人为因素造成的奥数功利性，合理科学地利用其所具有的积极作用，奥数可以找到新的发展之路。奥数内容本身的特点使它不仅是小学数学教材的良好延伸，也是对日常小学数学教学的有效弥补。小学奥数教学不但能够激发小学生学习数学的兴趣，更有利于培养小学生的数学审美感和创造力，成为提高小学生数学能力的重要载体[4]。

对于政府而言，通过明确严禁招生与小学奥数挂钩的政策目标，并建立监管制度，将奥数“去功利化”是奥数新发展的首要条件；同时继续加大教育投入，解决教育资源分配不公，是奥数新发展的基本条件。对于培训机构而言，肩负起社会责任，规范化、科学化经营，将奥数培训的目标从竞赛得奖转化为锻炼思维、提高数学能力，减少不必要的班型与课程，为奥数创造健康的学习条件。对于学校而言，积极配合落实政府的相关政策，推进教材改革，将奥数适当融入数学课本，使奥数不再孤立于课本之外；同时加强家校联系，给予家长家庭教育科学的指导也有利于营造学生学习奥数的良好氛围。对于教师而言，提高教学能力和素养，正视奥数的正面价值，做好校本与奥数的衔接，因材施教，培养新时代的数学人才。对于家长而言，树立正确的教育观，了解孩子的长处、尊重孩子的兴趣，选择适合孩子的发展之路。

总之，在去奥数"功利化"的前提下，将奥数内容抽丝剥茧，选择适当内容融入数学课本，使奥数部分内容大众化，此外培训机构可针对部分适合学奥数的学生因材施教，培养数学方面的人才。相信在多方面的努力下，奥数的意义一定能被人们所普遍接受，和基础数学教育一起，共同小学生数学创造一片乐园。

◎ 参考文献

[1] 熊丙章，刘丽颖．论素质教育观下的数学竞赛[J]．数学教育学报，2013，22(6)：66-68.

[2] 周玲．数学竞赛在中国的实践质问其教育价值[J]．数学教育学报，2010，19(5)：28-30.

[3] 朱亚丽，左红亮，栾慧英．对国内数学竞赛发展困境及出路的思考[J]．河南教育学院学报(自然科学版)，2016，25(4)：52-57.

[4] 熊光波．在淡化功利性基础上充分挖掘奥数的教育价值[J]．教育学术月刊，2010(5)：79-80.

·教师与教学改革·

授人以鱼 不如授人以渔

——哈佛大学教育科学研究方法课程评析

朱笑培

(武汉大学 教育科学研究院，湖北 武汉 430072)

摘 要：完善研究方法课程建设是提高研究生科研能力的重要途径。本文以哈佛大学教育学院开设的40门研究方法课程为研究对象，采用个案研究和文本分析的方法进行研究，结果发现：哈佛大学教育学院已经形成了一套科学系统的研究方法课程体系。本文通过探讨哈佛大学教育科学研究方法课程设置的特点，以期能对我国研究生教育课程改革有所启发与借鉴。

关键词：研究方法课程；哈佛大学；教育科学

Give a Man a Fish and You Feed Him for a Day. Teach Him How to Fish and You Feed Him for a Lifetime

—An Analysis of the Curriculum of Educational Science Research Methods in Harvard University

Zhu Xiaopei

(Research Institute of Education Science, Wuhan University, Wuhan, Hubei, 430072)

Abstract: Improving the course construction of research methods is an important way to improve the scientific research ability of graduate students. This paper takes 40 research methods courses offered by Harvard University School of education as the research object, and adopts case study and text analysis, the results show that: Harvard University School of education has formed a scientific system of research methods curriculum system. This paper discusses the characteristics of educational science research method curriculum in Harvard University in order to provide some inspiration and reference for the curriculum reform of graduate education in China.

Key words: Research methods course; Harvard University; Educational science

2014年12月5日，教育部印发《关于改进和加强研究生课程建设的意见》(教研[2014]5号)明确提出要增加研究方法类课程，注重方法传授，加强方法论的学习和训练，着力培养研究生的独立研究能力和解决实际问题能力。《意见》的教育理念以及对课程建设提出的建议，体现了研究生教育“研究性”的本质[1]，对于提高研究生培养质量具有重要意义。然而，受知识本位传统教育思想的影响，我国课程建设一直都是

收稿日期：2019-09-16

作者简介：朱笑培(1993—)，女，河南洛阳人，武汉大学教育科学学院硕士研究生，主要研究方向研究生教育。

围绕知识体系展开的，在研究生教育课程体系的类型构成中，研究方法类课程严重缺乏，改变迫在眉睫[2]。俗话说："取人之长，补己之短"，国外许多著名大学都把研究方法类课程归为核心课程，规定了必修的学分，且占了相当大的比重，如哈佛大学教育学院规定 Ph. D 至少要修 4 门研究方法课程(两门定量方法课程，两门定性方法课程)，约占要求总学分的 1/4；斯坦福大学要求 Ph. D 必须在头两年内完成三门研究方法核心课程(教育统计分析、教育中的调查与测量、教育定性分析)；剑桥大学硕士项目培养方案中明确提出研究方法课程对于研究生是必不可少的，应占所有课程的 1/3。本文选择哈佛大学教育学院开设的研究方法课程进行深入分析，从课程目标、课程内容、教学方式和考核方式四个方面，总结出哈佛大学研究方法课程的主要特点，以期能为我国高校人文社科类研究生研究方法课程的改革提供经验借鉴。

一、哈佛大学教育学院研究方法课程设置的基本概况

本文通过哈佛大学官方网站公布的课程信息，选取 2018 年秋和 2019 年春两个学期教育学院为研究生开设的研究方法课程作为研究对象，采取个案研究和文本分析的方法，研究这些课程的主要特点。这些研究方法课程可以分为定量课程、定性课程以及写作课程三类[3](部分课程同时牵涉定量研究方法和定性研究方法，笔者按照课程内容偏重进行分类)，如表 1 所示。

表 1　哈佛大学教育学院研究方法类课程设置一览

	课程代码与名称	总课时	学分	先修课程
定量课程	EDU S005：教育研究导论	42	4	—
	EDU S012：教育研究统计学概论	42	4	—
	EDU S040 01：教育研究初级和中级统计方法	42	4	—
	EDU S040 02：教育研究初级和中级统计方法	42	4	—
	EDU S030：教育研究中级统计方法	42	4	—
	EDU S052：教育研究中级和高级统计方法	42	4	S040
	EDU S061：教育统计和心理测量方法	42	4	S052
	EDU S043：多级和纵向模型	42	4	S052
	EDU S290：教育研究因果推理的定量方法	42	4	S052
	EDU S010C：大数据分析	42	4	S052
	EDU H140A：心理学与认知神经学的实证研究	42	4	—
	EDU S430：种族认同调查——以哥伦比亚为例	42	4	S040&S052
	EDU H397Y：预防科学的研究经验与实践	42	2	—
	EDU H233Y：幼儿教育质量评估 Ⅰ	42	2	—
	EDU H234Y：幼儿教育质量评估 Ⅱ	42	2	H233Y
	EDU S413Y：教育政策定量评估 Ⅰ	42	2	S290
	EDU S414Y：教育政策定量评估 Ⅱ	42	2	S413Y
	EDU S805Y：教育研究中的伙伴关系 Ⅰ	35	2	S052

续表

	课程代码与名称	总课时	学分	先修课程
定量课程	EDU S806Y：教育研究中的伙伴关系Ⅱ	35	2	S805Y
	EDU S090A1：结构方程模型Ⅰ	21	2	S052
	EDU S090A2：结构方程模型Ⅱ	21	2	S090A1
	EDU A710J：大数据驱动的高等教育管理与决策	21	2	—
	EDU A164：项目评估	42	4	S030/S040
	EDU L105：大数据时代"基于证据"的教育研究	42	4	—
	EDU S032：元分析法	21	2	S030
	EDU S010B：调查问卷设计：原则与方法	21	2	S012/S040
定性课程	EDU S504：定性研究简介	42	4	—
	EDU S527：民族志方法	42	4	S504
	EDU S529：案例研究法	42	4	S504
	EDU S508：教育史研究方法	42	4	—
	EDU S521：教育不平等的定性研究	21	2	—
	EDU A705：美国大学的阶级和文化	21	2	—
	EDU A162：肖像艺术与科学	42	4	—
	EDU S515：行动研究：探索社会变革	42	4	—
	EDU S513：定性项目和政策评估简介	42	4	—
	EDU S428：政府在学校发展中的作用	42	4	—
	EDU S501：行动研究：走近青少年	42	4	—
	EDU S063：定性主题分析	42	4	—
写作课程	EDU A090：提案写作	42	4	—
	EDU S575Y：论文写作	42	4	—

由表1可以看出哈佛大学教育学院开设的研究方法课程非常丰富，高达40门，其中量化课程有26门，占课程总数的65%；质性课程有12门，占课程总数的30%；写作课程有2门，占课程总数的5%。此外，45%的课程有修课要求，规定了先修课程。为了进行深入分析，我们从中提取了10门课程的详细信息，包括课程内容、课程目标、教学方式、考核方式4个方面，详见表2。

表2　**哈佛大学教育学院研究方法课程的基本信息(部分信息)**

	课程名称	课程内容	课程目标	教学方式	考核方式
定量课程	教育研究初级和中级统计方法	描述性统计，数据分析，基础定量方法	创建数据可视化，分析定量数据	讲座 研讨会	未列出
	教育研究中级和高级统计方法	广义线性模型，生存分析，多级模型，时间序列分析，多变量分析等	开发研究问题，分析定量数据，培养团队协作精神	讲座 研讨会	作业，课堂参与，测试，研究计划

续表

	课程名称	课程内容	课程目标	教学方式	考核方式
定量课程	教育统计和心理测量方法	普遍性理论，项目功能差异检验，项目反应理论等	设计调查工具，开发研究问题，分析定量数据	讲座 研讨会	作业，课堂参与，小组汇报，论文
	幼儿教育质量评估	公立幼儿园教育质量评估和中国农村幼儿园教学质量评估项目	设计纵向研究，分析定量数据	研究实践	课堂参与，小组汇报，论文
	种族认同调查——以哥伦比亚为例	哥伦比亚文化背景，种族和民族相关概念，青少年发展	掌握跨文化测量等效性的方法	研究实践	未列出
定性课程	定性研究简介	研究伦理，定性研究方法和工具	理解质性研究，提升对质性研究的思考和评判能力	讲座 研讨会	作业，课堂参与，课堂汇报，论文
	教育史研究方法	研究方法，文献，案例	进行教育的历史研究	讲座 研讨会	未列出
	定性主题分析	个性化的以数据为中心的研究项目	使用定性研究软件，能够独立进行实践研究	研究实践	未列出
	政府在学校发展中的作用	关于学校改革的研究项目	研究设计，分析定性数据	研究实践	未列出
	教育不平等的定性研究	以定性方法研究文化、种族等与教育关系的著作	深入了解定性研究的艺术和科学，以及定性研究对理解社会不平等的贡献	研讨会	演讲，论文

二、哈佛大学教育学院研究方法课程设置的主要特点

通过对表1、表2相关内容的分析和梳理，可以发现哈佛教育学院研究方法课程主要有以下几个特点。

1. 系统丰富的课程内容

哈佛大学教育学院开设的研究方法课程包含了定量课程、定性课程和写作课程三个模块，形成了定量课程、定性课程、写作课程“三位一体”的课程体系。课程内容丰富，不仅包含各种方法，如定量方法、定性方法、写作方法等，还涉及许多学科知识，如心理学、认知神经学、社会学等，要把如此丰富的内容较好的组织起来教授学生并不是一件易事，哈佛大学采取了以下安排方法：从基础到高级，如教育研究初级和中级统计方法→教育研究中级和高级统计方法→结构方程模型；从总体到具体，如定性研究简介→民族志方法；从理论到实践，如教育研究统计学概论→政府在学校发展中的作用，可见，哈佛大学教育学院研究方法课程的设置不是盲目的，而是经过整体的规划和安排，形成了一套相互衔接、相互联系的体系，从而兼顾了课程的丰富性与系统性。

2. 全面发展与突出重点相结合的课程目标

促进学生的全面发展是课程目标的设计原则，全面发展即学生知识、能力、价值观的全面发展。哈佛教育学院研究方法课程在整体设置上显示出了对学生的全面发展的重视，以定性研究方法课程为例，有的课程（定性研究简介）是为了让学生理解质性研究的内涵；有的课程（教育史研究方法）注重培养学生进行教育历史研究的能力；有的课程（教育不平等的定性研究）的最终目的是让学生感悟定性研究的艺术和科

学，由此我们可以看出，研究方法课程内容的多样性，决定了课程目标的全面性。同时，研究方法课程内容的实践性，也决定了课程目标的倾向性。通过对40门课程“课程目标”的词频分析，发现“说出”“识记”“描述”“熟悉”等识记类行为动词出现频率较少，而“分析”“设计”“进行”“开发”等技能类行为动词出现频率较多，可见教育科学研究方法课程目标其实更加注重培养学生运用合适方法解决实际问题的能力。

3. 教学和科研相结合的教学方式

研究方法课程的教学方式主要有讲座、研讨会、研究实践等形式，其中一大亮点就是研究实践。哈佛大学开设了较多的研究实践课程(Research Practicum)，即在教师指导下的实践操作训练，通常是在基础方法课程的基础之上进行的。该类课程为学生提供了参与项目研究的机会，学生通常被分为几个小组，以小组为单位在教学和实践中设计和执行研究方案，最后以汇报或论文的形式呈现研究结果，真正将研究方法的教学与科研进行了融合。例如，定量课程——幼儿教育质量评估，这门课程为学生提供了两项可供选择的持续研究项目：①公立幼儿园教育质量评估，该项目提供了整整两年的课堂观察和家庭、教师的纵向数据；②中国农村幼儿园教学质量评估，该项目提供了课程实施视频以供学生分析。学生将在研讨会式的教学和小组实践中设计研究方案，选择合适的方法进行研究；定性课程——政府在学校发展中的作用，在这门课程中，学生们会通过利用历经18个月的调查资料展开研究，包括对国家教育机构工作人员、学校工作人员的采访，对教育机构工作人员的抽样观察等。在研究实践课程当中，学生从研究方法的选择到操作，再到结果的分析，任何阶段都可以寻求任课教师的帮助。

4.“过程”和“结果”相结合的考核方式

如表2“考核方式”一栏所示，教育科学研究方法课程考核内容比较综合全面，通常采取作业，课堂参与、课堂汇报、测试、研究计划和论文等方式对学生进行考核，其中作业、课堂参与、课堂汇报和测试属于过程评价，研究计划和论文属于结果评价。以“教育统计和心理测量方法”课程为例，该课程考核包括以下四个部分：①作业(20%)：每周一次，按时上交；② 课堂汇报(20%)：要求每个研究小组就一个主题进行一次汇报，在汇报前一周必须找教授交流讨论，以确保向全班提供出色的汇报；③课堂参与(20%)：每个学生必须阅读一周的所有相关阅读资料，为参与课堂讨论/活动做好准备；④期末论文(40%)：一篇原始论文，使用收集的数据和学到的新方法。由此可见，过程评价要求修课学生按时上课，按时完成作业，积极参与讨论，主动分享自己的观点，更加关注学生学习过程本身；结果评价要求学生掌握进行科学研究的基本程序和方法，具备一定的文字撰写能力，重视对学生学习成果的全面考察。每种考核都在最终成绩中占了一部分的比重，且过程评价的占比多于结果评价，因此想要取得高分就必须把握课程的每个部分。

三、结论

目前，我国许多高校都在努力探索研究方法课程设置的经验，如清华大学教育研究院规定研究方法课程为学科专业课程，要求教育学硕士至少修习6个学分；北京师范大学设置了覆盖全校一级学科的研究方法课程体系[4]；武汉大学教育科学研究院也正在积极地为完善研究方法课程体系做调研考察；等等。虽然部分高校已经在改革中取得了一些成绩，但牛顿曾说过：“如果说我看得比别人更远些，那是因为我站在巨人的肩膀上。”通过上文分析可知，哈佛大学已经形成了一套科学系统的研究方法课程体系，课程内容系统丰富，教学与科研相融合，课程目标点面结合，考核方式综合全面，因而学习借鉴哈佛大学研究方法课程设置的先进经验，取长补短，对于加强我国研究生研究方法课程体系建设，提高研究生培养质量具有重要的意义。

◎ 参考文献

[1] 罗尧成，付莹莹．回归本质：研究生教育课程设置的问题分析及改革思考[J]．中国高教研究，2009(7)：35-37.

[2][4] 廖英．构建研究方法类课程群强化研究方法的教学和训练——北京师范大学研究生研究方法类课程建设的实践与思考[J]．学位与研究生教育，2018(4)：16-20.

[3] 李娟，吕小锋，吴钢．“三位一体”的研究方法课程体系的构建——以国际贸易实证研究方法课程为例[J]．大学教育，2017(4)：127-128.

·教师与教学改革·

工程图学系列课程教学体系的改革与实践

詹 平[1] 郭 菁[2] 杨旭升[3]

（1. 武汉大学 城市设计学院，湖北 武汉 430072；
2. 武汉大学 动力与机械学院，湖北 武汉 430072；
3. 武汉大学 实验室与设备管理处，湖北 武汉 430072）

摘 要：随着现代工程图学的发展，高校现行教学体系正面临新的挑战。本文提出了一种新理念，将大学生科技创新活动与图学理论教学有机地融合，组建现代工程图学的“第二课堂”。注重实践的工程图学课程教学改革，对于提高人才培养质量具有重要的意义。

关键词：现代工程图学；成图理论与技术；第二课堂；图学教育改革

Reform and Practice of Teaching System on the Engineering Graphics Courses

Zhan Ping[1], Guo Jing[2], Yang Xusheng[3]

(1. School of Urban Design; 2. School of Power and Mechanical Engineering;
3. Laboratory and Equipment Management Office, Wuhan University, Wuhan, Hubei, 430072)

Abstract: With the development of modern engineering graphics, engineering graphics education is facing new challenges. An idea which combining students' science and technology innovation activities with teaching of graphics theory and establishing the "second class" of modern engineering graphics is advised. The reform of teaching system focusing on students' practical training is of great significance to improve the quality of personnel training.

Key words: Modern engineering graphics; Engineering graphics theory and technology; Second class; Graph education reform

0 引 言

《工程图学》作为一门理工类专业的基础课程，在本科生的教学培养体系中占有无法取代的重要地位[1]。在国家主导推动科技创新，实现从制造大国向创造大国转变的新时代背景下，计算机成图技术成为工程图学课程体系的重要内容。从图学学科发展的角度上讲，计算机二维、三维成图技术与传统工程图学有机融合是工程图学教学体系改革的方向。

收稿日期：2019-10-08

作者简介：詹平（1965— ），男，湖北武汉人，硕士，副教授，现主要从事数字化与虚拟仿真方向研究。杨旭升（1963— ），男，宁夏青铜峡市，硕士，研究员，现从事实验室建设与实验教学、实验室安全管理。

1　现行工程图学教学体系中存在的问题

1.1　学科教学特性被忽略

国内高等院校均在实施“宽口径、厚基础、高素质”的教学改革，实行大类招生，在一、二年级打通专业，本科教学中增设大量专业基础课程，作为基础课程的工程图学的学时被大量缩减；同时图学课程设置多安排在第一学期，在三个月左右的时间内完成。而工程图学最基本任务之一是培养学生空间想象、空间思维的能力[2]，这种能力的形成有一个“时效性”的问题，需要经过一定时与量的训练，让学生通过由浅到深、由易到难的阶段式的提升，逐步形成这种能力[3][4]。虽然多媒体技术在教学中的运用，能够有效地提高课堂教学效率、提升教学效果[5]，但依然无法改变现实教学中“填鸭式”的教学模式所带来的弊端，无法从根本上突破整个教学过程中“教师教得累、学生学得苦”的现实局面。

1.2　课程教学定位不足

工程图学教学中不仅教授学生基本的绘图方法，而且随着课程的逐步展开，引导学生整体化考虑问题、系统化划分问题的层次、运用理论去分析与研究问题；用开放复杂的系统观念，定性到定量的综合集成的方式来研究整体性的问题[6]。其中手工制图通过手、脑、眼、绘图工具的配合，加深了学生对图例符号、粗细线条等图纸表现手段的理解和认识，培养了学生的形象思维能力和空间想象能力，提高了学生对物体形体的塑造能力[7]，培养了学生严谨、细致的工作作风和治学态度。由于诸多历史和现实原因所致，国内高校工程图学教学过程中，从时间和空间上难以接触更多的工程实际，导致在具体的工程应用中，学生表现出与课堂上截然相反的“低能”和“无助”，直接影响学生“工程实践能力”的培养[8]。传统教育观念与创新教育观念的根本区别在于：前者注重传授知识而轻视传授思维方法，注重背诵知识而轻视创新能力的培养；后者则要求教育者在传授知识时，尤其要注重传授科学的思维方法以发展学生的创新意识和创新能力[9]。

因此，创新教育是一种能力教育，是一种方法论教育，具体说是一种思维方法的教育。图学教师必须深刻认识上述教育观念，将传授科学的思维方法和发展创新能力作为己任。同时也应该认识到，教师自身也需要用正确的思维方法指导“教什么”和“如何教”。

1.3　计算机成图技术与传统工程图学缺乏有效的结合机制

随着现代科技与工业水平的发展，工程图学已由传统手工图示表达，拓展到计算机二维、三维设计的范畴[10]。三维 CAD 技术已经成为影响我国建筑、水利、制造等各个行业创新和发展的关键技术[11]。

受教学体制的影响，在国内高校本科培养体系中，对学生计算机成图技术教育较为薄弱，与科研、设计单位对本科生掌握高层次专业技术能力的要求愈来愈脱节。随着计算机成图技术的不断发展，高校学生对高层次的成图技术缺失的问题愈显严重，直接影响到学生对专业课程的学习，在创新实践、科学研究活动中也缺乏有力的技术支撑。

目前国内高校传统工程图学与计算机二维、三维成图技术的融合方式有融入式、分段式、独立式和 CG 主导式四种模式[12]。结合武汉大学图学教学的现状，仅少数学院将计算机二维绘图课程融入图学教学中，部分学院在二、三年级独立开设计算机二维绘图课程；极少学院在高年级独立开设三维绘图课程，但以上课程大都只是相当于初级的软件培训，未能真正融入图学教学体系中。原因如下：首先，由于计算机成图技术课程与工程图学具有一体性，将二者独立分开是不符合教学规律的；其次，应认识到理论型课程与技术应用型课程之间的差异[13]；再次，前述的教学模式都会因学时的限制，难以注重学生对软件的应用实践环节，而这正是学习计算机成图技术的关键环节。新老体系结合机制不当使得最终的成图技术教学效果要么仅能使学生对计算机成图技术的掌握停留在表层肤浅阶段，要么仅满足学生修专业学分的功效，难以使受众通过课程学习达到较高的技术应用层面。

上述问题对高层次、创新型人才的培养是极为不利的。如何在现有工程图学教学体系的基础上，建立一种切实有效的途径，解决现行图学本科教学中的矛盾与瓶颈问题，如何通过教学理念重新定位与创新教学模式，为学生搭建教学实践的平台[14]，夯实学生专业基础、提高专业素养，成为《现代工程图学》学科发展亟待解决的教研课题。

2　工程图学教学体系的创新实践

2.1　教学体系改革的目标

工程图学系列课程教学体系改革以创新实践能力培养为核心，将大学生创新教学实践活动与图学理论教学有机地衔接与融合，建立现代工程图学的“第二课堂”；以夯实本科生专业基础为主线，以提升本科生计算机二维与三维设计技能为教学目标，将竞赛机制所特有的“动力源泉”注入成图教学的体系中，形成一种“以赛促教”(以竞赛实践活动促进本科教学)的教学特色，拓展与创新一种“竞赛式”高效的图学教育教学体系；将参与竞赛、推进计算机成图技术的运用水平、提升教学质量有机结合，在现有教学体系下，突破基础学科传统教学模式，将受众从被动从教的地位变为积极主体；将探索一条推动本科图学教育教学改革和学科发展的新途径，全面推动武汉大学现代工程图学本科教学体系的整体发展。

2.2　教学体系改革的内容

武汉大学工程图学教学体系涉及建筑、土木、机械、水利四大专业类别，教学内容涵盖图学基础、计算机二维绘图基础、三维建模设计基础、专业结构图示表达、专业结构 CAD 技术与专业结构三维建模技术等教学科目。结合武汉大学学生的特点，对整个工程图学教学体系进行教学内容的改革。

(1)图学基础与专业结构图表达课程的教学内容改革如下：在图学本科教学培养的基础之上，侧重于学生对制图标准、专业结构的分析、专业图示表达方式知识的全面提升与系统化训练，以及手工绘制专业结构图技巧性训练。

(2)计算机二维绘图基础和三维建模设计基础的教学内容改革如下：以掌握二、三维绘图软件基本功能为出发点，让学生达到熟练、快速运用软件的层次，并注重快捷的使用与绘图技巧的训练。

(3)专业结构 CAD 技术与专业结构三维建模技术教学内容改革如下：为基于快速阅读专业图的能力、让学生掌握绘制专业设计图、专业结构三维图以及后期效果处理的方法与技巧，并以“高教杯”全国大学生先进成图技术与产品信息建模创新大赛为载体促进学生创新实践能力的培养。

(4)教学实践内容改革如下：将“高教杯”全国大学生先进成图技术与产品信息建模创新大赛作为平台，举行武汉大学校级成图创新大赛的教学实践活动，将这种大学生学科竞赛实践活动与工程图学本科教学有机地融合，建立现代工程图学的“第二课堂”；经过系统、规范的成图教学培训，通过校级决赛筛选竞赛团队参与“高教杯”全国大学生先进成图技术与产品信息建模创新大赛，完成实践教学环节，并通过“高教杯”全国大学生先进成图技术与产品信息建模创新大赛检验武汉大学工程图学教学体系改革与实践的成效。

2.3 教学体系改革的实施

2.3.1 教学计划与教学管理的改革

武汉大学工程图学教学体系改革实施分为基础培训、专业竞赛培训两个阶段：

(1)第一阶段：学年度下学期至暑期，利用晚上、周末时间开课。课程包括图学基础、计算机二维绘图基础、三维建模设计基础三个科目，涉及四个专业类别9门课程。课程安排含教师讲授与学生实践两个环节。

(2)第二阶段：开设在暑期，为赛前培训阶段。课程包括专业结构图示表达、专业结构CAD技术与专业结构三维建模技术三个科目，涉及四个专业类别9门课程。课程安排含教师讲授、学生自主训练、学生团队总结、教师讲评、竞赛模拟五个教学环节。

2.3.2 教学改革团队的组建

武汉大学工程图学教学体系改革团队均由具有丰富教学经验的一线教师组成，共有建筑、机械、水利、土木四大专业类别的教学小组，每个专业组的授课教师小组一般由一名图学教师和一名三维设计教师组成，其中图学教师负责图学相关课程以及二维计算机绘图部分的教学，另每组配备一名教授，作为教学督导参与团队整个教学实践活动。

2.4 教学体系改革成效

从2009年开始，每年从3月上旬到8月中旬，武汉大学工程图学教学体系改革团队均开展一轮为期近半年的成图创新教学探索与实践。教学实践以夯实本科学生专业基础、提升三维设计能力为主线，在推动武汉大学图学教育教学改革、促进图学本科教学的发展等方面取得以下成效：

(1)综合提高学生创新实践能力和三维设计专业技能。以工学部水利水电学院、动力与机械学院、土木建筑工程学院、城市设计学院分别组成培训团队，依托其专业背景，通过严格、高效的竞赛式教学培训形式，夯实专业基础、拓展专业视角、提升专业设计技能，且特别注重培养学生动手能力、设计实践技能和专业技术素养，为学生从事科学研究与创新实践储备技术支撑，为学生在毕业后就业市场的竞争中抢占先机。前几届的许多培训成员在其随后的专业课程学习、课程设计与毕业论文阶段，以及从事专业创新实践活动中，在学生群体已起到标杆引领的作用。

(2)切实有效地促进图学本科教学水平与质量的提升。教学改革团队每年组织500~600人的校级图形大赛，选拔4个不同专业，总计140人规模的培训团队，实施与正常本科教学相似的管理模式，严格、规范、系统性训练，通过培养一批精英式的学生团队，以点带面来推广、普及三维设计技术在武汉大学本科教学中的应用规模与应用层次；每年在“高教杯”全国大学生先进成图技术与产品信息建模创新大赛之后，团队均组织指导教师与参赛队员座谈竞赛与培训中的经验得失，收集并整理教学资料与学生成果；通过新闻报道的形式及参赛队员在各学院新生教育活动，宣传武汉大学成图创新教学活动，扩大项目在学生群体中的影响。2011年举办武汉大学成图创新教学实践三年来的学生成果展，取得了一定辐射宣传效应；2013年，团队系统整理了五年来教学团队建设成果、筛选一批学生优秀作品，制作80块宣传版面，在11月上旬进行了武汉大学成图创新活动展，对整个教学实践做了一个系统、全面的介绍和展示。通过阶段性举办年成图创新实践教学成果展，进一步扩大在本科生中的影响范围，提升学生对工程图学的学习兴趣和动力，形成成图创新实践活动在学生群体中全面辐射的效应。

(3)教材建设与成果推广。成图理论与教学实践活动是一种新的教学体系的探索，且这种教学还具有参与竞赛的特殊目标要求，没有适合的配套教材可以采用。通过前二、三年教学实践的摸索，团队积累大量的教学素材，目前基本完成教学素材的电子化工作，出版《3DMAX基础教程》一部、完成《水利CAD基础实验教程》《建筑 CAD 基础实验教程》《水工结构三维模型制作案例》《建筑三维模型制作案例》《Pro-E 基础实验教程》的初稿撰写工作。

3 结语

武汉大学成图理论与技术的教学改革团队通过 10 年的教学探索与实践，目前已从项目立项的初期摸索阶段上升到系统化、规范化建设阶段。从项目立项、项目策划与组织、教学理念的总结与提炼、教师团队组建、竞赛团队管理、教学资料收集与整理、教学内容的组织与课程计划安排、教材建设等方面，开展了全方位的改革和实践。历届经过创新实践培训的学生大多以其扎实的专业基础和技能，在其后续专业课程设计、毕业设计以及专业学科竞赛中成为佼佼者；其中 95%学生获评各类奖学金、保送研究生或直接攻读博士学位，显示出工程图学系列课程的改革与实践对本科生培养起到良好的促进作用。

◎ 参考文献

[1] 徐德良，贾翀，王志强．木材科学与工程专业能源类课程的教学探讨[J]．安徽农业科学，2015(34)：381-383.

[2] 吕德芳．立足专业教学深化空间思维能力培养[J]．新教育时代电子杂志：教师版，2016(28)：138.

[3] 昂雪野，王振，彭永恒．谈工程图学教学中如何培养和提高学生空间思维能力[J]．陕西教育(高教)，2009(10)：328.

[4] 杨桂芬．机械制图教学中空间想象能力的培养[J]．新课程(上)，2012(2)：119.

[5] 石玲，赵立红．工程制图多媒体在本科教学中的应用和影响[J]．黑龙江教育：高教研究与评估，2009(5)：70-71.

[6] 钱学森．从整体性上考虑并解决问题[N]．光明日报，1990-12-30.

[7] 习羽，孟宝金．手工制图在机械制图课程中的地位与作用[J/OL]．科教导刊，2018(20)：106.

[8] 杜淑幸，秦萌，张建国，程培涛．先进成图技术下工程图学与 CAD 系列课程的改革实践[J]．中国电子教育，2018(2)：19-26.

[9] 童秉枢，高树峰．谈工程图学教学中学生创新能力的培养[J]．图学学报，2008，29(6)：1-6.

[10] 朱芸．面向三维 CAD 技术的工程制图教学研究[J]．科技展望，2015(21).

[11] 胡宜鸣，孟淑华．改革工程图学的教学内容和体系——提高工科毕业生的现代工程图学素质[J]．大连理工大学学报(社会科学版)，1995(3)：45-47.

[12] 陈锦昌．论本科工程图学课程教学基本要求的修订[J]．图学学报，2004，25(3)：101-105.

[13] 顾金良．技术本科院校人才培养模式研究——以上海电机学院为例[D]．上海：华东师范大学，2011.

[14] 赖建强，张文琼，俞淑萍．创新实践教学理念，探索应用型人才培养的有效途径[J]．山东工业技术，2015(7)：298.

·教师与教学改革·

基于机器人创新设计培养学生解决复杂工程问题的能力

许贤泽　徐逢秋

(武汉大学　电子信息学院，湖北　武汉　430072)

摘　要：在工程教育中，培养学生解决“复杂工程问题”的能力受到越来越广泛的关注。作为一个典型的工科专业，测控技术与仪器专业涉及光、机、电、算四个方面，在实践课程设计时需要体现这四方面的专业知识。本文在明确专业认证中“复杂工程问题”的基本内涵后，介绍了相关实验内容的设计方法，并梳理项目设计任务与“复杂工程问题”间的关系，同时结合课程反馈优化实践课程设置，将解决“复杂工程问题”的能力培养落到实处，进一步满足工程教育认证标准的要求。

关键词：工程教育；复杂工程问题；机器人创新设计

Cultivating Students' Ability to Solve Complex Engineering Problems Based on Robot Innovative Design

Xu Xianze, Xu Fengqiu

(Electronic Information School, Wuhan University, Wuhan, Hubei, 430072)

Abstract: In engineering education, cultivating students' ability of solving "complex engineering problems" has attracted more and more attentions. As a typical engineering major, the measurement & control technology and instrument specialty involves four aspects: optics, mechanics, electricity and computation. It is necessary to reflect these four parts of professional knowledge in practical curriculum design. In this work, with the connotation of "complex engineering problems" in professional certification clarified, the design method of relevant experimental contents is introduced, the relationship between design tasks and "complex engineering problems" is organized, and the practical curriculum content is optimized based on the class feedback. In this case, the trains for the capacity of solving "complex engineering problems" are realized, and the requirements of certification standards in engineering education are further met.

Key words: Engineering education; Complex engineering problems; Innovative robot design

---

收稿日期：2019-06-12

作者简介：许贤泽(1967—　)，男，湖北京山人，武汉大学电子信息学院教授，博士生导师，武汉大学珞珈特聘教授，湖北省省教学名师，主要研究方向，精密仪器与控制。徐逢秋(1990—　)，男，江西丰城人，博士，武汉大学电子信息学院特聘副研究员，主要研究方向，精密仪器与控制。

0　引言

随着我国成为华盛顿协议的正式成员，工程教育认证工作在我国高等院校已进入如火如荼的阶段。武汉大学测控技术与仪器专业正式申请工程教育认证，接受仪器类认证委员会专家进校辅导已满三年。在这三年中，专业课教师对培养目标、课程体系进行了合理的修订，旨在满足工程教育中对学生能力培养的相关要求。

工程教育认证中，“解决复杂工程问题的能力”培养是将重视学生工程能力的培养提高到了一个新的高度[1]。如何培养学生解决复杂工程问题的能力，成为各专业认证工作讨论的热点。而复杂工程问题指的是专业人员运用先进的技术手段、科学理念去改造客观世界或者创造性的实践活动。工程技术是一个国家的经济增长、社会进步最为重要的推动力，复杂工程是一个多学科的交叉和融合体，越来越依赖于工程技术人才的能力和素质[2][3]。因此，如何培养学生解决复杂工程能力已经成为世界各国高等工程教育的趋势和共识。

机器人技术涉及的专业知识面十分广泛，依托机器人项目的创新实践对培养本专业学生解决复杂工程问题的能力能够起到很好促进作用。因此，在仪器类专业的培养体系中，引入机器人创新综合设计实践课程，在课程中制定一系列的训练项目，旨在培养学生解决复杂工程问题的能力。在接下来的论述中，本文首先着眼于“复杂工程问题”的基本概念，介绍机器人创新实践课程的设计思路；其次，认真分析、梳理“复杂工程问题”的基本内涵，讨论其与机器人创新实践各项设计内容的对应关系；最后，本着持续改进的理念，根据学生的反馈信息和用人单位的实际需求进行分析讨论，提出未来对机器人创新实践课程的改进思路。

1　机器人创新实践课程的设计思路与实施方法

1.1　实践课程的设计思路

复杂工程问题来源于工程实际的生产活动，在目前的数控领域中，机电一体化系统的使用越来越广泛，其中主要包含机械结构、伺服单元、传感系统、控制算法四部分。机器人系统作为目前典型的机电一体化装置，这四部分是其设计基础。系统工作时这四部分需要协同分工，完成相应功能。这些特殊的功能要求，即可以体现实际设计中的复杂工程问题。因此，在设计机器人创新实践课程内容时，应从机械结构、伺服单元、传感系统、控制算法这些方面入手。

机器人创新实践课程包括单片机工作的基本原理及应用、传感器的原理及选型、信号处理方法、运动控制技术等。在帮助学生了解机器人控制技术发展与行业背景的同时，增强同学们的基础理论知识和实践操作能力，培养他们的思维方式和分析方法，达到解决复杂工程问题的能力。该实践课程面向低年级学生，在教学的过程中，重点帮助他们建立起系统的概念，激发学生在工程实践中的设计热情和学习兴趣。

1.2　机器人创新实践课程的实施方法

课程以机械臂的运动控制和传感器信号分析为主要内容，让学生完成机械臂的色块抓取任务。考虑到低年级学生专业基础较为薄弱，故采用 Arduino 开发环境进行控制程序开发，配合霍尔传感器和颜色传感器对色块进行定位和区分，完成相应的抓取任务。本机械臂采用奥松六自由度机械臂，且各自由度由单独的舵机配合相应的机械结构完成动作。该教学内容涉及机械臂的结构设计、单片机编程技术、运动控制技术、图像检测技术等。在教师讲解机械结构、控制器、传感器、伺服机构基本概念的同时，穿插着专题介绍、案例分析等内容。在课程完成时，需要各位同学完成如下四项主要任务。

(1)让同学基于机械绘图软件绘制机械臂结构，并以伺服机构为动力来源制作机械臂的运动动画；

(2)完成机械臂驱动与遥控程序的编写，使系统能够在同学的遥控操作下完成机械臂对指定目标的抓取任务；

(3)在目标色块上粘贴小磁片，并将目标色块放置在指定区域内，控制机械臂在指定区域上方移动，通过霍尔传感器输出信号判断目标色块的位置并完成抓取任务。

(4)将带有小磁片的不同颜色色块放置在指定区域内，机械臂在搜寻色块的同时，还能通过颜色传感器判断是何种类型的色块，并抓取某一指定颜色的色块。

这四个任务循序渐进、由浅入深，考察了学生机械设计、伺服系统控制、单片机编程等能力，为了完成所有预设任务需要克服一系列困难，在实践过程中能够达到培养学生解决"复杂工程问题"的能力。

2 "复杂工程问题"的特征及其与机器人创新实践课程的关系

机器人创新实践课程的开展主要是服务于复杂工程问题的能力培养和提高。中国工程教育专业认证协会对复杂工程问题具有明确的界定，其具有以下七个标志性特征[4]：

(1)必须运用深入的工程原理经过分析才能得到解决；

(2)需求涉及多方面的技术、工程和其他因素，并可能相互有冲突；

(3)需要建立合适的抽象模型才能解决，在建模过程中需要体现出创造性；

(4)不是仅靠常用方法即可解决；

(5)问题中涉及的因素可能没有完全包含在专业标准和规范中；

(6)问题相关的各方利益不完全一致；

(7)具有较高的综合性，包含多个相互关联的子问题。

机器人系统本身是一个涉及多学科交叉的复杂系统，该创新实践课程的开展能够很好地契合这七个标志性特征。

对于第一点来说，针对复杂的工程实践问题，不存在固定的、简单重复的操作方法。设计者需要基于对问题基本原理的深刻理解，在实践中全面分析、努力思考。机器人创新实践课程的验收项目，包括了对数学、自然科学和工程知识有目的的应用。主要体现在机械臂的精确位置调节以及目标色块抓取这两方面。用于改变机械臂姿态的运动执行机构是通过舵机系统配合外夹式手爪实现的，手爪的张角控制涉及舵机的偏转角度和机械臂爪的设计尺寸。为了确定色块的位置，需要基于霍尔传感器的输出信号进行智能判别。当机械臂离目标色块越近，传感器输出电压信号越强。这两个应用并不是数学、传感器技术或者机械设计课程中的典型应用，需要学生通过对原理的掌握并结合自己的工程经验才能实现。因此，本实践内容体现了"复杂工程问题"的第一个典型特征。

第二个特征点聚焦在课程内容的设计上，要求教师们的讲授内容需要有较大跨度，避免把本实践课程的教育限定在某一个非常窄的方向甚至技术上。在本课程中，所涉及的内容不单单只有机械设计或者单片机编程，还涉及传感器信号的分析、色彩信号的理解、电机工作的原理等基本知识，必要时需对传感器信号进行相应的后处理。因此，机器人创新实践课程的实验内容本身十分符合上述第二个典型特征。

就第三点而言，专业老师需要培养学生理解抽象模型，能够根据实际需要选择建模方法，用模型表示问题系统的状态及其变化规律。在实践课程的教学实践过程中，有机会让学生基于基本原理完成模型选择、模型构建、模型处理，并基于模型的完成工程实施。在本课程中，对色块的位置判别是基于霍尔传感器信号模型、机械臂运动模型完成的。对于不同的设计方案，建模方法有很大的区别。例如，普通的基于霍尔器件定位的方法是控制机械臂在指定区域内运动，当机械爪靠近目标物体，霍尔传感器输出信号将出现峰值。然而，有些同学为了提高色块的位置判断精度，使用两个霍尔传感器分别在固定在爪子两侧，类似精密定位中的双丝夹单丝测量方法，提高测量精度，这两种设计方案在实施的过程中，数学模型是不一样的。再比如，由于目标色块放置的位置距离机械臂原点的距离不一致，在控制机械臂搜索的过程中，需要保证机械爪距离地面的高度一致，以保证霍尔传感器的输出信号大小能够反应爪子与目标物体的真实距离。还有一些同学在机械臂具有不同搜索半径时将霍尔传感器的输出信号乘以衰减系数，对传感器输出信号进行归一化处理。总的来说，在判断色块位置的时候，抽象模型十分重要，然而建模方法不是唯一的，需要自己结合实际输出信号进行分析和设计。

第四点体现出了复杂工程问题求解的创造性。对于复杂工程问题来说，常用的方法无法完全解决，就需要综合现有的典型解决方法，探索新的求解思路，这可以很好地体现学生的综合能力和开发能力。对于实践性课程来说，需要从“验证性实验”开始，更多地强调“设计性实验”与“综合性实验”。对于机器人创新实践课程来说，所涉及的四个子任务层层递进。机械臂机械结构原理图的绘制可以认为是“验证性试验”；机械臂的遥控需要在老师提供的设计模块上进行开发，属于设计性试验；最终的目标色块抓取，是对多种传感器的综合性应用，属于“综合性试验”。在最后的目标搜索任务中，有些同学通过传感器的巧妙安装方法，或者通过合理的容差算法，提高了系统工作的稳定性。

第五点强调的是虽然复杂工程问题所涉及的因素没有完全包含在专业标准和规范中，但问题求解都是符合基本原理的，要求学生能够根据工程实际，灵活运用所学，达到最终目的。在设计的抓取任务中，并不是一个包含有专业标准或者规范的典型工程应用，但是伺服系统控制、磁性传感系统、颜色 RGB 值的采集均具有行业标准和设计规范，这要求同学基于这些原理进行创造新的设计。因此，机械人创新实践课程突出了其中的非标准专业规范，同时要求学生对所学知识的运用和综合。

对于第六点来说，主要是利益均衡与折中，在设计实际系统是，需要涉及局部优化和全局优化，一般情况下，需要让局部服从于全局。在机器人创新实践课程中，也存在一系列的冲突。提高舵机的运行速度会影响色块位置的识别精度，减低其运行速度会降低系统整体的执行效率。另外，每台机械臂在机械、传感器安装时也存在时局部最优的设计方案，包括机械爪的力臂、霍尔传感器的采样电阻、颜色传感器的运行功耗等，因此，同学们需要结合自己的器件本身的情况，获得最为合理的设计方法。

第七点体现了复杂工程问题系统性、复杂度、综合性。在本课程中，机器人系统涉及种类包括光、机、电、算四个方面的，还涉及多种传感器的使用，授课过程中充分体现了上述三个特点。通过本课程的实施，可以帮助学生建立起系统的观念，使学生能够站在系统的高度去看待问题，使自己所学的专业知识更好地适应于错综复杂的应用场景。

3　机器人创新实践课程对课程的持续改进

3.1　基于学生评价的改进方法

经过几年的教学实施后，收集了学生对课程的评价进行分析，以改进实际教学内容。学生的意见主要集中在以下三个方面：

(1)希望增加 Arduino 开发板的工作原理介绍；

(2)增加传感器的选择种类，使学生可以充分发挥自身的设计想法；

(3)进一步增加设计任务的难度，不仅仅局限于定位问题。

从反馈的问题来看，该课程不仅体现了学生对工程问题的工作兴趣，更加反映出学生对更为复杂问题的研究热情。在后续课程中，可以加入程序设计基础的授课内容，同时增加超声、红外甚至 CCD 等多种传感器供学生选择。另外，可以搭载更高性能的处理器，通过图像处理的方法对目标进行智能识别，提高任务难度。这一系列改进可以让该实践课程更加符合实际运用场景。

3.2 基于用人单位评价的改进方法

该机器人创新实践课程的讲授内容还于用人单位进行了沟通交流，他们给出的意见主要是希望体现系统设计的综合性。本课程作为一门基础性的实验课程，用人单位的技术人员更希望学生能够独立完成全部设计内容。这不仅体现了用人单位对复合型人才的渴望，也反映了实际复杂工程问题具有综合性的特点。该建议也将在后续课程开展中逐步落实。

4 结语

解决“复杂工程问题”的能力是工程专业学生面向未来日新月异的世界以及未来行业相关的各种问题的必备能力。机器人创新设计这门实验课程的学习方法、思维模式和实践方案多样化，所提出循序渐进的设计任务立体化，能够很好地贡献于培养学生解决“复杂工程问题”的能力。因此，本文讨论和总结了本课程在实施过程中的相关经验。本课程的教学内容、教学环节、教学方法以及考核评价方式还需持续不断地改革和优化。

◎ 参考文献

[1] 中国工程教育专业认证协议秘书处工程及教育认证工作指南(2016 年版).

[2] 阎群，李擎，崔家瑞，徐银梅，王国霞．大学生解决复杂工程问题能力的培养[J]．实验技术与管理，2017，34(11)：178-182.

[3] 杨毅刚，王伟楠，孟斌．以提升解决“复杂工程问题”能力为目标的工程教育培养模式改进研究[J]．高等工程教育研究，2017(4)：68-72.

[4] 许吉，李培丽，黄勇林，倪新建，诸波．“电磁场理论”与解决“复杂工程问题”能力的培养——以南邮光电信息科学与工程专业为例[J]．教育现代化，2018，5(4)：110-111.

[5] 郑红伟，王伟，王明川，师占群，戴士杰．植入复杂工程问题的工程训练实践课程体系探索[J]．实验技术与管理，2019，36(4)：228-232.

[6] 汤晓燕，云忠．面向工程教育专业认证的课程教学改革[J]．大学教育，2019(5)：69-71.

[7] 郑勐，张晓晖，黄军勤，刘玮，张红勇，徐瑾．基于能力培养的《工程技术综合实践》课程项目设计研究 [J]．教育教学论坛，2019，3(11)：175-177.

[8] 马晓雨，生龙．“新工科”背景下引入人工智能理念的“结构概念与创新设计”课程的构建[J]．高教学刊，2019(6)：36-40.

[9] 刘明，韩梦迪，汪旋，陈娟，王帅．工程教育专业认证下的大学生创新性实验计划实施探索与分析[J]．实验科学与技术，2019(5)：38-44.

[10] 王保建，陈花玲，杨立娟等．工程教育认证标准下的课程教学设置[J]．实验室研究与探索，2018，37(8)：162-166.

[11] 白璐，田晓柱，牛炳韬等．大学生创新性实验对创新型人才培养的研究[J]．实验室研究与探索，2015，34(4)：161-164.
[12] 梅林，孙玲玲，张楠．面向工程教育专业认证的电力系统综合实验教学改革[J]．实验室研究与探索，2018，37(7)：160-164.

·教师与教学改革·

基于CDIO模式的“分布式控制系统”课程教学方法研究

张红梅　杨　乐

(武汉大学　电气与自动化学院自动化系，湖北　武汉　430072)

摘　要：“分布式控制系统”是自动化专业培养方案中的一门重要的专业课程，CDIO教学模式以项目化的综合教育理念培养学生在多方面的能力，本文探讨将CDIO教学模式应用于“分布式控制系统”课程教学中的方法，构建基于CDIO理念的“分布式控制系统”课程教学体系。根据多年的讲授经验，对该课程涵盖内容进行深入剖析，合理安排各环节内容，同时引入适当的现场实例并辅以视频教学和讨论等环节，丰富了教学手段，激发了学生的学习兴趣，有效提高了学生分析和解决实际问题的能力。

关键词：CDIO；分布式控制系统；教学方法

Research on Teaching Methods of Distributed Control System Based on CDIO Pattern

Zhang Hongmei, Yang Le

(School of Electrical Engineering and Automation, Wuhan University, Wuhan, 430072)

Abstract: Distributed Control System (DCS) is an important major course for the automation specialty. CDIO teaching mode is such the education concept that trains students' ability in comprehensive aspects based on the projects. This paper discusses how to apply CDIO teaching mode in the course teaching of DCS, and then construct the teaching system based on CDIO concept. Based on years of teaching experience, main contents of this course has been analyzed deeply, and each segment has been arranged scientifically. At the same time, appropriate on-site examples, video teaching, discussion and other segments are introduced into the teaching. The above measures enrich the teaching means, stimulate students' interest in learning, effectively improve the ability of students to analyze and solve practical problems.

Key words: CDIO; Distributed control system; Teaching method

1　概述

高等教育是培养人才的主要渠道，如何培养全面发展符合新形势下的人才对各专业培养方案中的

收稿日期：2019-07-01

作者简介：张红梅(1970—　)，女，山东菏泽人，博士，武汉大学电气与自动化学院教授，主要从事自动控制方面的教学与科研。杨乐(1985—　)，男，江西九江人，博士生，主要从事水下地磁匹配导航研究。

课程体系建设提出了新的要求。CDIO 即 Conceive、Design、Implement 和 Operate 的缩写，是由麻省理工学院和瑞典皇家工学院等四所大学通过几年的研究、探索和实践而建立的一种教育模式[1]。CDIO 教学模式是一种以项目研究为基础的综合教育方法，通过对一个任务的构思、设计、实现和运作等实施环节，从多个方面实现对学生能力的全方位培养，实施过程中可以充分调动学生的学习积极性，激发学习兴趣。

分布式控制系统是工业控制系统的主要结构形式，在高校，“分布式控制系统”是最接近实际生产过程的一门专业课程[2]。该课程实践性强，与实际应用结合紧密，为了提高学生学习兴趣，使学生能够更好地理解和掌握该课程的知识点并能将其灵活应用于实际中，研究该课程的教学方法，形成一套行之有效的课程体系是非常必要的。CDIO 教学模式为“分布式控制系统”课程的教学方法改革提供了一种思路。

为此，本文针对“分布式控制系统”课程特点，探讨将 CDIO 教学模式应用于《分布式控制系统》课程教学中的方法，构建基于 CDIO 理念的“分布式控制系统”课程教学体系。通过对该课程涵盖内容的深入剖析，合理安排各环节内容，并在讲授基础理论的同时，及时引入适当的现场实例并辅以视频教学和讨论等环节，丰富教学手段，激发学生的学习兴趣，学习过程中充分发挥学生的主观能动性，有效提高学生分析解决实际问题的能力。

2 课程内容及要求

分布式控制系统课程内容涵盖了检测技术、自动控制理论、计算机控制技术、通信技术以及工程设计技术等方面的知识，设置本课程的目的与任务是使学生通过学习，掌握分布式控制系统的原理、结构组成及各部分功能以及工程设计的基本方法，为学生解决生产实际问题和进行科学研究打下必要的专业基础。该课程具有明显的工程应用背景，课程围绕分布式控制系统的概念、特点、结构、原理及工程应用，主要讲授系统硬件配置、软件组态、系统性能，以及系统方案设计开发、安装调试、运行、维护等方面内容。由于课程涉及的相关技术多，同时又具有较强的实践性，传统的教学方法对学生的工程实践能力的培养缺乏系统性，学生往往难以很好地理解和掌握相关理论和技术，致使学生分析解决实际问题的能力相对薄弱。

CDIO 大纲涵盖了一个现代工程师所应具备的基本科学、技术知识、能力和素质。主要分四个方面：技术知识和推理能力、个人能力、职业能力和态度、人际交往能力以及在企业和社会环境下构思—设计—实现—运行系统方面的能力。CDIO 大纲为课程体系和课程内容的设计提供了具体要求。CDIO 的 12 条标准是一个对实施 CDIO 教育模式的指引和评价系统[1]。根据 CDIO 大纲及其 12 条标准，结合《分布式控制系统》课程主要内容、自动化专业特点等，设计 CDIO 模式下该课程大纲及要求，具体包括：

(1)掌握分布式控制系统的基本概念、特点、体系结构、硬件系统、软件系统、通信系统、性能指标及工程设计等基础理论知识；

(2)自主学习分布式控制系统基本理论知识的能力以及对前沿知识的把握；

(3)具备进行实际工程的软硬件组态能力；

(4)具备相应的职业技能和道德；

(5)具备在分布式控制系统实践项目小组中的团队合作沟通能力；

(6)了解分布式控制系统行业和社会环境；

(7)熟悉分布式控制系统的构思—设计—实施—运行的全过程。

3 课程体系设计

一个好的课程体系对于任何专业来说都是至关重要的，传统的课程体系设计一般多以教师讲授、学生被动接受为主，导致学生学习兴趣不高，在对学生实践能力的锻炼和培养方面较为薄弱，特别是对学生系统的工程实践能力的综合培养较为欠缺。CDIO 的教育理念是教学活动以学生为主，教师的职责主要是引导学生学习，而不是简单的传授知识[3]。为解决上述问题，根据 CDIO 大纲的培养内容和要求，在《分布式控制系统》课程教学中构建以项目/任务为依托的课程体系，按照工程项目实施的需求，根据课程大纲的内容和要求，精选各模块内容，确保各环节既具有独立性又不失系统性。课程主要内容体系结构如图 1 所示。

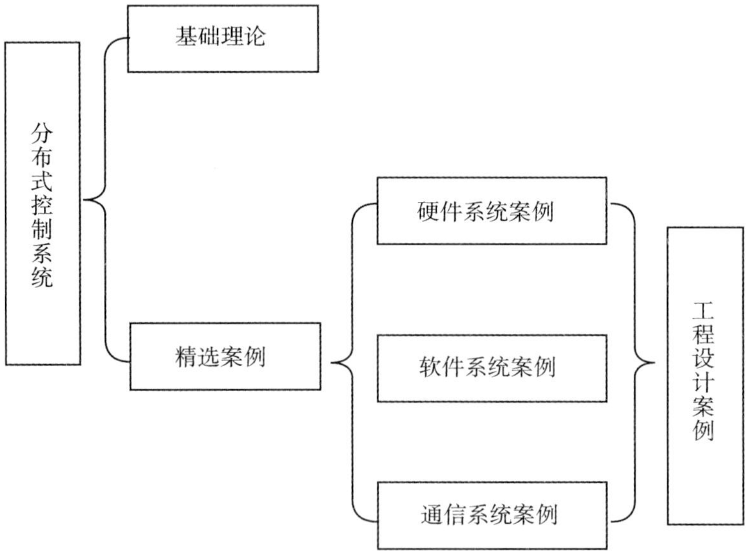

图 1 课程主要内容体系结构

首先，将课程主要内容的知识点以分布式控制系统体系结构为主线，根据培养目标分解成具体的典型实践案例，案例涵盖了分布式控制系统的硬件系统、软件系统、通信网络系统、性能指标及工程设计等课程内容。学生通过选择不同案例，对其进行分析，完成相应的工程项目案例，然后师生共同对完成情况进行分析、讨论和总结，并通过自评和互评等完成效果评估。

在上述过程中，学生的主观能动性得到了充分发挥，学生的能力在各个环节得到了全方位培养。学生在完成不同的项目案例中不但加深了对抽象的理论基础知识的理解和掌握，而且分析解决实际问题的能力也得以提高，增强了教学效果，同时也促进了教师教学方法的改进，做到教学相长。

此外，由于传统的教学过程中，各门课程的讲授相互独立，学生对本专业的课程体系缺乏一个系统性完整性的认识。为使学生对分布式控制系统在本专业中的应用有清晰的认识和理解，教学中增强与自动化专业的相关专业课程及实践课程之间的联系，如计算机控制技术、过程控制技术、毕业实习等，学生完成本课程的学习后达到对专业知识体系有个较为完整的认知。同时，随着计算机技术、控制技术、通信网络技术、CRT 显示技术等的飞速发展，分布式控制系统也在不断发展，通过相关新技术与分布式控制系统发展的相互促进与典型的实例演示使学生了解和把握分布式控制系统的发展趋势，进一步培养学生创新意识。

4 教学组织形式及课程考核方式

4.1 教学组织形式

教学组织是确保课程体系实施的重要环节，采用课堂讲授、实例视频播放、组态过程演示、小组专题讨论、网上学习和答疑等多样化的教学组织形式，激发学生学习热情，培养学生的团队协作意识和个人能力。

(1)课堂讲授。对课程的基本概念和理论知识仍以课堂讲授为主，针对重点和难点，列举通俗易懂的实例，使学生在实际案例中深刻理解和体会分布式控制系统的特点。

(2)应用实例视频播放。分布式控制系统与实际生产过程结合紧密，不同场景的实际工程项目的应用视频播放，使学生如临其境，直观感受并深刻理解和体会分布式控制系统的功能及其优越性，对分布式控制系统有一个整体的认识。

(3)组态过程演示。对工程项目的组态过程进行上机操作演示，特别是硬件配置组态、图形组态、控制算法的组态等，使学生了解和掌握组态的整个过程以及组态中应注意的问题。

(4)小组专题/任务讨论/案例完成。根据课程内容适时布置相关专题/任务讨论/案例完成，如“如何理解 DCS 中的‘站’?”“如何提高分布式控制系统的可靠性?”“进行某分布式控制系统的方案设计，完成硬件配置和软件组态”等。学生之间通过自愿组成小组，通过查阅资料、完成相应的专题/案例，然后师生针对完成情况进行讨论、点评等。

(5)校企合作。建立广泛的校企合作，师生可以利用假期到企业对口部门进行实践，同时实践中获得的经验可以用到后续的课堂教学中，进一步检验和促进教学。

(6)网络学习。建立网络课程，学生可以通过网络在线学习，对课程学习中遇到的问题进行网上讨论和答疑。

4.2 课程考核方式

课程评价和考核方式会对学生的学习导向产生重大影响，探索兼具科学性和可操作性的大学生创新能力评价体系，才能提高学生的创新能力[4]。根据基于 CDIO 的课程教学模式特点，课程的考核主要依据学生在完成项目的各个环节中的不同能力表现来进行，更加强调对学生的知识综合运用能力、创新能力以及分析解决实际问题能力的考查。考核从以下主要方面进行：

(1)学生自评以及学生之间互评；

(2)专题讨论/任务/案例完成情况；

(3)上机操作；

(4)传统笔试，主要包括期末测试和平时阶段性的测验。

总成绩由平时成绩、专题讨论/任务完成情况、上机操作和期末成绩等组成，各项成绩根据实际情况设置不同的权重。通过多元化的考核形式，可以更加客观合理地评价学生的学习效果。

5 结语

基于 CDIO 模式的分布式控制系统课程教学方法，是对传统以教师讲授为主的教学模式的变革，该模式以项目为依托，将课程主要内容分解为不同的工程项目案例，通过工程项目设计，学生在实际项目的组织、设计和实施的过程中，能够得到全方位的培养，同时可激发学生创新思维。通过建立多元化的课程考核体系可合理地评估课程的教学情况。

◎ 参考文献

[1] 顾佩华，陆小华，沈民奋编译. CDIO大纲与标准(第1版)[M]. 汕头：汕头大学出版社，2008.

[2] 刘翠玲，黄建兵. 集散控制系统(第2版)[M]. 北京：北京大学出版社，2013.

[3] 周洪波. 基于CDIO教育模式的高校创新人才培养探究[J]. 高教学刊，2018(21)：30-32.

[4] 吴亚丽. 创新创业模式下专业基础课程教学改革初探[J]. 教育理论与实践，2017，37(36)：52-53.

·教师与教学改革·

基于语料库的中国大学学习者英语时体习得研究

何 琼

(武汉大学 武汉大学外国语学院，湖北 武汉 430072)

摘 要：本文利用中国学习者英语语料库，分析了大学英语四、六级学习者在英语时体习得方面的情况。研究发现，时体习得是中国大学英语学习者的难点；过去时、现在完成时较容易使中国大学英语学习者犯错误；现在时、完成时与一般过去时最易使中国大学英语学习者混淆。随后笔者从母语迁移的角度揭示了其根源及其对英语教学的启示。

关键词：中国学习者英语语料库；二语时体习得；母语迁移

A Corpus-Based Study of L2 Acquisition of English Tense of Chinese College English Students

He Qiong

(School of Foreign Languages and Literature, Wuhan University, Wuhan, Hubei, 430072)

Abstract: Numerous studies on L2 acquisition of English tense have been conducted home and abroad over the past 30 years. However, since corpus-based study on the acquisition of tense of Chinese college English students is still lacking. The hypotheses drawn upon previous studies haven't been testified with large quantities of written texts of Chinese college English students. The present paper seeks to testify the hypotheses on the basis of Chinese Learner English Corpus (CLEC), and then sketch out the implication of the study for College English Education.

Key words: CLEC; L2 acquisition of tense; Native language transfer

0 引言

英语的动词时体种类较多，大学英语教学大纲(1999：144)规定要求学生掌握的时体就多达十一种：一般现在时、一般过去时、现在完成时、现在进行时、现在完成进行时、过去完成时、过去进行时、过去

收稿日期：2019-06-12

基金项目：国家留学基金委项目“人文视角下的外语教学”，编号：201306275055。

作者简介：作者简介：何琼(1972—)，女，湖北武汉人，硕士，武汉大学外语学院副教授，研究方向，应用语言学。

完成进行时、一般将来时、过去将来时和一般将来完成时，用法非常复杂，而且在实际运用中，时体的选择往往要依靠具体的上下文语境来决定。英国著名语言学家 Leech(1987)曾指出，“时态和语体是英语习得中的两大难题。”关于英语时体习得的研究在国内外早已展开(Bronckart & Sinclair 1973, Guiora 1983, Coppierers 1987, Robinson 1990, Ramsay 1990, Hinkel 1992, Shirai 1995, Lardiere 1998, 樊长荣、林海2003)，大多数的研究探讨了影响时体习得的各种因素。母语影响是二语习得中一个无法回避的因素，但令人遗憾的是它对时体习得的影响却被忽视了(Slabakova 2002 ; 185)，尤其是以大型语料库为基础、探讨汉语作为母语对中国大学英语学习者时体习得影响的研究目前几乎仍处于空白状态。鉴于此，笔者在本文中利用中国学习者英语语料库，分析大学英语四、六级学习者英语时体习得的情况，并从母语迁移的角度揭示了其根源及其对英语教学的启示，以期弥补当前英语时体习得研究的不足。

1　关于本研究

1.1　研究问题

本文研究的问题为：(1)时体习得是否为中国大学英语学习者的难点？(2)哪些时体较容易使大学英语学习者犯错误，较难取得进步？(3)哪些时体最容易使大学英语学习者混淆？

1.2　相关的假设

英汉两种语言有不同的时体系统。英语的动词时体系统是一种复杂的语法现象，英语有两种基本时：现在时、过去时，三种简单体：进行体、完成体及一般体和完成进行复合体(见 Leech & Svartvik 1975; Biber, Johansson, Leech & Finegan 1999: 461; Svalberg & Chuchu 1998)。英语中的体标记和时态标记在形态上合二为一。例如，过去进行式既表达时态意义(过去)，又表达体意义(进行)。与英语不同，汉语是无“时”有“体”的语言(Li & Thompson 1981: 184-237)。汉语的体标记比较复杂，显性标记有两大类八小类，即完整体，包括完结体(“了”)、经历体(“过”)、短时体(动词重叠)和完成体(动补结构)，以及非完整体，包括持续体(“着”)、进行体(“在”)、起始体(“起来”)和继续体(“下去”)。除了显性标记以外，隐性标记在汉语语篇中也是表达体意义的重要手段(Xiao & McEnery 2004)。既然英汉时体系统有着这么大的差异，那么，我国学生在学习英语时体时，会不会受到母语时体系统的影响呢？对此，Coppierers (1987: 544-573) 认为，非本族语使用者对于时态意义的理解受到其本族语中时间、时态意义和使用的强烈影响。因此，英汉两种语言在时体上的差异可能影响中国英语学习者对英语时体的习得。英语时体的习得可能是母语为汉语的中国英语学习者的难点，难就“难在时态和时间指代之间关系复杂，难在母语和英语相关系统之间的正确匹配”(Jacobs 1995: 194)。经研究，汉语为母语的英语学习者对英语现在完成时的理解与本族语者的距离很大(Hinkel 1992; Lardiere 1998)对在美国生活了十八年、英语已接近本族语水平的美籍华人 Patty 进行了历时八年的跟踪研究，发现在八年中，完全生活在真实的英语环境中的 Patty 在一般过去时的习得方面竟然毫无进展：在日常口语交流中使用的正确率均仅为34%左右。这尽管仅为一项个案研究，但还是在一定程度上表明：中国英语学习者在时体习得方面确实存在巨大的困难，即使是高级英语水平的学习者也不例外。樊长荣、林海(2003: 414-420)通过考察 EFL 和 ESL 环境下 87 名初、中、高级英语水平的中国学生，发现汉语母语学生倾向于将现在完成时与过去时间和地点连用，虽然这种倾向随着英语学习时间增加而减弱，但到高级阶段仍然存在，与本族语使用者比起来有显著性差异。($P < .001$)。据此，我们可以得出以下三个假设：

假设一：时体习得不仅是中国英语学习者，也是中国大学英语学习者的难点。

假设二：过去时、现在完成时较容易使中国大学英语学习者犯错误，较难取得进步。

假设三：过去时和现在完成时最容易使中国大学英语学习者发生混淆。

1.3 研究工具

中国学习者英语语料库包括中学生、大学英语四、六级、英语专业低年级、高年级五种学生的语料，共计一百多万词。其语料分布如表1所示。

表1 **LEC 语料分布**

类型	词次
ST2 中学生	214273
ST3 大学英语四级	202779
ST4 大学英语六级	212527
ST5 英语专业低年级	217500
ST6 英语专业高年级	228531
总计	1075610

（http：//www.clal.org.cn/baseinfo/achievement/Achievement1.htm）

中国学习者英语语料库对学习者言语失误采用两级分类系统进行了标注。这两级言语失误标注系统包括11类一级分类及50类二级分类，并且允许研究者根据研究需要对失误类型进行补充或进一步细分。一级分类中11大类言语失误为：词形、动词短语、名词短语、代词、形容词短语、副词、介词短语、连词、词汇、搭配和句子。每一大类失误再用数字加以细分，从而生成二级分类中的各小类。比如VP表示动词短语失误，VP2表示固定词组失误，VP3表示主谓一致发生错误，VP6表示时态失误。语料库中的错误标注同语料库中的任何其他成分一样，其在语料库中的分布情况可以通过语料库索引软件检索出来。在本文中，笔者将首先利用语料库索引软件Wordsmith，从中国英语学习者错误附码语料库中大学英语四、六级两个子库里检索出所有的动词时体错误(VP6)，将其进一步细分为以下八类最常见失误，即：VP61(一般现在时SPr)，VP62(一般过去时SPa) VP63(现在完成时PPerf) VP64（现在进行时PrC) VP65（过去完成时PaPerf) VP66(过去进行时PaC) VP67(一般将来时SF) VP68(过去将来时Paf)。然后对大学英语四、六级学习者各类动词时体失误的频数进行比较，分析出学习者在动词时体方面的进步情况，并以此为依据来研究不同的动词时体对中国英语学习者的难易程度差异及其对大学英语动词时体教学的启示。根据我国大学英语教学大纲的标准，大学英语四级子库(202779词)中的学习者语料可视为中级英语水平，大学英语六级(212527词)子库中的语料则可视为高级英语水平。尽管从严格的意义上来说，由于本文的研究对象为两组程度不同的学习者，因而算不上历时性的研究，但鉴于这两组学习者的语料来源于同一科研项目，其体裁均为议论文，并且在取样及错误标注上采用了相同的原则及方式，所以具有可比性。但由于大学英语四、六级两个子库的大小并不完全相同，因而为方便比较，必须对失误的原始频数进行标准化。标准化的公式如下：

失误原始频数/所属子库总词数×100000

采用这样的计算方法得出的每10万字的出现频数，称作相对频数。

1.4 中国学习者英语语料库中标准化处理后的动词失误相对频数

VP6(动词时体失误)是VP(动词失误)的一个子类。除此之外，在VP(动词短语失误)中另外还有八小类，即 VP1(及物性形式失误)、VP2(固定短语失误)、VP3(主谓一致失误)、VP4(动词定式失误)、VP5(动词不定式失误)、VP7(动词语态失误)、VP8(动词语气失误)、VP9(动词情态失误)。标准化处理后的各小类动词失误的相对频数见表 2。

表 2　　**Breakdown of the VP category**

Category	CLEC	ST3	ST4	Progress rate
VP1	1387. 9	325. 9	498. 4	
VP2	505. 8	139. 3	61. 2	
VP3	2283. 9	524. 6	785. 2	-49. 7%
VP4	526. 2	159. 1	110. 8	
VP5	502. 7	118. 7	107. 4	
VP6	2428. 7	356	311. 6	
VP7	485. 8	104. 1	98. 4	
VP8	88. 4	16. 3	8. 3	49. 1%
VP9	793. 2	274. 3	278. 5	1. 5%

(http：//www. clal. org. cn/baseinfo/achievement/Achievement1. htm)

从上表可见，VP6(动词时体失误)是整个一百多万词的中国学习者英语语料库中最常见的动词失误。而大学英语四、六级子库中各小类动词失误的频数表明 VP6(动词时体失误)的进步幅度名列倒数第四，远落后于 VP2(固定短语失误)、VP8(动词语气失误)及 VP4(动词定式失误)。这正好印证了假设一，即时体习得不仅是中国英语学习者，也是中国大学英语学习者的难点。

1.5　容易失误的时体

表 3 和表 4 分别给出了大学英语四、六级两个子库中动词时体失误的总相对频数和百分比以及大学英语四、六级各子库中动词时体失误的相对频数和进步率。

表 3　　**Breakdown of overall standardized frequencies of erroneous tenses in both sub-corpora of band 4 and band 6 Non English-major university students**

Tense category	N. of tense errors	% of tense errors
VP62(SPa)	101	49%
VP61(SPr)	70	33. 4%
VP65(PaPerf)	7	3. 15%
VP63(Pperf)	5	2. 55%
VP64(PrC)	4. 5	2. 18%
VP67(SF)	4. 4	2. 1%
VP68(PaF)	3	1. 45%
VP66(PaC)	1. 5	0. 73%

表 4　　**Breakdown of standardized frequencies and progress rate of tense errors in ST3 and ST4**

Tense Category CapCategory	Tense category	ST3	ST4	Progress rate
VP61SPr	VP61SPr	91	43	52. 03%
Vp63PPerf	VP63 PPerf	6	4	41. 3%
VP62SPa	VP62 SPa	86	108	-25. 4%
VP65PaPerf	VP65 PaPerf	4	8	-80. 2%

由表 3 可见，大学英语四、六级子库中频数最高的动词时体失误莫过于 VP61(一般现在时 SPr)和 VP62(一般过去时 SPa)，频数分别为 267、379。然而这实际上只不过是因为一般现在时和一般过去时在英语中的使用频数比其他时体高（Kennedy，1998：122-230），所以表 3 所提供的数据从根本上回答不了本文所提出的问题。而表 4 则不同，它通过大学英语四、六级子库中四种(由于 VP64 现在进行时，VP67 一般将来时，VP68 过去将来时和 VP66 过去进行时这四种时体的相对频数小于 5，为确保本研究结果的效度，故在表 4 中将其忽略了。)主要动词时体失误频数的比较，得出大学英语学习者在四种主要动词时体习得方面的进步率，从而证明了不同的动词时体之间是有难易差别的，并且进一步揭示了大学英语学习者较难取得进步的时体是过去完成时(VP65 PaPerf)、一般过去时(VP62 Spa)及现在完成时(VP63 PPerf)，它们的进步率分别为-80. 2%、-25. 4%和 41. 3%。这就验证了假设二，过去时、现在完成时较容易使中国大学英语学习者犯错误，较难取得进步。

1.6　最易混淆的时体

在大学英语四、六级子库中，笔者在细分后的误用时体后在两个 $ 符号之间加注了该用时体。下表列出了两库中“该用时体—误用时体对立体”(target tense-erroneous tense pairs)的原始频数。通过比较大学英语四、六级子库中“该用时体—误用时体对立体”(target tense-erroneous tense pairs)的原始频数，可以得出最容易使大学英语学习者混淆的动词时体(见表 5)。表中括号里的数字代表频数，右上角带 * 号的时态表示误用时态。

表 5　　**the breakdown of the overall frequencies of Target vs. erroneous use in both sub-corpora of band 4 and band 6 Non English-major university students.**

1. Simple Present t-Simple Past *（527）

　SPr *　　SPa（343）

　　SPa *　　SPr（184）

2. Simple Past t- Present Perfect *（49）

　SPa *　　PPerf（7）

　PPerf *　　SPa(42)

3. Simple Present t-Present Perfect *（33）

　SPr *　　PPerf（10）

　PPerf *　　SPr（23）

4. Simple Present t-Simple Future *（23）

　SPr *　　SF(6)

　　SF *　　SPr（17）

5. Past Future t-Simple Future * (14)

PaF * SF(5)

SF * PaF (9)

6. Present Continuous t- Simple Present * (11)

PrC * SPr (1)

SPr * PrC (10)

7. Simple Present t- Past Perfect * (7)

SPr * PaPerf (4)

PaPerf * SPr (3)

8. Simple Future t-Simple Past * (7)

SPa * SF(2)

SF * SPa (5)

9. Simple Past t- Present Continuous * (2)

PaC * PrC (2)

PrC * PaC (0)

表5的结果表明：一般现在时与一般过去时混用的频数最高(为527)，似乎最易使中国大学英语学习者混淆，但如前文所述，这实际上是因为这两种时态在英语中的实际使用率高于其他时态(Kennedy 1998)。所以我们有充分的理由认为混用频数位居第二的(为49)现在时完成时与一般过去时最易使中国大学英语学习者混淆。这一结论与本文此前提出的假设三不谋而合。

2 根源分析

著名语言学家 McCarthy (1991: 62)曾说过："不同语言的时体有着巨大的差异。"毫无疑问，英汉两种语言时体概念及时体意义的不同在极大程度上导致了时体的习得依然是大学英语学习者的一个难点。对此，连接论学习观是这样解释的：先前的学习经历对后续的输入产生影响，在习得二语之前，学习者的头脑中已经存在着母语，有其固定的概率型式；母语使用的时间越久，其概率型式被激活的机会越多，被强化的程度就越高。学习外语，碰到跟母语相似的语言现象，容易激活已经顽固存在的母语型式，导致迁移；若迁移的型式不同，会阻碍第二语言的正确使用，造成学习困难，影响学习速度(王初明：2001：14)。在这一部分，我将着重研究"一般过去时-现在完成时"这一"该用时体—误用时体对立体"(target tense-erroneous tense pairs)，因为这两种时态最容易使母语为汉语的大学英语学习者发生混淆。根据表5，在"一般过去时-现在完成时"这一"该用时体—误用时体对立体"中，母语为汉语的大学英语学习者更倾向于在该用一般过去时的时候误用为现在完成时(频数为42)。对于这种倾向，笔者认为其根源在于汉语经历体"过"和完结体"了"的时间框架的影响。

2.1 经历体"过"

在汉语中，经历体的标记"过"表示某一事件至少已经历过一次。如没有具体时间，"过"表示该事件在说话的时刻已经发生过，其用法相当于英语中的现在完成时。例如：我吃过饭了。

如有具体时间，比如"昨天""五年前"，"过"表示该事件在标明的时间内/前发生过(Li & Thopson:

1981：226-228)，其用法相当于英语中的一般过去时。例如：两年前，我游览过大英博物馆。

其结构可表述为：

过去时间和地点+动词+经历体“过”

经历体“过”与表将来的时间连用的情况极少，仅在条件或假设句中可见到，例如：如果明天这个时候他张开过嘴巴，你就赶紧给他吃药。(邢福义等：2000：477)

2.2 完结体“了”

在汉语中，完结体的标记“了”表示某一动作在一定的时间已完成。如没有具体时间，“了”表示该事件在说话的时刻已经完成，其用法相当于英语中的现在完成时。例如：我游览了温莎堡。

如有具体时间，比如“去年，”“三年前，”，“了”表示该动作在具体的时间内/前已完成，其用法相当于英语中的一般过去时。例如：两年前，我去了英国。

其结构可表述为

过去时间和地点+动词+完结体“了”

在少数情况下，完结体“了”也可与表将来的时间连用，例如：我明天下了班就去看电影。(Dai 1997)

由上可知，在汉语时体系统中，如果时间地点没出现，汉语的经验体“过”和完结体“了”可看成与英语的现在完成时对等。这往往会使中国学生将其过度推广至汉语中频繁使用的“(过去时间和地点)+动词+经验体‘过’(完结体‘了’)”这一模式，使中国学生容易将此结构中的经验体“过”和完结体“了”泛化成与英语的“现在完成时”是对等的，在运用英语时频频错误地使用“(过去时间和地点)+动词的现在完成时”的结构。这在英语中无疑是时间概念的冲突：具体的过去时间和地点与现在完成时是不相容的，因为“现在完成时表现状，即过去发生的事件导致的事态现状，故现在完成时无一例外的是现在，I have finished the wine ten minutes ago 是不合语法规范的”(Trask 1997：165)。

3 对英语教学的启示

本研究对英语教学的启示一：英语时体习得不仅是中国英语学习者，也是中国大学英语学习者的难点，理应成为我国英语教学的一项重点。然而，令人遗憾的是，近年来，随着英语教学由注重英语语法知识的传授转为注重学生跨文化交际能力的培养，英语时体规则在英语教学，尤其是大学英语教学中被忽视了。这种忽视的后果可从中国学习者语料库中学生时体失误的高频数窥见一斑。

启示二：母语为汉语的大学英语学习者在英语时体习得方面的失误主要是英汉思维中迥异的时体意义造成的，因此，母语为汉语的英语学习者在基础阶段就应注意英语中的时间指代和时体构成逻辑，特别对于现在完成时，中国学生尤其要强化其概念，尽量避免汉语中不相容的用法迁移到英语表达中。在教学中，英语教师若发现学生在英语时体习得方面有时间概念冲突现象，那么即使对大学英语阶段的学习者，也还有重申英语时体规则的必要。

启示三：在讲授英语时体规则时，英语教师可以利用语料库资源，采用中介语对比分析的方法(CIA)，将本族语语料库和学习者语料库进行对比，发现某些英语时体在学习者中介语中的滥用或少用，从而确认学习者的主要困难。这种方法能够加深学习者对他们在英语时体上所犯的错误的印象，能帮助他们发现学习者中介语中不合乎本族语时体规则的规律特征，一旦他们发现汉语时体意义对英语时体习得影响的规律，在今后使用英语时就能有意识地加以回避。

4 结束语

在本文中，笔者以语料库为基础，分析了大学英语四、六级学习者在英语时体方面的误用情况，以此为依据对从前人研究中得出的相关假设进行了验证，并以汉语经历体“过”和完结体“了”对“一般过去时-现在完成时”混用的影响为例，阐释了母语为汉语的大学英语学习者在英语时体习得方面的失误主要是英汉思维中迥异的时体意义造成的。最后笔者揭示了本研究对英语教学的启示。

当然，汉语时体对中国学习者英语时体习得影响的研究还刚刚起步，尚待进一步地探讨、研究。希望越来越多的人能关注这一研究，使其在21世纪有更大的发展。

注释：本文中的英文“tense”为方便起见，沿用Johansson and Lysvag（1987：117）的定义，即本文汉语的“时体。”

◎ 参考文献

[1] Biber, D., Johansson, S., Leech, G., Conrad, S.; Finegan, E. Longman Grammar of Spoken and Written English[M]. London: Longman, 1999.

[2] Bronckart, P. & D. Beynolds. The role of lexical aspect in the acquisition of tense and aspect [J]. TESOL Quarterly, 1995, 29: 107-133.

[3] Comrie, B. Tense[M]. Cambridge: Cambridge University Press, 1985.

[4] Coppieters, R. Competence differences between native and near-native speakers [J]. Language, 1987, 63: 544-576.

[5] Dai, Y. Lun Xiandai Hanyu de Ti (On Aspect in Modern Chinese) [D]. Shanghai: Fudan University, 1990.

[6] Guiora, A. The Dialectic of language acquisition [J]. Language Learning, 1983(33): 3-12.

[7] Hinkel, E. L2 tense and time reference[J]. TESOL Quarterly, 1992(26): 557-572.

[8] Jacobs, R. English Syntax: A Grammar for English Language Professions [M]. Oxford: Oxford University Press. 1995.

[9] Johansson, S. Lysvag, P Understanding English Grammar[M]. Oslo: Universitetsforlaget, 1987.

[10] Kennedy, G. An Introduction to Corpus Linguistics [M]. London & New York: Addison Wesley Longman, 1998.

[11] Lardiere, D. Case and tense in the 'fossilized' steady state[J]. Second Language Research, 1998, 14 (1): 1-26.

[12] Leech, G. Meaning and the English Verb[M]. 2nd ed. London: Longman, 1987.

[13] G. Leech and J. Svartvik. A Communicative Grammar of English[M]. London: Longman, 1975.

[14] Li, C & S. Thompson. Mandarin Chinese: A Functional Reference Grammar [M]. Berkeley: University of California Press, 1981.

[15] McCarthy, M. Discourse Analysis for Language Teachers[M]. Cambridge: Cambridge University Press, 1991.

[16] Ramsay, V. Developmental stages in the acquisition of the perfective and the imperfect aspects by classroom L2 learners of Spanish[D]. Eugene: University of Oregon, 1990.

[17] Robinson, R. The primacy of aspect: Aspectual marking in English interlanguage [J]. Studies in Second Language Acquistion, 1990(12): 315-330.

[18] Shirai, Y. Tense-aspect marking by L2 learners of Japanese [A]//D. MaClaughlin & S. McEwen. Proceedings of BUCLD19 [C]. Somerville: Cascadilla Press, 1995: 575-586.

[19] Slabakova, R. Recent research on the acquisition of aspect; an embarrassment of riches [J]. Second Language Research, 2003(18): 172-188.

[20] Svalberg, A; Chuchu, H. Are English and Malay worlds apart? [J]. International Journal of Applied Linguistics, 1998, 8(1): 27-60.

[21] Trask, R. L. A Student's Dictionary of Language and Linguistics [M]. New York: Arnold, 1997.

[22] Xiao, Z., McEnery, A. Aspect in Chinese[M]. Amsterdam: John Benjamins, 2004.

[23] 樊长荣，林海．中国学生英语时体习得中的两大"误区"[J]．外语教学与研究，2003(6)：414-420.

[24] 王初明，解释二语习得，连接论优于普遍语法[J]．外国语，2001(5).

[25] 吕叔湘，等．语法研究入门．北京：商务印书馆，1999.

·教师与教学改革·

乡村振兴战略背景下乡村教师的社会角色探析

崔淑翠　高　欣

(武汉大学　教育科学研究院，湖北　武汉　430072)

摘　要：党的十九大报告提出乡村振兴战略，强调优先发展农业和农村。乡村振兴包括教育振兴，教育振兴的关键在于乡村教师。现如今，由于知识话语权利的不平等性以及乡村教师与母体文化的脱离，导致乡村教师在乡村建设中逐步走向边缘化。但乡村教师在乡村振兴战略中担任着重要的社会角色，他们是乡村儿童的燃灯者，是乡村教育的革新者，是乡土知识的守护者，更是乡村建设的助力者。因此，乡村教师急需从坚守专业性、增强公共性、学会精神自治这三个方面来提升自身价值，实现自身的社会角色，助力乡村教育振兴，以期实现乡村振兴。

关键词：乡村振兴；乡村教师；乡村建设

Analysis on the Social Role of Rural Teachers under the Background of Rural Revitalization Strategy

Cui Shucui, Gao Xin

(Research Institute of Education Science, Wuhan University, Wuhan, Hubei, 430072)

Abstract: The report of the 19th National Congress of the Communist Party of China put forward the strategy of "revitalizing the countryside" and emphasized the priority of developing agriculture and rural areas. Rural revitalization includes education revitalization, and the key to education revitalization lies in rural teachers. Nowadays, due to the inequality of intellectual discourse rights and the separation of rural teachers and maternal culture, rural teachers are gradually becoming marginalized in rural construction. However, rural teachers play an important social role in the rural revitalization strategy. They are the lighters of rural children, the innovators of rural education, the guardians of local knowledge, and the helpers of rural construction. Therefore, rural teachers urgently need to enhance their own value, realize their own social roles, and support the revitalization of rural education in order to achieve rural revitalization from three aspects: adherence to professionalism, enhancement of publicity, and learning of spiritual autonomy.

Key words: Rural revitalization; Rural teachers; Rural construction

乡村振兴战略是中国共产党第十九次全国代表大会报告中提出的战略，2018年2月出台的《中共

收稿日期：2019-04-29

作者简介：崔淑翠(1993—　)，女，河南安阳人，武汉大学教育科学研究院硕士研究生，主要研究方向为高等教育学。高欣(1996—　)女，汉，湖北孝感人，武汉大学教育科学研究院硕士研究生，主要研究方向为高等教育学。

中央国务院关于实施乡村振兴战略的意见》中指出：要汇集全社会力量，强化乡村振兴人才支撑，把人力资本开发放在首要位置，畅通智力、技术、管理下乡通道，造就更多乡土人才，聚天下人才而用之。其中，特别提倡加强乡村专业人才队伍建设，包括大力培育新型职业农民、医生、教师等文化能人，创新乡村人才培育使用机制[1]。国家相关政策的出台，给我们重新发现乡村教师这一群体的社会角色带来了契机。

一、乡村教师在乡村建设中是如何走向边缘的

1. 知识话语权力的不平等性

乡村教师是一种社会历史的存在，受到物质、环境等因素的制约。乡村教师常被带上“素质低下”的帽子，其实是一种片面的知识标准所导向的，本质上是教育学话语权力的分配问题[2]。费孝通先生在他的《乡土中国》一书中提供了一个经典的案例，即“有一天，我在田野看放学回来的小学生们捉蚱蜢，那些教授们的孩子，扑来扑去，屡扑屡失，而那些乡下孩子却反应灵敏，一扑一得，乡下孩子在教室认字认不过教授们的孩子，和教授们的孩子在田野里捉蚱蜢捉不过乡下的孩子，在意义上是相同的。”[3]也就是说任何个体在对环境的体验方面意义是相同的，只不过内容有所不同而已，我们总不能说捉蚱蜢的体验比识字的体验低下。所以我们忽视个体的生存环境去构建一种超乎乡村教师本体生存条件的标准，本身就是不公平的。当专业的知识话语权力没有被公平对待时，乡村教师不仅在教育领域，甚至在社区发展、乡村建设中失去了话语权。所以乡村就形成了以城市发展为模型，按照专家的思路，一味地模仿、建设乡村。乡村教师也惯性地形成了对自身的否定以及对他人的依附，在乡村教育与乡村建设中失去位置，所以乡村教师这一代表着乡村知识分子群体的话语权力几乎走向了边缘。

2. 乡村教师与母体文化的脱离

由于我国长期以来的城乡二元结构，在乡村教师队伍中，存在明显的“向往城市、想往城市”的“乡土逃离”现象，乡村教育与乡村环境逐步处于疏离状态，并有空心化发展趋势。也就是说，乡村教师不仅没有实现与母体文化本该有的相互融合，反而割裂了乡土背景，被“他者”所征服，丧失了维系自身所生存的母系营养，最终精神与历史存在的环境隔空。我们在追逐现代化的同时，没有自身的文化自信，也没有发现自身的定位。所以即便国家不断地给乡村拨款建基础设施，也不能根本上促进乡村振兴，因为城市和乡村的社会存在就不同，只能学习，而不能照搬。就如历史上我国近代改革的探索，资本主义制度与当时的封建文化是不能根本融合的，因为这是一种不同文化与制度的嫁接，一定会产生排斥反应。同样的，乡村教师也忽视本体生存的环境与体验，这就会导致乡村教师的精神家园与乡村社会的整体性环境脱节，自然使得乡村教师的精神荒漠化，无归属感。所以，一旦乡村教师的精神没有和乡村社会真正融合，乡村教师对乡村建设保持一种消极、被动的态度，就会逐渐走向边缘，成为乡村建设中的沉默者，甚至完全不知道自己生存的环境到底是什么面貌，总是想方设法去逃离乡村，却忽视了乡村环境、情景是乡村教师实现自我和社会价值的最好场所。

综上所述，乡村教师在专业领域不平等的话语权延续到了社会生活领域，加上在城市化浪潮的影响下乡村教师还没有认清自我，使得乡村教师与其自身的母体文化脱离，我们在崇拜科学化的时候忽视了乡村这一环境下个体的感觉、环境、体验等非理性因素。乡村教师，这一代表着乡村知识分子的群体在乡村建设中走向边缘。

二、乡村振兴战略中乡村教师的使命

1. 乡村教师是乡村儿童的燃灯者

“白日不到处，青春恰自来。苔花如米小，也学牡丹开。”[4] 即便生活在远离发达城市的边远农村，这些如苔花般的孩子也无一不都怀抱着对外面世界的渴望。对这些乡村儿童而言，他们身边的这些可敬的教师就是这样的一座桥梁，将他们与外面的世界沟通联系起来。乡村的儿童通过教师所教授的科学文化知识来了解外面的世界，建立起对外面世界的向往。与此同时，乡村的教师也用自己博大深沉的爱心与平中见奇的教育智慧，为每一位乡村儿童点燃一盏心灯，用光亮照出儿童前进的方向，引导他们在知识的海洋里徜徉。

在乡村生活中，农村外出务工人数的增加导致了大批留守儿童的出现。家庭中核心成员的缺失以及亲子之间的时空距离感，都或多或少地造成了孩子与父母之间的疏远感。这种家庭教育的不完整、家庭关系的弱化，都影响到留守儿童的健康成长。当孩子无法从家庭环境中获得成长的力量时，学校就自然而然地扮演起了这种角色。这些乡村留守儿童很容易与学校建立起一种依赖关系，在他们看来，班级就像一个大家庭，同学就像自己的兄弟姐妹，学校的老师就像自己的“第二任父母”，被视为是权威性的人物。在这样的环境下，教师对学生真切的关怀与关注则会像一盏明灯，能够驱散留守乡村儿童心中的灰暗，带给他们无穷的成长力量。

2. 乡村教师是乡村教育的革新者

2018 年 1 月，中共中央、国务院发布了《关于实施乡村振兴战略的意见》(下文简称《意见》)。文件指出，“农业、农村、农民问题是关系国计民生的根本性问题。”[5] 乡村教育对乡村社会的发展与振兴有着不可忽视的巨大作用。尽管这些年来国家一直倡导加大对乡村教育的扶持，然而由于乡村教育长期存在着基础差、投入和产出不平衡等一些先天劣势，再加上地理位置以及地方经济等因素的制约，现行的乡村教育体系一直存在着许多问题。

其中一个重要的表现就是乡村教育理念的落后，在中国农村的大部分地区，许多人坚信着“读书改变命运”这样一种朴素的理念。但是这种理念往往会发展成为只关注孩子的学习成绩，却忽视了其身心的健康发展，孩子变成了只懂学习的机器。因此，越是在这样的环境下，乡村教师就越是应该认识到，学习好科学文化知识固然重要，但是教育的功能绝不应该如此单一化、狭窄化。如果乡村教师一味地用传统的教育方式来给学生灌输知识，不关注学生的身心发展，那么这样培养出来学生是“畸形”的，是不完整的，也是不利于其终身发展的。而且从另一方面来说，如果教师只是为城市的发展而培养人才的话，那么乡村建设就会陷入后继无人的状态，缺少了乡村建设的专业人才，乡村与城市之间的距离只会越来越大。因此，乡村教师应当肩负起教育革新的使命，不断学习新的教育理论，提升自己综合素质，用新的教育内容、教育方式来更好地建设乡村教育。

3. 乡村教师是乡土知识的守护者

教育与文化从来不是两个孤立的岛屿，它们二者是相辅相成的。文化的发展影响着教育内容的选择，不同的文化背景影响着教学模式、教学课程的制定。另一方面，教育可以通过对文化的传播、发展与创新来促进文化的发展，也可以由于教育不当而导致文化的中断、缺失甚至扭曲。因此，乡村教育的发展绝不能脱离乡村文化而泛泛而谈。此外，《意见》也指出，乡村振兴要“传承发展提升农村优秀传统文化”[6]，要“立足乡村文明，吸取城市文明及外来文化优秀成果，在保护传承的基础上，创造性转化、创新性发展，不断赋予时代内涵、丰富表现形式。”[7]

但是目前我国的乡村教育在外来的城市文化的强大冲击下，遗忘了自身赖以生存、发展与创新的基础，遗忘了乡村教育要为乡村发展与振兴的使命。而这导致了其自身所在的乡村社会成为了无根的存在，也使得所培养的学生对自身所在的乡村文化毫无了解，更谈不上对乡村文化的热爱以及对投入到乡村社会建设的热忱。因此，作为乡村知识分子的代表，乡村教师要肩负起守护乡土文化的责任。他们有使命有义务去整理并传承那些宝贵乡村文化，去在乡村儿童心中播种一颗对乡村社会热爱的种子。

4. 乡村教师是乡村建设的助力者

不可否认，乡村振兴、乡村建设需要全社会各界的支持与奉献，但归根结底，乡村建设最需要依靠的根本力量是广大的农民自身。国家的政策能落实到什么程度，乡村振兴的步伐能发展到哪一步，其关键在于乡村农民对乡村建设的投入与付出力度。中国农村地域面积广，跨度大，各地民俗习惯不统一，国家出台的政策不可能完全针对到每一个乡村。再加上乡村农民的文化程度普遍不高，在这样的背景下，乡村建设就需要依靠那些真正懂其所在乡村社会情况的、热爱其所在乡村社会的知识分子——乡村教师。乡村建设需要借助这些乡村教师的力量，需要乡村教师通过政策本土化的方式来引导农民进行乡村振兴。梁漱溟先生曾说：“农村教师至少有两大伟大的作用：一是乡村的耳目。他容易感觉到问题，亦有呼喊的工具——文字；二是乡村的喉舌。较有能力的知识分子，其在乡间将有第三种作用便是替乡间谋划一切建设事宜，好比为乡村添了脑筋。”[8]

因此，奋斗在乡村教育一线的乡村教师们应该同乡村农民以及其他乡村振兴的建设者们一道，从实践工作着手，发现乡村振兴过程存在的难点、重点，根据其所在乡村的特点来给出本土化的解决方案，为乡村建设、乡村振兴奉献出自己的一分力量，早日实现中国乡村振兴的伟大蓝图。

三、乡村教师如何在乡村振兴中实现自身价值

1. 坚守专业性

乡村教师与其他教师群体的特殊之处就在于乡村教师的乡土性。所以可以说乡村教师的专业性也就是自身的乡土性。具体来说就是专业理念乡土性、专业知识乡土性、专业能力乡土性、专业情意乡土性。只有坚守乡村教师自身的专业性，乡村教师才能融合母体文化，投身乡村建设，为实现乡村振兴出力。

专业理念是教师教育教学的方向指引。乡村教师专业理念乡土性是指教师在理解教育活动实质的基础之上，对乡村学生、课堂、教材等有针对性的认识。关注乡村学生的身心发展，加强教学与乡土文化的联系，推进教材走进乡村生活，生活走近教材，充分发掘乡村田园情景，开展丰富多彩的实践活动。以学生为主体，以乡土文化为主导，立足于自身特色环境，树立特色教学理念。

专业知识是教师教育教学的物质基础。乡村教师专业知识乡土性是指乡村教师在了解的基础上理解并熟悉乡村的发展历史、风俗习惯、社会心理、道德情感等，以便对学生进行“乡土教育”[9]。乡村教师应该主动学习先进的农业科学知识，宣传、推广农村科技知识，走向农民，走向真实的民生与生活。

专业能力是教师教育教学的必然要求。乡村教师专业能力的乡土性在于乡村教师将教育教学与实践融合乡村文化，并能发掘、发展乡村经济、文化等资源。乡村教师并不是一味地模仿城市化教育发展模式，而是建立自信，立足自身环境寻求特色发展，增强乡村教育在专业知识领域的话语权。

专业情意是教师发展的精神追求。乡村教师的专业情意是指乡村教师不仅自己要有乡土情怀，更要传承、培育具有乡土情怀的学生，使得师生对乡村有归属。只有有乡土情怀的教师，才会培育具有乡土情怀的学生，所以乡村教师只有从文化的根本培育学生，乡村建设才能吸引更多的人才。

2. 增强公共性

乡村教师的公共性在于乡村教师不仅立足于教育领域，更要立足于乡村本身，包括乡村组织、乡村文化、乡村经济等。乡村教师要合理定位，寻求乡村环境的优势，力图在乡村振兴的机遇下实现自身的社会价值。

陶行知先生在《中国乡村教育运动之一斑》中指出："学校既是乡村的重心，教师便是学校和乡村的灵魂。"[10]可见，乡村教师对乡村整体发展的重要性。所以乡村教师的发展要立足于乡村、为了乡村、服务乡村、反哺乡村。同时明确自己的责任与义务，树立对乡村发展的使命感。乡村教师作为乡村知识分子的代表，更应该具有引领乡村发展的自觉，充分正视乡村的公共利益，通过乡村的发展实现自我的社会发展。乡村教师本身就与乡村生活息息相关，一些教育家也提倡教师脱去洋装，与农民打成一片，甚至拜乡民为师，像朋友一样沟通，学习乡村技艺，所以乡村教师更应该借此机会投入乡村发展之中。乡村教师本身就承担着文化的传承者、弘扬者的角色，在新时代又赋予了乡村教师新的使命，这种使命并不是负担，而是在原来基础上的拓展与创新，将自身的专业发展融入公共群体，以实现自身的社会价值，同时进一步增强了自身的专业性。乡村教师的专业性与公共性只有和谐统一，才能更好地实现乡村教师的专业发展，同时也为乡村振兴注入活力，以乡村教师和学校教育之力来反哺乡村建设，助力乡村振兴。

3. 学会精神自治

"精神自治"是指个体在生命能量绵延与自我意识的驱动之下，通过反思、冥想、体验、顿悟、创造和总结，来提升专业水平的发展途径[11]。我们要培养乡村教师对学生、对教育、对乡村的热爱，以内生力推动乡村教师服务乡村的意志，回归本真，回归乡土，增强乡村教师的文化自信。同时构建对乡村教师的生命关怀力、精神爆发力和信仰执行力。我们缺乏生命投入的完整性和彻底性，其病因还在于信仰文化和生命习惯上[12]。乡村教师如果只靠外部力量来激励，无法契合精神需求，那么还是不能从根本解决乡村教师"逃离乡土"的现状。城乡之间的差距是绝对客观存在的，但是城乡教师对环境的体验意义是相同的，所以在社会存在不同的情况下盲目逃离乡村是绝对不可取的。我们可以将自治概念纳入乡村教师的精神意识之中，当出现行动与思想脱离时，能够在自我意识驱动下反思。乡村教师要心里装着学生，装着农民，使自己农民化，具有"农民甘苦化的心"，即"向着农民烧心香"[13]，才能从根本实现乡村文化能人为乡村、反哺乡村。希望乡村教师能在国家所提供的物质基础之上通过精神的自治，为自己找到舒适的生态园，用爱、用心、用情将自身的价值实现融入乡村的发展与振兴之中。

◎ 参考文献

[1] 中共中央国务院关于实施乡村振兴战略的意见[N]. 人民日报，2018-02-05(001)：8-9.

[2] 唐松林. 重新发现乡村教师[M]. 长沙：中南大学出版社，2013：133.

[3] 费孝通. 乡土中国[M]. 南京：江苏文艺出版社，2017：13.

[4] (清)袁枚. 袁枚诗选[M]. 周舸岷，选注. 杭州：浙江古籍出版社，1989：132.

[5] 中共中央国务院关于实施乡村振兴战略的意见[N]. 人民日报，2018-02-05(001)：1.

[6][7] 中共中央国务院关于实施乡村振兴战略的意见[N]. 人民日报，2018-02-05(001)：4.

[8] 梁漱溟. 梁漱溟教育论著选[M]. 北京：人民教育出版社，1990：24.

[9] 刘星. 乡村振兴战略背景下乡村教师的专业成长：根本性、特殊性及其路径[J]. 教育理论与实践，2018(23)：2.

[10] 陶行知. 陶行知全集(第二卷)[M]. 长沙：湖南教育出版社，1984：28.

[11] 刘丹丹. 乡村教师发展的力量研究[D]. 长沙：湖南大学，2016.
[12] 王开岭. 精神自治[M]. 太原：书海出版社，2011：58.
[13] 张济洲. “乡野”与“庙堂”之间——社会变迁中的乡村教师[M]. 北京：中国社会科学出版社，2013：102.

·教师与教学改革·

社会互动视角下研究生课堂参与的价值理性研究

付　荣

(武汉大学　教育科学研究院，湖北　武汉　430072)

摘　要：教学互动是改进研究生课堂教学质量的重要途径之一。从社会互动角度来看，课堂是研究生教学参与的重要场域，基于社会互动理论，研究生课堂教学参与受"价值合理性、目的合理性、情绪的、习惯的"四个维度价值导向的引导，而作为"听者"的研究生群体丰富了课堂教学参与的以"行为和语言"为载体的传统观念。同时笔者按照以上四个价值维度设计了访谈提纲，访谈多位研究生发现，习惯的迟滞性和"面子心理"是影响研究生课堂教学参与的重要因素，在此基础上进行了深入的反思，并提出了优化研究生课堂互动的意见。

关键词：研究生；课堂教学参与；价值理性

Research on the Value Rationality of Graduate Students' Classroom Participation from the Perspective of Social Interaction

Fu Rong

(Research Institute of Education Science, Wuhan University, Wuhan, Hubei, 430072)

Abstract: Teaching interaction is an important way to improve the quality of postgraduate classroom teaching. From the perspective of social interaction, classroom is an important field for graduate students to participate in teaching, based on the theory of social interaction, postgraduate classroom teaching participation is guided by the value orientation of "value rationality, purpose rationality, emotion and habit", as a "listener", the postgraduate group enriches the traditional concept of "behavior and language" in classroom teaching. At the same time, the author designed the interview outline according to the above four value dimensions, and found that the lag of habits and "face psychology" are the important factors that affect the participation of graduate students in classroom teaching, on this basis, the author makes a deep reflection and puts forward some suggestions to optimize the classroom interaction of postgraduates.

Key words: Graduate; Classroom teaching participation; Value rationality

教学互动是师生之间在知识生产过程中的一种集体行为，课堂则构成了师生教学互动的重要场域。然而，研究生的课堂教学却出现了"上甲课做乙事"、教师唱"独角戏"以及"低头族"等课堂沉默现象。因此，从社会互动的视角识别和分析研究生课堂参与行为的价值理性，反思研究生课堂教学不参与的制约因素，对研究生课堂教学良性互动的实现具有现实意义。

收稿日期：2019-09-10

作者简介：付荣(1989—　)，女，山西阳泉人，武汉大学教育科学研究院硕士研究生，主要研究方向为高等教育学。

一、研究生学习的特点和本文研究重点

要了解研究生课堂参与互动的价值导向，首先需要了解研究生学习的特点。研究生是在本科或者专科教育阶段后继续深造的一个教育层次。相对于本科和专科的通才教育，研究生更加趋向专才教育。同时研究生培养更加注重培养学生的科研能力、学术水平，以期成为具有创新精神的高层次学术型专门人才，因此研究生的学习和培养具有不同于本专科的特点：第一，知识更具有专门性；第二，研究生学习更注重自主性；第三，学习成果要求创新性和学术性。了解研究生学习特点是研究研究生课堂参与的前提和基础。

2014 年 12 月，《教育部关于改进和加强研究生课程建设的意见》明确提出："改进研究生课程教学。促进学生、教师之间的良性互动，要注意营造良好的学术民主氛围，促进课程学习中的教学互动"。课堂互动的实效是影响课堂质量的关键环节，因此本文着重探析课堂中"边际人"是客观排斥的结果还是个体主观应对的策略，本研究聚焦三个主要问题：支配研究生课堂参与的主要价值观念是什么？影响研究生课堂行为的个体因素和群体因素有哪些？总结与反思应如何提高或优化研究生课堂互动参与。

二、研究对象的选择与课堂参与的价值理性分析编码表

本文参考了马克斯・韦伯的分析维度设计了采访提纲，以研究生课堂参与的三个可能原因为基点设计访谈提纲，运用逆向思维和发散思维，预设了可能影响研究生课堂参与的各种因素，通过采访 w 校教科院研究生的实际课堂参与情况，对采访对象的回答进行编码分析，如表 1 所示。

表 1

开放式编码	关联式编码	核心式编码
1. 研究生课堂以学生讨论为主，然后小组合作完成任务 2. 研究问题更开放，学术性和专业性更强 3. 不同观点的碰撞，思维能力训练批判精神塑造为主 4. 专业科目不同，互动形式也不同	课堂互动方式 教师性格态度 课程目标要求 专业科目区别	研究生课堂参与的认知与需求
1. 问题答案无所谓对错，老师对回答的态度，老师的性格 2. 老师要对回答及时给予评价和反馈，组织者、总结者、协调者、引导者 3. 自己的兴趣，掌握知识的系统性和全面性，课前对问题的投入情况 4. 不仅能够学到专业知识，还要扩展知识	教师对问题反馈 学生的兴趣知识储备 教师的课堂角色 上课目的导向	研究生课堂参与行为的价值取向
1. 原来本科学习习惯的继承性，暂时无法改变 2. 课程安排进度、安排时间、课业量多少 3. 如果课堂讨论成为考核方式 4. 参与课堂讨论对学生的意义获得 5. 参与心理紧张、避免尴尬、没自信、怕老师骂	原有学习方式的影响习惯形成 对参与互动的后果设想 课程安排合理度 是否有足够时间投入	"面子"的特殊作用

研究生课堂参与的个体行为，可运用马克斯・韦伯的相关理论来分析，即"目的合乎理性的，即通过对外界事物和人的举止的期待，以这种期待为'条件'或'手段'，以实现自己合乎理性的目的；价值合乎理性的，即通过有意识地对一个特定举止如伦理的、美学的、宗教的或任何其他阐释的无条件的固有价值

的纯粹信仰，不管是否取得成就；情绪的，尤其是情感的，即由现时的情绪或感情状况；习惯的即由约定俗成的习惯”。

三、据表1分析影响研究生课堂参与的因素

(一)研究生课堂参与是否充分与对课堂认知有关

根据采访资料进行分析，探析影响研究生课堂参与的因素是非常必要的。在本次采访的研究生中，当受访者被问及关于研究生课堂参与的看法和在课堂上渴望获得什么时，大部分的回答是研究生课堂应以学生讨论为主，然后小组合作完成任务。受访者对研究生群体的认识是比较明确的，研究生阶段和本科阶段不同，讨论交流应该是常态。

A谈到“感觉研究生课堂老师讲得少了，自己学习、小组合作、课堂交流讨论多了。讨论的问题比较专业，学术性更强，讨论问题比较深入。不能随便作答，课前必须对相关问题有所了解才行，因为面对的多是教授，答错老师对自己印象就不好了。”B研究生认为“研究生课堂更注重思维的训练，培养学生的批判思维和创新能力。研究生课堂，无论是硕士还是博士，必须要有深入的互动，这种高质量的互动，得有条件，学生不能太多，课堂讨论要积极热烈，甚至可以针锋相对，有批判性，只有这样才能够砥砺大家对问题进行深入思考。如果达不到这样的目的，研究生课堂必定是低质量的。研究生的课堂互动情况受到学科和专业限制，如理工类的则不需要文史类的那么多讨论”

(二)研究生课堂参与的质量与师生性格态度有关

当被问到老师提问时你会主动发言吗？不发言或主动发言的原因是什么时，有同学回答“我一般不会主动发言的，我性格本来属于那种内向的，上课当着那么多同学，回答得不好或说错多丢人，但这并不代表我没有思考过老师提的问题，老师提的问题，我还是思考过的。只是默默心里想着，没有说出来而已。再说有其他同学积极回答，有老师评价，我还做笔记，这也是一种参与。”可见是否参与课堂讨论与学生性格有关。

还有同学回答“这要看老师是什么性格，如果老师性格比较随和，我更愿意起来回答问题，如果老师是那种比较严肃挑剔的性格，那我就乖乖听别人说，我也不发言。”当被问到老师在研究生课堂的角色与作用时，有同学认为“老师更应该是一个引路人、组织者角色、点评者角色。不能太强势，不能太吹毛求疵，要尊重大家意愿，不要提一个问题要求每一个人必须回答，要让大家主动有意愿回答，否则效果不好。某老师上课，要求每个小组成员都必须发言，轮到我不得不参与，不得不说，但从内心并不乐意说。”可见老师应该尽量引导学生去参与，强调即便学生讲错了，也没有关系，以这样的态度来激发所有学生积极参与到课堂中来，引起学生共鸣。

(三)研究生课堂参与度与课堂讨论的内容有关

有的同学觉得在课堂沉默或沦为边际人，可能还与课堂讨论的具体问题、内容有关，如果是自己很感兴趣的话题，并且对这个问题有一定研究，就会主动发言，与大家分享自己的观点，如果谈论的问题自己了解很少，课前也没有查阅太多资料，就不敢轻易发言，避免说错丢面子，被同学取笑。即可总结为自己的兴趣，掌握知识的系统性和全面性，课前对问题的投入会影响课堂参与。

还有同学忍不住说出了实情，“我没有更多期望，因为觉得上课效果一般，上完一节课，觉得好无

聊，内心是崩溃的，老师讲的都没一点兴趣，有的老师拿几年前的PPT上课，上课就像一个人背书一样。根本没有空出讨论的时间。可能老师觉得我们更需要先学习理论知识吧”。而吕林海、张红霞使用问卷对全球12所研究型大学进行调查比较发现，中国大学生的学习参与呈现出“在课堂讨论上较为保守，师生互动明显不足，在学业学习习惯的遵守上表现较好，课堂学习时间投入较多，课外学习时间投入较少，批判性思维和推理的参与明显较弱”等特点。

(四)研究生课堂参与度与课堂组织形式有关

当被问到研究生上课组织形式时，有的同学反映“其实说真的，我上课是满怀期待的，但是到后来，这种期待就没有了。上课更多的是沦为一种形式上的参与。我们现在的课堂一般前几节课老师讲，后面的课老师把任务安排下去，由学生做PPT讨论完成，这样效果不佳，大家一般是查阅文献，把文献内容搬上去，自己对这个问题思考不深入，完全为了应付。有些同学提前讲完了，对于他们而言，上课实际上就是参与一下，已讲完的同学态度就没那么认真。在我看来，这更是一种折磨和时间的浪费。说白了，如果不是课堂讨论占一定成绩比例，还有课堂汇报是成绩评定的依据，我根本不会参与。”

可见研究生课堂参与走向形式化，这种现状对提高研究生科研水平能力不利。这也是我们需改进的地方。通过深入采访还发现，研究生课程安排不是很合理。研一大部分时间都在上课，课余时间学生就想休闲一下，他们没有更多时间看书，知识储备不足。有些同学反映“每天忙于上课，没有时间去思考，发现不了问题，除了上课，还想有些时间娱乐一下，现在提不出太多问题。课程太多，每天忙着上课，没有太多想法了，觉得自己落后了，好痛苦啊!”鉴于此学校教务处需对研究生课程安排进一步优化，激发研究生课堂参与的积极性，提高研究生课堂教育质量。

(五)“面子”文化是影响研究生课堂参与的一个特殊因素

是否参与课堂讨论，还受一种特殊的心理“面子”文化的影响。有的同学认为，回答老师问题是给老师面子，是对老师的一种支持，是给老师捧场，不至于让老师一个人独语，让老师尴尬。还有学生怕回答不好，被老师批评，在同学面前丢了“面子”。

还有同学认为“如果老师讲课是属于那种走动式的，经常在讲台下走动，有时候会和老师眼神撞在一起，老师期待地看着我，我觉得老师是对我有期待的，他需要我的支持和观点，尽管自己知识也不够系统，知识储备不足但是这种情形我还是会站起来回答。一方面给老师面子，另一方面我们文科，即使不是很了解的东西也能说点自己的见解。”可见“要面子”是影响研究生课堂参与的一个重要因素。吴康宁从教学社会学的角度指出课堂中不仅存在着“被教师遗忘的角落”，而且大量存在着“主动”游离于课堂活动之外的“边际人”。

四、结论与反思

不难发现，研究生课堂参与行为的实然状态部分契合了社会学家马克斯·韦伯所描述的理论图景，笔者对研究生课堂教学参与中的“听者”的行为进行了以下反思。

(一)研究生课堂参与的个体价值追求更加多元化

这种多元化是研究生社会经历与定位在课堂行为上的现实反应，而在多元化价值追求的背后也有规律可循。从社会学角度看，价值合理性、目的合理性、情绪的、习惯的等四个维度对研究生课堂参与的确具有较强的解释力。笛卡尔说“我思故我在”，在课堂上的研究生，其课堂行为价值坐标分布在价值理性和工具理性之间。但如果从社会学角度去概括的话，他们应该是坚持了“知识利己主义”，对课堂知识的价值判断和理性思考决定了个体的课堂行为。

因此，要将研究生作为社会意义上的“个体”加以研究，从满足现实的需要开始，比如可以在研究生课堂上增加对学术研究比较实用的知识与方法的介绍，选择对毕业论文选题和设计有帮助的相关理论进行研讨，还可增设一些接近研究生生活的课程，如能满足研究生对友好人际关系建立需要的课程等等，从而在教学上对研究生课堂的各种“不参与”行为作出积极的回应，并拟定具体优化方案实施。

（二）“面子”问题是研究生不参与课堂讨论的重要原因

研究生对自己的社会定位和本科阶段的大学生定位不同，他们可以通过沟通和协作完成与教师和其他学生的课堂任务，实现思维同步与情感共鸣，进而培养其发现问题、分析问题、解决问题的能力和思维方式。但是，当“研究生”这个称谓和社会个体产生关联的时候，不仅意味着他们知识和视野的拓宽，而且在社会上还可能被标签化为“知识精英”，其言语与谈吐水平不能太低，这客观上导致部分研究生在课堂上不愿参与、不敢参与以及不能完全表达个人观点。面对自己的老师、同学，多数人认为自己的观点就是常识，也有人害怕自己的观点更谈不上是常识，即使没有老师批评自己，也怕水平不够而“丢面子”。

美国社会学家戈夫曼将这种行为称为“face work”，为了保护自己和他人的面子，更多的人在交往中倾向于保持一种互不伤害的“角色距离”“沉默着”，而中国人更是深陷于这种文化道德围困之中。鉴于此，教师在课堂上更应将这一因素考虑在内，给学生以鼓励，并充分发挥自己的教学水平，以激发研究生课堂参与积极性。

（三）作为“听者”是研究生继承下来的学习习惯

作为“听者”这种习惯是在中国长期以教为主的教育模式影响下养成的，习惯的迟滞性从而使这部分研究生倾向于有秩序地接受老师的讲述和细细反思课堂经验，加之受“木秀于林，风必摧之”“枪打出头鸟”等传统观念的影响，他们选择了自己认为最利己的课堂学习方式。这种习惯使得这部分人成为课堂上的“边际人”，成为积极的“听者”，甚至听得“理所当然”，听得很有“收获”，“听”就是这部分人在课堂上的“常态表征”。

美国学者哈瑞·刘易斯指出：“一门‘科目’历时三四个月，由一系列课堂教学组成是一个很好的教学单位，其部分原因在于：教师可以从某一领域的基本原则讲起，到该领域有哪些最新研究成果结束。每门课程在传授知识的同时，也能体现出知识的结构。只有当每堂课都发人深省，而且所有讲座整合在一起具有连贯意义的时候，整个讲座课程才算得上成功。”因此，教授在课堂上连贯的讲述也是很多研究生的心理期待，课堂参与并不是每个学生都要有所言语的行动，课堂参与的实质永远大于参与的形式，课堂教学安排应该为那部分“听者”留下仔细聆听的空间。只有在一定知识积累的基础上，才能发现问题，在实际研究生课堂教学中，不应该为了参与而参与，教师应该让学生在积累系统的理论知识的基础上，逐渐有意义的参与课堂讨论，以达到预期的教学目标。

◎ 参考文献

［1］ 中华人民共和国教育部．教育部关于改进和加强研究生课程建设的意见［EB/OL］．［2017-02-

15]. http：//www. moe. gov. cn/srcsite/A22/s7065/201412/t20141205_182992. html.
[2] [德]马克斯·韦伯著. 经济与社会(上卷)[M]. 林荣远译. 北京：商务印书馆，1997：56.
[3] 吴康宁，程晓樵，吴永军，等. 课堂教学的社会学研究[J]. 教育研究，1997(2)：64-71.
[4] [美]哈瑞·刘易斯著. 失去灵魂的卓越：哈佛是如何忘记教育宗旨的[M]. 侯定凯等译. 上海：华东师范大学出版社，2012：81.

·教师与教学改革·

民国时期中学性教育的实践(1919—1933)

袁任虹

(武汉大学 历史学院，湖北 武汉 430072)

摘 要：20世纪上半叶，中国知识界兴起了性教育思潮，教育界人士积极对性教育内容进行讨论；而20世纪二三十年代又是民国时期性教育发展的繁荣期，教育界人士对性教育内容的讨论渐趋增多而深入，并且逐渐意识到对中学生实施性教育的重要性和必要性，积极呼吁在中学施行性教育，涵盖性教育内容的课程标准颁布和教材出版，中学校通过生物、生理卫生、卫生、自然等课程教授性教育知识，中学生逐渐对性卫生、性欲、性道德等性教育知识和观念形成正确的认识，中学性教育得到一定的发展。

关键词：性教育；中学；民国时期；实践

The Practice of Sex-education in Middle Schools During the Republic of China(1919-1933)

Yuan Renhong

(School of History, Wuhan University, Wuhan, Hubei, 430072)

Abstract: In the first half of the 20th century, a trend of sex-education developed in the Chinese intelligentsia, and educators actively discussed the content of sex-education. The prosperity period of the development of sex-education during the Republic of China was in the 1920s and 1930s. The educational circles gradually increased and deepened the discussion on the content of sex-education, and realized the importance and necessity of implementing sex-education for middle school students. Therefore, they actively called for sex-education in secondary schools. The promulgation and publication of curriculum standards and textbooks covered the content of sex-education, middle schools taught sex-education knowledge through biology, physiological health, hygiene, nature and other courses. Students gradually formed a correct understanding of sex-education knowledge and concepts such as sexual health, sexual desire, sexual morality, etc. Sex-education in middle schools had achieved certain development.

Key words: Sex-education; Middle schools; During the Republic of China; Practice

性教育，是关于人类的生殖、生活、生理需要、心理、道德及其他方面行为和知识的教育。学界对性教育的关注起步较晚，就目前学界的研究状况来看，有关民国时期性教育的研究非常少，且这些研究多从教育学或医学的角度出发，从历史学的角度来剖析民国性教育的研究屈指可数；且目前的研究多集中在从

收稿日期：2019-07-09

作者简介：袁任虹(1995—)，女，江西人，武汉大学历史学院硕士研究生，研究方向为中国近现代史。

理论层面介绍民国时期性教育的内容，缺乏性教育具体实践的相关内容①。而关于民国时期性教育的专著，笔者目前还没有见到，只是在一些论著中有专门的篇章论及性教育这一问题②。本文致力于爬梳相关史料，将关注点放在民国二三十年代的中学性教育上，主要探析这一时期中学性教育的实践，作为施教者的教师的选择及学校性教育课程的开展和其他实施性教育的措施，意在厘清该时期中学性教育的实践概况，也帮助当今社会思考性教育的价值及其在中学的实践。

一、中学性教育实践的前提

民国前后，西方性教育思想传入中国；至20世纪上半叶，中国知识界兴起了性教育思潮，并在二三十年代达到繁荣期，教育界、知识界对性教育相关内容和问题进行热烈的讨论，并逐渐认识到进行性教育实践的重要性。而作为中学生的主要活动场所，中学校承担着性教育实践的主要责任。

1. 性教育与中学性教育

"'性教育'一词是舶来品，中国古代虽然有性教育之实，但却无性教育之名。"[1]中国古代大量书籍中都含有性教育的内容，如《左传》中记载的"男女同性，其生不蕃"是中国对遗传和优生的最早论断；《论语·季氏》中"君子有戒，少之时血气未定，戒之在色"亦是对性知识的理解。《汉书》以特别的篇幅讨论房中术的事实说明，在汉代，这个题目是广为传习的……这类房中书肯定不是用于取悦人的，它们是为已婚者而写的严肃的指南读物，其主要目的是教育。把这类带有各种性交姿势图例的房中书放在新娘的嫁妆中，在当时似乎是一种惯例[2]。但古代的性教育并非科学意义上的性教育，其"性"的含义与现代意义上的"性"也截然不同。鸦片战争后，西方性教育思想观念、医学观念逐渐传入中国，一些有识之士关注到"性"这一层面，康有为在1895年公开主张引进西方的性爱观，认为人生而有欲，天之性也；谭嗣同在《仁学》中也表达了自己对"性"看法，认为应该开展性教育以打破对性的错误认识。

现代意义上的"性教育"一词于20世纪前后在我国出现，并在二三十年代受到社会的广泛关注和讨论。教育界和知识界人士对性教育的必要性、性教育包含的内容、性教育的方法等问题发表自己的看法，他们普遍认为性教育不仅涉及性知识、性卫生，还涉及性伦理、性道德等各个方面。"所谓性教育，是包括各种科学的、伦理的、社会的、美学的教训与陶冶，要求可以直接或间接帮助青年男女去解决性问题的一种教育"；并通过从幼年时期开始长期的教育，"使他达于所谓性欲人格完成的境地"[3]。性教育绝不止

---

① 目前学界关于民国时期性教育研究成果较少，较有代表性的学者为首都师范大学历史学院梁景和教授。学界研究成果主要有刘达临：《中国近代性教育文献述略》(收录于蔡勇美，江吉芳．性的社会观．台北：巨流图书公司，1987)；陈永生：《清末民初我国学校性教育述略》(中华医史杂志，1993(1))分析了1900—1935年发表于教育、卫生等书刊中有关学校性教育文献的主要论述)；朱梅：《20世纪初中国的性教育》(南京大学学报(哲学·人文科学·社会科学版，2001(1))探究了20世纪初中国性教育的活动及特征，指出中国现代意义上的性教育始于20世纪初，而不是60年代中期；王雪峰：《西学东渐与中国近代性教育的兴起》(北京科技大学学报(社会科学版)，2006(2))考察了西学输入与性教育的兴起，近代性教育兴起的特点分析及近代性教育兴起的原因；杨文胜：《思潮与实践：民国初期的性教育》(安徽师范大学硕士学位论文，2017)剖析了性教育概况，民国初期性教育思潮的兴起、影响与评价等；此外还有梁景和：《五四时期的性教育思潮》(山西师大学报，2000(3))，陈香：《民国中学教科书中的青春期性教育》(中华读书报，2013-9-25)、《中学生物学教科书性教育内容的百年变迁研究》(教育理论与实践，2016(8))。

② 梁景和，等：《现代中国社会文化嬗变研究(1919—1949)——以婚姻·家庭·妇女·性伦·娱乐为中心》(社会科学文献出版社，2013)中"性伦卷"从性教育的兴起、教育界对性教育的讨论和实践、进步知识分子(鲁迅、周作人、潘光旦、张竞生等)的性教育文化观及现代性教育兴起的归因和性话语的解析对性教育进行了分析；梁景和：《五四时期社会文化嬗变研究》(北京：人民出版社，2010)用"性教育思潮""性伦文化"两章的篇幅描述了性教育的相关内容；张德安：《身体教育的历史——关于近世中国教育的身体社会史研究》(北京：中国社会科学出版社，2016)中也以一章的篇幅探析了性教育的相关内容。

于传授繁殖、性卫生等某一层面，它渗透于个人全部生活，不仅包括生理层面的性知识教育，还包括建立在性知识基础上的关于社会、文化层面的教育。

性教育是关乎个人、民族、国家和社会的科学知识教育，实施性教育是非常有必要的。根据当时的学者调查发现，“六百七十七个青年第一次性的知识之来源，答案得自不良的来源竟占百分之二十九点五之多”[4]。尽管当时思想渐趋解放，但绝大部分人对性这一事实是避而不谈的，或是用语言搪塞；对性教育更是采取“无师自通论”或“封闭保险论”。但对于人的整个成长历程来说，性是不可避免的，性教育问题是非常关键的。个人的性卫生、性知识、性疾病、性伦理、性道德、优生及由性而带来的社会现状等问题都必须从性教育这一角度着手解决。性教育实施的必要性是不置可否的，进行性教育首先可预防不正当的知识的入侵；其次可供给应付性的问题之知识；再次可完成个人的教育；最后可企图社会全体的幸福[5]。

当时教育界人士就施行性教育的年龄和实施性教育的地方发表自己的看法。当时教育界人士普遍认为性教育应从儿童五六岁时开始，直至成熟期。而“儿童生活的地方，大概脱不掉家庭、学校、社会三者；因此，实施性教育的地方，也可分为三处；第一，家庭方面性教育的实施；第二，学校方面性教育的实施；第三，社会方面性教育的实施。”[3]性教育的实施主要集中在家庭、学校和社会三者，这三个方面的教育对儿童或青少年性知识的形成是有重大影响的，应当予以关注。父母应当承担儿童幼儿期性教育的任务，对他们进行性知识的启蒙；同时应该指导儿童发育时生理上产生的现象等知识。但囿于当时我国家庭中父母具备性知识的寥寥无几；就算父母具备了相关的性知识，但受中国传统思想对性的避讳和避而不谈，对性教育采取消极的态度的影响，父母在家庭中对子女实施性教育几乎不太可能，大多数的家庭还不具备成为施行性教育的地方的条件。又因“我国社会教育，萌芽伊始，有百废待兴之势；但一般有热心或实力的教育家，注意学校教育尚且不暇，对于社会教育怎样设施，几无人顾问”；[3]社会教育极度不完善，在社会中施行性教育的可能性微乎其微。因此，学校应当承担性教育的责任，一方面“学校当性教育实施的责任，最为便利；而最易奏功”；[3]另一方面由于20世纪上半叶，国内性教育的倡导者以教育家和心理学家为主，性教育的出现主要是围绕学校教育展开的。学校是二十世纪上半叶性教育的主要阵地，因而作为儿童和青少年的第二家庭，学校开展性教育是非常关键而便利的。而在学校性教育中，应当特别注重中学时期，这一时期儿童生理开始发生转变，对性及性知识开始有了模糊的认识；且“色性这种本能，虽是与生俱来的；但颇有迟延性”[6]。中学时期的性教育至为关键，在中学时期实施性教育可以“使青年男女，自知对于两性活动之真正关系，而造成其高尚之格”[7]，促使青年男女形成正确的恋爱观、婚姻观和其他性观念。

2. 实践的内容和方法

教育界人士对中学性教育内容展开了激烈的讨论，一些学者主要借鉴西方国家的主张，如卢怡将日本学者市川源三先生有关性教育内容的主张翻译至国内，认为性教育的内容应包括八个方面：“性之个人卫生，性之社会卫生，娼妓问题，私生儿问题，性之道德，性之神圣（性的美学），结婚问题，人种改善问题。”[8]美国学者巴哥罗有关性教育内容的主张也被当时教育界人士引进，他们认为性教育的内容应当包括以下六个方面：“性的卫生（个人的、社会的），生物学中之生殖研究（见生理学），遗传与淑种学，性的伦理学与社会学，性的心理学，性的审美学。”①而盛朗西所主张的性教育的内容最为

① 参见陈兆蘅．性教育之真谛及欧美各国之性教育运动[J]．黄公觉．性教育概论．性教育杂志，1923，15(8)．

完善，也与当今社会所提倡的性教育的内容相差无几，他所阐述的性教育的内容有 26 项①之多，基本涵盖了性教育内容的各个侧面。中学性教育的内容应当但不止于囊括性的卫生学、性的生物学、遗传与优生学、性的社会学、性的心理学及性的审美学等方面，个人的性、两性间的性、社会的性等无一不都是性教育的内容。

中学性教育的方法包含内容较多，性教育在学校是否应当单独设立一科教授，中学性教育应当注意哪些问题以及教授性教育知识采取何种方法等都属于性教育方法问题。进行中学性教育最有利的方法为直接法和间接法两种，“直接法，即直接授以性欲之智识。间接法，即根本上为意志及身体之陶冶”[9]。对儿童和青少年进行性教育不应采取和成年人相同的方法，应“从自然学——生物学、动物学、植物学——下手”[5]，最后才“授人体生理，则说明各种生理机关之作用，而与宗教伦理科联络，给以说明养生节育之义务”[10]。李三无在论述性教育的方法方面较为全面，他认为，虽然各地地理、风俗、习惯、历史有所不同，但实施性教育的方法顺序还是大体相同的，在儿童极幼小时期，使他们对于异性间的接触自然成为习惯；之后可用诗文、神话、故事、历史传记等方法说明恋爱、结婚、贞操节欲等事项；在教授课程中，可先从动物植物学雌雄花蕊及雌雄两性方面入手，此后“继续说明人类与别的动物间性欲的区别”，“更进一步而具体地授以生殖器官的构造机能”，“最后就婚姻犯罪及其他与性欲有密切关系的社会问题，而注入稳健的思想”[11]。在进行性教育的过程中，应采用循序渐进的方法，不可一蹴而就，根据学生不同时期的特点，因时而教；在此过程中应当注意学生接受的程度，并根据学生的反应作出适时的调整。

考虑到社会实际状况，当时大多数的教育界人士都不赞同在学校中单独设立专门的课程施行性教育，应当将性教育融合进其他学科中，适时进行教授。“性教育是一生的问题，一生的事，断没有在一个时候说完的道理”，[8]且性教育目的的达成“断不是仅仅与一种学科的教授所能收完美效果，必须除主要科目以外，其他学科也共同趋向统一目的——至少不许含着互相反对的倾向”。[5]基于此，性教育的教授应在各学科授课过程中进行，中学性教育“不必特设讲义，即于教授生物、生理、伦理、宗教各科时，乘便予以相当之训诫而已”[10]。生理学、卫生学、生理卫生学、生物学、体育、道德、优生学等学科都可以辅助性教育的完成；与此相应，校医、各科教师，尤其是生理学、卫生学、生理卫生学、生物学等学科教师都应当共同承担性教育的责任。性教育“在小学方面，可纳入自然、卫生、体育各科中；在中学方面，可纳入植物、动物、生理卫生、体育、心理、人生哲学、社会问题各科中；至于大学方面，可另设性欲学、性欲教育学及性欲卫生教育等课程，以作专门的研究。”[3]在中学教授性教育的过程中，教师首先需要考虑学生接受的程度和课堂性教育实施的效果，根据授课效果及时调整授课内容和方法；二需要注意自己的态度和采用的语言方式，“态度要尊严，言语要庄重”[12]，以诚恳的态度、委婉微妙的语言教授之；三应当“观察儿童两性发达之程度，并研究其家庭和社会之环境”[7]，注重个别指导，因时而教，因人而教，实施个性教育；四应当考虑到男女间的差别，将男生和女生分开教授，“男女同校者，在初步教导，（如动植物之胚胎学）合班教授亦无妨碍。至进一步教授（如手淫，遗精，月经等），则以男女分班为宜，且须选同性教师分教之”[13]。在教授性教育的过程中，施教者不仅要注意“教”，还要注意“育”，将“教”和“育”相结合。此外，中学校实施性教育还应和社会紧密联系，考虑到社会环境和需要，寻求社会的支持和合作。

① 参见盛朗西．性教育在新学制课程上的位置[M]．廖世承，等．性教育与学校课程．上海：商务印书馆，1924：56-58.

二、中学性教育实践的宣传

教育部颁布课程标准规定将性教育定为中学课程的重要内容，许多包含性教育知识的教材开始出版发行和使用。中学校积极响应教育部要求，以严格、慎重的态度遴选性教育的施教者，即教师。他们以专业、坦然的语言和态度对中学生讲授性教育知识，以此促进中学生的身心健康发展。

1. 中学性教育实践的课程标准与教材

早在清末民初时期，中学就开始开设性教育相关课程，如“生理学”“卫生学”等课程。1902 年《钦定中学堂章程》第二章“功课教法”第二节“中学堂课程分年表”规定第三年开设博物(生理学)[14]。1904 年《奏定中学堂章程》“学科程度第二章”第四节“中学堂各学科分科教法”规定，博物科中人身生理当讲身体内外之部位，知觉运动之机关及卫生之重要事宜；第五节“各学科程度及每星期教授时刻表”规定，第三年和第四年开设的博物科程度为生理、卫生、矿物，课时为每星期两点钟[15]。《学部奏变通中学堂课程分为文科实科折(1909 年 3 月)》《教育部公布中学校令施行规则(1912 年 12 月)》《教育部公布中学校课程标准(1913 年 3 月 19 日)》则分别规定博物科应当授以“生理卫生学”“人身生理卫生之大要”“生理及卫生(人身之构造、个人卫生、公众卫生”等内容[16]。1909 年，鲁迅从日本归国在浙江两级师范学堂任生理学和化学教员，在讲授生理卫生课时应学生要求加讲了生殖系统，并要求学生在他讲授时不许笑。“他的讲义写得很简，而且还故意用着许多古语，用‘也’字表示女阴，用‘了’字表示男阳，诸如此类，在无文学素养未曾听过讲的人看来，好比一部天书了。”[17]他以严肃、坦荡的态度讲授性教育知识，且受到学生的广泛好评。但这在较为封闭的前清时代毕竟是个例，鲜有老师会为学生教授性教育相关知识。清末民初，中学虽开设了博物科课程，并规定博物科应授以“生理学”“卫生学”“生理卫生学”等内容，但在实际操作过程中受现实原因的约束，尚不能为学生讲授生殖系统知识，至于生殖器官之外的其他性教育知识更是难以达成。

1921 年，卫生部公布了《学校卫生实施方案》(1921 年 10 月 26 日，训令第 1336 号)，经过卫生教育讲习会调研、卫生部修改后，形成新的方案《卫生教育实施方案》，其中“教学”部分第二项就明确规定要“加入性教育教材”①。1929 年，教育部门颁布《初级中学生理卫生暂行课程标准》，其中“教学大纲”第一点“健康身体及增进健康的必要条件”中就有“性的发育行为和责任(注意春机发动时期的身心变化)”的内容；“毕业最低限度”中有“了解两性卫生的要义”的规定[18]。1932 年 11 月，在暂行课程标准的基础上，教育部颁布了《初级中学卫生课程标准》，要求在教材大纲第一学年中有“青春时期之生理变化”；1933 年 7 月教育部公布的《高级中学卫生课程标准》也包括了性器官、性道德、性病、优生等内容[19]，并对中学卫生课程的内容进行了规定，要求依照此标准编写教材。此外，还有许多将性教育作为重要内容的课程标准在 20 世纪 30 年代颁布，性教育知识成为中学教材中的重要内容，在中学开展性教育已经成为一种呼声和趋势。在课程标准颁布后，第二步就是遴选教材，在此过程中要注意联络各科教材，如卫生科、自然科、生物科等，依照课程标准要求的包含性教育内容的中学教材出现在中学校。

民国时期中学教材及学生参考书中包含了较为丰富的性教育内容。笔者查阅了《民国教育史料丛刊总目提要》[20]中“初等教育 · 教材、学生参考书”和“中等教育 · 教材、学生参考书”两部分内容中提及的有关生理卫生、生物、自然等科目的教材和参考书，详细翻阅了教材和参考书中的内容，尚未发现初等教育教材中有性教育的内容，与之相较之下，中等教育的教材和参考书中有较为丰富的性教育内容。梁景和查阅了北京师范大学图书馆馆藏全部民国(有一本为清末教材)时期中学生理卫生(共计 51 种)、师范学校生

---

① 《教育公报》1921 年第一卷第十一期，训令第 1337 号；转引自梁景和，等．现代中国社会文化嬗变研究(1919—1949)——以婚姻 · 家庭 · 妇女 · 性伦 · 娱乐为中心[M]．北京：社会科学文献出版社，2013：410.

理卫生和健康教育教材(共计8种)，发现将性教育内容编写入其中的教材共有22种[1]。由此可见，性教育在中学教材中出现的频率并不低，中学教育已将性教育内容视为教授的必要内容之一。新中学教科书《生理卫生学》[21]单列“生殖系”一章，主要介绍了生殖器的解剖、生殖器的生理、生殖器的卫生和疾病等内容。《初中生理卫生学》[22]单列“性的发育行为和责任”一章，阐述了男女性之间的差别、性卫生及性器官的疾病等内容。初级中学学生用《开明生理为学生教本》和初中教科书《生理卫生学》都涵盖了性教育内容①。而由王云五主编、程瀚章编著的《复兴高级中学教科书卫生学》第五章“个人对于社会和民族健康应有的理解和行为”之第二节“男女性器官的解剖和保健”介绍了男女性器官解剖、性的成熟、性器官的保健和性卫生、性道德、性病和性病的危害等内容，提出要“禁娼”“注重性教育”；指出“性道德中，最重要者，为贞操问题，此问题在往昔仅对于女子为严格，而男子方面，殊无贞操可言，然男女平等，夫妇之间，各宜负贞操道德上的义务，非但可以维持及增进配偶间的情感，对于社会的安宁秩序，也可保持了”[23]。赖斗岩、苏德隆在《师范学校教科书卫生》则介绍了性教育的意义和重要、性教育的目标、性教育的实施和性病的危害等内容。20世纪二三十年代是民国时期性教育的繁荣期，包含性教育内容的教材和参考书在这一时期也显著增多，这一时期的教材所涉及的性教育知识以生殖器的构造、生殖器的生理以及生殖器的卫生和疾病等内容为主，辅以性欲、性道德、性病等知识内容。

2. *施教者——教师的选择*

课程标准规定应在中学开展性教育，中学教材和参考书中都包含性教育的内容，对学生施行性教育是不可避免的，但由何人来进行教授，施教者应具备何种资格呢。20年代时，教育界就对“中学生之性教育应如何实施、主持者应具如何资格”[24]进行了讨论。性教育知识是较为敏感的，社会和教育界特别强调教育者在性教育中的特殊地位，“性教育的实施，最要紧的事体是教师；倘若我们不知道教师怎样，我们绝对不宜计划性教育的教授”[25]。“在学校中，则专赖最真诚的教师；而以女教员教女生，男教员教男生为宜。”[11]由相同性别的教员进行性教育的教授这一观点，也得到了盛朗西的认同，他认为，“在学校中，最普通的规例，凡是少年时期的儿女，如果给他性的教育，应该由那些与儿女同属性的教员去担任。假使不得已时，男孩可请几个老成妇女去教导，而女孩总不当由男教员去担任”；他还指出，“选择教员，只要看他的医学、卫生学、教育学及许多科学的知识如何，不必问他个人的经验”[3]。中学性教育的实施主要由教师或校医负责，其中最为重要的又是教师。

作为中学性教育的实施者，他们必须具备以下条件：第一，精神上的生活健全；第二，教育的训练；第三，社会道德的训练。同时“还须兼顾社会的需要，社会消化力的强弱，才不至于殃祸贻患”[26]。中学在选用教师教授性教育内容时，应采取慎重的态度，应当考虑“有医学卫生学及教育学等知识者；有和平态度及系统方法，说明两性卫生学者；有良好道德，为学生所尊重者”[13]。如前文所述曾在日本接受医学教育的鲁迅在浙江两级师范学堂讲授生殖系统知识，在讲授时要求学生不许笑，以严肃、坦然的态度教授性教育知识。根据《苏州女子中学月刊》的记载发现，1929—1930年初中二年级和三年级“生理卫生”科目的授课教师为杨畊青；高中普通科和高中师范科“女子卫生”科目的授课教师为戴梅侣②。而江苏省立苏

① 顾寿白．开明生理卫生学教本．上海：开明书店，1933；该教本单列“性器”章，分析了性器的解剖、性器的生理、性器的卫生和疾病等内容。魏春芝．生理卫生学．北京：著者书店，1932；书中第五编“生殖系统”第十一章“生殖器”阐述了男生殖器的构造、女生殖器的构造、生殖器的生理、生殖器的卫生和疾病。

② 参见《苏州女子中学月刊》1929年第1卷第7期、1930年第1卷第10期。杨畊青，生物教师，1916年时在吴江中学教授博物科，“先生素不喜杀生吗，而畊青教博物，日剥制动物禽鸟标本”，后在江苏省立苏州女子中学任生物教师、教务主任；参见钱伯城．颜文梁先生年谱[M]．颜文梁，讲述，林文霞记录整理．上海：学林出版社，1982：163。戴梅侣，民国时期著名女医生，曾在苏州妇孺医院服务；参见《金阊区志》编纂委员会．金阊区志[M]．南京：东南大学出版社，2005：660.

州中学的生物教师为生物学家吴子修①。不难看出，教授性教育相关课程的教师都具备良好的生物学知识或医学、卫生学知识，其专业素养是无须怀疑的，他们能够以专业、平和的语言和态度讲授性教育知识；而且戴梅侣为女性，教授“女子卫生”科与相同性别的教员教授性教育这一要求相符合。

倘若学校没有合适的教师教授性教育相关内容，应当暂停性教育的教授，以免对学生造成不良后果。相应的，有一些教师是不适宜对学生开展性教育的，巴哥罗认为有五种不具备教性的卫生学和性的伦理学的教员：不能以和平的态度，有系统的方法，说明性的卫生学像其他卫生学一样的教员；自己有身体上的或心理上的两性的异态，多少显出于外观的教员；不用科学的观察，醉心于讨论两性异态的书籍中，以为关于不正当生活的知识是少年男女所受性教育中的重要部分的教员；自己经过不快乐的生活，又有了关于恶德方面的知识，对于性的问题就发生悲观的教员；不能引起学生尊敬心得教员[3]。性教育施教者的选择是至关重要的，不仅关乎学生的身心健康，更关乎整个民族的发展，学校应采用严格的态度甄选教师，选择最适宜的受学生信仰和尊重的教师进行性教育。尽管各中学校采用非常慎重的态度选择授课教师，但由于“中国目前一般处于教育者地位的——如父母、兄姊、教师等，有几个能够对于性欲方面有正确认识与科学上的理解呢?”[27]因此，对性教育的施教者——教师进行必要的培训是非常有必要的，必须教育教育者，采用为教育者举办特别的座谈会、讲演会或讲习所等方式，使他们具备充分的科学的性器官知识、生理与卫生知识。

三、中学性教育的具体实践

中学性教育实施的课程标准的颁布和以教育部颁布的课程标准为依据编写的中学教材的出版，促使中学校设置并开展性教育相关课程，将性教育融入生理学、卫生学、生理卫生学、生物学等课程中，注重课程内的中学性教育的实践；同时注重课程之外性教育的实施，采取多种方式对学生进行性教育，帮助学生形成正确的、科学的知识观念。

1. 课程内的中学性教育实践

20世纪二三十年代是民国性教育发展的繁荣时期，这一时期虽有性教育思潮，但实际真正去推行的却是寥若晨星，性教育的实践还是较为艰难的。“近世性教育的呼声忽然兴起，就是我们这麻痹的中国也受到影响，有人知道性教育的重要了。不过天下事常常是易说难做，性教育的理论已很满足，讲到实行还有些困难。性教育怎样实施呢？说来说去，总还没有什么很好地法子。”[28]但这并不意味着性教育在中学完全没有实践，从已有的资料来看，中学性教育融合在生理学、卫生学、生物学、生理卫生学、博物等各学科中，教师教授学生性教育相关内容。笔者查阅了二三十年代的《中学生》《教育汇刊(南京1921)》《明德旬刊》②《苏中校刊》《苏州女子中学月刊》《扬州中学校刊》《现代学生(上海1930)》《中央大学区立上海中学校半月刊》《江苏省立上海中学校半月刊》《育德月刊》《培正青年》《广东省立一中校刊》《南中》《中央大学区立南京女子中学校刊》《锡中校刊》《苏州振华女学校刊》《光华附中半月刊》《河北省立第七中学校刊》《民智》《学生生活》《徐汇师范校刊》《岭南中学》等二十余种中学校报校刊，暂未发现有明确记载教师教授性教育课程、如何教授性教育内容或学生接受性教育课程的相关内容，但可从校报校刊中窥探包含性

① 吴子修，生物学家，曾任江苏省立苏州中学生物教师、校长，著有《北新植物学》《初中植物学》等书。曾在苏州中学发表《内分泌学的研究与卫生健康之关系》的演讲，指出“中国现代的浪漫文学之勃兴，对于恋爱的问题，性的问题，嚣张一时。青年男女，往往无形受其诱惑，使精神兴奋，摧残生理的发育，于卫生上、营养上，大有妨碍。盖生殖器官除生殖作用外，有产生维持生命，保持健康，最重要只内分泌物质”；要求在中学课程开展性教育。参见吴子修，徐玉书．演讲：内分泌学的研究与卫生健康之关系[J]．苏中校刊，1930，1(39/40).

② 包括中学校刊《明德旬刊》、学生刊物《明德半月刊》、中学生刊物《明德季刊》等刊物。

教育内容课程的设置、进行性教育使用的教材和其他进行性教育的方式等内容，剖析民国性教育的实践状况。

长沙明德中学积极响应教育界和社会人士对中学开展性教育的呼应，聘请教员教授性教育的相关内容，来自湘潭的何泾渭教师除担任体育主任外，还兼授生理运动这一课程①。1923 年，全国教育部联合会拟有课程标准纲要，初中分社会(公民、历史、地理)、普文(国语、外国语)、算学、自然、艺术(图画、手工、音乐)、体育(生理卫生、体育)等六科进行，其课程表如下(见表 1)；授课以学分计，每半年上课一小时为一学分，即"自然科"课程为 16 学分 16 学时，在整个初级中学课程中占比重较大，"生理卫生"课程为 4 学分 4 学时，占有一定比重。1927—1928 年，江苏各省校初中都设置了教授与性教育相关的课程(见表 2)，从表中可以看出，苏州中学、无锡中学、镇江中学、扬州中学都对"生理"课程的课时做了明确的规定，大致为 2~3 学时，教师须教授学生生理知识。根据课程纲要修改委员会制定的中学课程表，长沙市明德学校学生在初一两学期需接受"生理"课程，在初二和初三两学年需接受"博物"课程[29]。而在苏州女子中学的课程表中，"生理卫生"是初中二年级和初中三年级的必修科目，高中普通科二年级、高中普通科三年级和高中师范科二年级都必须接受"女子卫生"课程②。且在十六年度第一学期，苏州女子中学选修"女子卫生"科的人数高达 51 人，在 38 项高中选修科目中排列第 5 名[30]。

中学所用教科书亦能反映性教育的实践状况，如中央大学区立上海中学校高中"生物"科教科书为王其澍所著《近世生物学》[31]，书中囊括了"生殖作用""优生学与性教育"等章节。"与施行性教育最有关系的科目为生物学、社会学、生理学以及生理卫生四种。"[32]生物学可以包含动植物的繁殖及人类的发育、分泌与青年的关系、遗传与优生的原理等内容；社会学可以讲述各种性病的危害、两性问题、家庭关系等内容；生理学与生理卫生可以讲解细胞职能与作用、性欲器官的构造、健康与性欲卫生等内容。"自然""博物""生理""生理卫生"等课程的设置与开展势必会涉及性教育的相关内容，中学积极开展这些课程教授学生性教育知识，使他们形成正确的性知识，并推动性教育的实践与发展。

表 1　**初中必修学分表**

学科	社会科			普文科		算学科	自然科	艺术科			体育科		共计
	公民科	历史	地理	国语	外国语			图画	手工	音乐	生理卫生	体育	
学分	6	8	8	32	36	30	16	12			4	12	164

资料来源：中华民国教育部．第一次中国教育年鉴(丙编)．上海：开明书店，1934：190.

表 2　**1927—1928 年江苏各省校初中课程表(六学期周时总数)**

科目	博　物				物理	化学
	生理	植物	生物	矿物		
上海中学	15					
苏州中学	3	3	3	2	4	4

① 参见本期教职员名称．明德旬刊，1931，5(2)。何泾渭(1909—1946)，字公望，湖南湘潭人，1925 年毕业于东南大学体育系，随后任长沙明德中学体育主任；在明德中学任教期间，把体育视为德育、智育的基础，要求体育课除传授体育技能外，应注意健康知识的教学；同时不断完善学校体育设施，注意美化校园，改善卫生设施和保健工作；参见湖南省地方志编纂委员会．湖南名人志(第 1 卷)．北京：中国档案出版社，1999：914.

② 参见《苏州女子中学月刊》，1929 年第 1 卷第 7 期、1930 年第 1 卷第 10 期。

续表

科目	博　物				物理	化学
	生理	植物	生物	矿物		
无锡中学	3	4	4	—	5	5
镇江中学	2	4	4	2	4	4
扬州中学	3	3	3	3	4	4
南通中学	14					
苏州女中	24					
南京中学	18					
松江女中	16					
南京中学	10					
前江苏二中	22					

资料来源：沈佩弦．课程研究：初级中学课程的研究．苏中校刊，1930，1(32)．

我们亦可从学生的角度分析民国时期中学性教育的实践状况，中学校报校刊中刊载了学生的课后笔记和一些日记，反映了中学生对性教育的认识状况。“在上学期动物学课上，吴子修先生，曾经叫我们做一张表，比较各纲动物的生殖器官……”[33]学生赵士蔺在文中详细列出了原生动物、海绵动物、腔肠动物、扁体动物、环形动物、节肢动物、脊索动物等各种类中各纲动物的生殖器官，并辅以图片作为补充。“恋爱本是我们发育时期中性的安慰者，但既然认为性的安慰者，这样若发生恋爱时，两性之间情感日洽，热度也高，那时便很容易干出不道德的事了。”[34]普一丙班学生黄沛榕以各种角度阐明恋爱的弊端，指出两性问题若处理不足，则亦导致严重的后果。“我们在学生时代，正是发育之时，对于情的追求，确实感到极的急切的。”[35]中学生逐渐对情和两性之间的关系形成正确的认识，提出要时刻保持冷静的头脑，并就婚姻问题提出自己的见解，认为男性应在二十五岁以上结婚，女性应在二十岁以上结婚，切勿早行恋爱。

2. 课程外的中学性教育实践

除课程的设置与开展外，图书馆也积极配合中学性教育的开展，长沙市明德学校图书馆新购《恋爱三昧》(赵伯颜译)、《文艺与性爱》(谢六逸译)、《结婚的爱》(胡仲持著)、《近代的恋爱观》(夏丏尊著)、《植物解剖与生理学》(李高恭译)、《两性问题与生物学》(杜季光译)等①性教育相关书籍供学生和教师参考和阅读；江苏省立苏州中学图书馆则藏有《产儿制度》《优生学》《恋爱学》《生理学》《善女人行品》、*psychology of sex* 等②涵盖性教育内容的书籍；其他学校图书馆亦藏有性卫生、性道德、两性问题等相关书籍。图书馆性教育书籍的购买和扩充不仅可以反映出中学对于性教育的态度，还可以让学生自主学习性教育相关知识，丰富他们的性知识，帮助他们形成正确的态度和观念。

不仅如此，中学还在其校刊上刊载有关性教育的文章，以促成性教育知识在学生中的普及。广州培正学校刊载文章介绍苏俄的两性问题及苏维埃政府应付两性问题的举措，一是制止过度的性举动，二是节制生育[36]。“恋爱是纯粹出于自然的情绪，不含理智的要求，且非为满足自己的肉欲而生。”[37]恋爱者双方在谈恋爱的过程中都需负一定的责任，即自身人格的责任，保护对方一切权利的责任，改进社会决心、促进社会婚姻革命的责任，帮助青少年养成正确的恋爱观。“惟其有好色之本能，故虽有今日婚姻之制度；

① 参见图书馆三月份新购图书补志．明德旬刊，1930(4)；本馆新到图书一览表．明德旬刊，1931，5(2/4)．

② 参见图书馆新购图书．苏中校刊，1929，1(25)；新到图书公告．苏中校刊，1932，2(72/73/98/102)．

男女间犹不能免于私奔，野合，自淫，强奸等事情。余诚信人类好色之本能，一日不灭，则此种淫行，犹得于社会表示不穷。”[38]通过在校刊上刊载有关性教育内容的文章，使中学生形成对性教育，包括生理知识、恋爱、婚姻、性欲等的正确认识。“中学生已达到青春期，生理方面的发达，渐渐成熟，性的追求，性的苦闷，是任何中学生所不能免的，若任其暗中摸索，未免追逐低级趣味，而日趋堕落。所以实施中等教育者，对于性教育不要讳莫如深，应当以光明的公开的态度，作正确的指导，这不是一个小的收获。倘能于此外以幽美高尚的文艺作品，陶冶青年的身心，养成纯洁的意趣，当然也可以调剂中学生性爱的发展，而走上康乐的大道。”[39]由于生理上的变化，中学生对性的追求是一种自然现象，不必感到羞耻，应该通过让中学生参加其他的活动来转移中学生性力的冲动，阅读课外读物也是转移性力冲动的一种方式。

在硬件设施的设置和课外活动开展等方面，学校亦应注意。“各种生理标本，生理模型，病体模型，幻灯影片等，与性之卫生书报，宜充分购备，以助讲演之不及。”[13]图书馆所购性教育相关书籍及生物和生理卫生等课程所需的生理标本、模型等都可作为对中学生进行性教育的工具，学校应准备充分。中学校还应组织学生参观卫生部陈列所或性教育陈列所等，通过参观这些陈列所让学生形成对性器官、性知识、性道德等的正确认识。1927 年，上海特别市教育局就在市政会议上提出请本市各局协助教育的提案，“于交通便利处酌设性教育陈列所，将梅毒之四畏、手淫之弊害、早婚之恶果、亲族结婚之流弊等，用标本或图表表现之，使青年知所警惕”[40]。上海市教育局的这一提案得到社会众多人士的广泛支持，并切实得到了解决，逐渐扩展到全国各地。江苏省立苏州中学曾就在参观西湖博览会的报告中提及通俗教育卫生部陈列室，“臻列天花、白喉、梅毒、疥癣等病之模型，各模型之上均有简单说明”[41]。学校肩负着中学生性教育的重任，学校一方面应设置并开展性教育相关课程，并将性教育课程所需的硬件设施配备齐全；另一方面应考虑到课外活动对中学生性教育的作用，积极组织学生参加相关课外活动。

同时，中学校还应注意校医的作用，“校医在校里局域性的罪恶的察知与适当预防的地位，更应该不绝的供给新知识于其他教师。教师对于校医，每年至小有四五回关于学生手淫及健康状态的报告；校医依据这种报告而自下判断，商由校长及其他的当局，为适宜的处理。”[3]相对于各科教师，校医具备更为专业的性教育知识和对性教育更为平和的态度，中学校应时常邀请校医为中学生讲授生理卫生知识和其他性教育知识，或者由校医对教师进行培训，以此丰富教师的性教育知识；教师和校医间应加强联系，积极讨论学生的健康状态，及时发现问题并采取适宜的解决措施。

四、结语

民国时期性教育思潮的兴起是社会发展和思想解放等多重因素下的必然趋势，不同于西方国家由医学工作者来推动性教育的发展，教育界人士是中国近代性教育发展的主要倡导者和推动者。教育界人士对性教育的相关问题展开激烈的讨论，而作为这一时期性教育发展的主要阵地，学校肩负着施行性教育的重担。在社会发展趋势下，课程标准和教材将性教育内容作为重要内容，中学校通过生物、自然、生理卫生等课程教授性教育知识，并辅助其他方式扩展学生的性教育知识。纵使这一时期中学的性教育实践仍十分有限，我们很难看到明确显示中学各学校教授性欲、性道德、性心理等性教育知识的相关资料，性教育实施的现状也不尽如人意，社会多数民众对性教育还未持完全赞成的态度，但这一时期中学性教育的实践在我国教育史上是开拓性的。民初教育界人士对性教育的讨论和实践具有科学性和先进性，其对当今中学和社会“性教育”的奠基作用不可忽视，对当代社会性教育的理论和实践的重要借鉴价值亦不容小觑。

◎ 参考文献

[1] 梁景和，等．现代中国社会文化嬗变研究(1919—1949)——以婚姻·家庭·妇女·性伦·娱乐为中心[M]．北京：社会科学文献出版社，2013.

[2] 高罗佩．秘戏图考：附论汉代至清代的中国性生活[M]．杨权，译．广州：广东人民出版社，2005：14.

[3] 盛朗西．性教育在新学制课程上的位置[M]．廖世承，等．性教育与学校课程[Z]．上海：商务印书馆，1924.

[4] 周调阳．性欲问题之研究[J]．心理，1923，2(2).

[5] 常道直．性教育概论[J]．教育杂志，1923，15(8).

[6] 饶上达．针对教育研究：中等教育中之性教育问题[J]．教育汇刊(南京1921)，1923(6).

[7] 林昭音．两性教育之研究[J]．教育汇刊(南京1921)，1921(1).

[8] 市川源三．性教育概论[J]．卢怡，译．性教育杂志，1923，15(8).

[9] 陆费逵．教育文存(第四卷)[M]．上海：中华书局，1922：57.

[10] 志厚．教育上之色欲问题[J]．教育杂志，1915，6(12).

[11] 李三无．性欲教育研究[J]．新教育．1922，5(1-2).

[12] 乔一乾．小学校的性教育问题[J]．中华教育界，1930，18(2).

[13] 赖斗岩，苏德隆．师范学校教科书卫生[M]．上海：商务印书馆，1935.

[14] 舒新城．中国近代教育史资料[M](中册)．北京：人民教育出版社，1981：494.

[15] 舒新城．中国近代教育史资料[M](中册)．北京：人民教育出版社，1981：505，507，508.

[16] 舒新城．中国近代教育史资料[M](中册)．北京：人民教育出版社，1981：518，522，531.

[17] 夏丏尊．夏丏尊文集(第1卷)[M]．杭州：浙江人民出版社，1983：242-243.

[18] 初级中学生理卫生暂行课程标准[J]．河南教育，1930，2(16).

[19] 徐百齐．中华民国法规大全：第三册(财政·实业·教育)[M]．上海：商务印书馆，1936：3898，3946.

[20] 李景文．民国教育史料丛刊总目提要[M]．郑州：大象出版社，2015.

[21] 宋崇义．生理卫生学[M]．上海：中华书局，1929.

[22] 庄畏仲，龚昂云．初中生理卫生学[M]．上海：世界书局，1931.

[23] 王云五，程瀚章．复兴高级中学教科书卫生学[M]．上海：商务印书馆，1934：103-104.

[24] 湘教育界提出问题与孟禄讨论[N]．申报，1925-5-31(11).

[25] 黄公觉．性教育概论[J]．教育杂志，1923，15(8).

[26] 潘光旦．优生概论(下篇)[M]．上海：上海书店，1989：251.

[27] 汤啸云．性教育之理论与实际[J]．东方杂志，1935，32(23).

[28] 舒芜．女性的发现：知堂妇女论类抄[M]．北京：文化艺术出版社，1990：96.

[29] 课程纲要修改委员会制定小学、中学全部课程表(附表)[J]．明德旬刊，1932，6(7).

[30] 规程图表及决议案：苏州女子中学校各学科选修人数表[J]．苏州女子中学月刊，1929，1(2-3).

[31] 本校中学部教科用书表[J]．中央大学区立上海中学校半月刊，1928(15).

[32] 廖世承．性教育与中学校[M]．廖世承，等．性教育与学校课程．上海：商务印书馆，1924：16.

[33] 赵士蔺．动物各纲生殖器官的比较[J]．苏中校刊，1929，1(25).

[34] 黄沛榕．高中日记十篇：中学生恋爱的我判[J]．广东省立一中校刊，1934(69)．
[35] 郑新国．高中日记十篇：青年的修养[J]．广东省立一中校刊，1934(83)．
[36] Theodore Dreiser. 苏俄如何应付两性问题[J]．仲平，译．培正青年，1929(8)．
[37] 徐庆丰．恋爱与离婚之责任[J]．南中，1932.
[38] 贺益文．人性衡论[J]．明德旬刊，1931，4(8)．
[39] 梁尚仁，刘秩升，田同济．课外读物与中学生[J]．现代学生，1932，2(1)．
[40] 市教育局提出十一项拟交市政会议讨论[N]．申报，1927-8-16(7)．
[41] 西湖博览会参观报告：第五章：卫生馆[J]．苏中校刊，1929，1(27/28)．

·教育技术与实习·

测绘地理信息实习基地建设

章　迪[1,2]　邹进贵[1,2]　向　东[1,2]　花向红[1,2]

(1. 武汉大学　测绘学院，湖北　武汉　430072；
2. 武汉大学　测绘国家级实验教学示范中心，湖北　武汉　430072)

摘　要： 实习实践是深化课堂教学、提高实践能力、强化工程技能、培育团队精神和创新能力的主要途径。专业性实习场地是开展测绘实习实践的先决条件，也是保障实习效果和教学质量的基本前提。武汉大学从测绘类专业人才培养需求出发，与湖北科技学院合作共建测绘地理信息实习基地，满足了"数字测图实习""GNSS测量与数据处理实习""大地测量实习"等测绘类专业核心实习课程的教学需要。本文主要介绍了实习基地的建设思路、举措和成效。

关键词： 测绘地理信息；实习基地；教学效果

Construction of Practical Fields of Geodesy and Geomatics

Zhang Di, Zou Jingui, Xiang Dong, Hua Xianghong

(1. School of Geodesy and Geomatics, Wuhan University, Wuhan, Hubei, 430072;
2. National Experimental Teaching Demonstration Center, Wuhan University, Wuhan, Hubei, 430072)

Abstract: Practical fields play a very important role in the experimental teaching practice. Professional practical fields is the precondition of good practice teaching quality and effect. In order to cultivate professional talents for geodesy and geomatics, Wuhan University and Hubei University of Science & Technology co-construct the Practical Fields of Surveying and Mapping Geographic Information, which is mainly used for the core practice courses of surveying and mapping, such as the Practice of Digital Surveying and Mapping, the Practice of GNSS surveying and data analyzing, the Practice of Geodesy, etc. The construction idea, measures and effect of practical field are discussed in this paper.

Key words: Surveying and mapping geographic information; Practical field; Teaching effect

测绘学是研究测定和推算地面物体的几何位置、地球形状及地球重力场，据此测量地球表面自然形态和人工设施的几何分布，并结合某些社会信息和自然信息，编制各种比例尺地图的理论和技术的学科。学

收稿日期： 2019-09-10

基金项目： 湖北省高等学校省级教学研究项目(2017006)；武汉大学实验技术项目(WHU-2018-SYJS-07)；武汉大学本科教学研究项目(2018JG062，2017JG094)。

作者简介： 章迪(1984—　)，男，湖南韶山人，博士，高级实验师，武汉大学测绘学院创新创业中心主任，研究方向：GNSS数据处理与人工智能；邹进贵(1972—　)，男，湖北公安人，博士，教授，武汉大学测绘学院副院长，研究方向：精密工程测量；向东(1971—　)，男，湖南新化人，博士，测绘实验教学中心主任，研究方向：测绘虚拟仿真；花向红(1963—　)，男，江苏人，博士，武汉大学测绘学院教授，研究方向：工程测量与测量数据处理。

科的性质决定了实习实践的重要性，而实习场地的好坏对实习效果有着直接影响。专业性实习场地的匮乏将严重影响教学效果。如何建设既能满足教学需要又符合高校实际的实习场地，是当前高等学校测绘实践教学迫切需要解决的问题。

1 测绘实习场地的重要性

实习实践是深化课堂教学、提高实践能力、强化工程技能、培育团队精神和创新能力的主要途径。教育部在《关于进一步深化本科教学改革全面提高教学质量的若干意见》中指出，高等学校要“高度重视实践环节，提高学生实践能力”。正所谓实践出真知。测绘学的很多基本原理、理论是比较抽象的。学生仅仅通过课堂和书本学习，还不能形成实质性的认识，只有经历过实习，对知识进行了具体运用，才能进一步加深对理论的理解，逐步养成分析问题、解决问题的能力。

由于测量仪器必须安置在符合一定条件的场地才能发挥作用，如全站仪、三维激光扫描仪等仪器要求与待测目标之间无视线遮挡；GNSS 接收机则要求对天空通视、周边无电磁辐射干扰等。这些条件若不能达到，则仪器无法正常工作、数据质量达不到要求，后续步骤无法继续。从某种意义上说，合适的场地是开展测绘实习的先决条件。建设专业、规范的实习场地，使学生更快、更精准地掌握测绘内外业工作的方法和流程，能更好地促进学生实践技能和创新能力的培养，对他们的就业和发展也有着积极深远的影响。

2 存在的问题

对于测绘类专业的实习，高校通常采用校内和校外两种模式，各自存在不同的问题。

2.1 校内实习的问题

许多校园里建筑物密集、植物茂盛，难以满足导线测量对点间通视的要求；电力线、手机信号发射器密布，难以满足 GNSS 信号无遮挡、远离辐射的要求，数据质量普遍较差。校园内车来车往、人流量大，也给人身安全、仪器安全造成了一定的隐患，因仪器被车撞倒、控制点被车辆遮挡导致的纠纷时有发生。

由于校园环境比较单一、地物不丰富、地形起伏小，测图内容过于简略，等高线绘制不具实际意义；很多工程实践中经常遇到的问题在实习中没有体现，缺乏工程实践真实感，对学生工程技能的锻炼不到位。

2.2 校外实习的问题

部分企业出于安全方面的考虑，不让学生直接参与实际生产，生产实习变成了参观实习，或仅让学生参与生产中的一个极小的环节，如单纯让学生跑碎部点或者扶水准尺等低水平的体力活，知识和技能覆盖面过窄，达不到培养要求。

此外，由于学生实习规模通常较大，有的一次多达数百人，就餐、住宿成为一般中小企业难以解决的问题。

3 实习场地建设

3.1 建设原则

实习场地的建设是一个系统工程，教授委员会应做好顶层设计，从教学的需要出发，各课程组协调讨论，邀请行业专家共同参与制定方案。学校教务、设备、财务等管理部门应该充分认识到实习基地的重要性，提供必要的政策支持和足够的财力保障。对于大型的校外实习场地，可以联合多个院校共同建设、共同使用和维护。

应综合考虑自然环境、建造成本、交通状况、人身安全、后勤保障等进行选址，着重考察以下因素：

(1)应尽可能满足多种实习的需要，如数字测图实习、大地测量实习、GNSS 测量与数据处理实习、摄影测量实习、地理信息系统实习、工程测量实习等，在同一场地进行多个环节的实习有利于学生对生产过程形成统一整体的认识。

(2)地物较为丰富、地形起伏较大，具有河流、山丘、平地等丰富的地形地貌特征，从而使学生能充分体验和实践各种场景的测绘工作；观测环境优良、遮挡和干扰少，能满足全站仪、GNSS、无人机等设备的观测需求；实习场所的面积应达到一定的规模，以容纳较多学生同时进行实习。

(3)地质条件稳定，无地震、洪水、台风和滑坡等重大自然灾害隐患；所处位置的气候条件较为温和，没有猛兽、毒蛇、毒虫等出没。

(4)交通便利，食宿有保障，电力、水源供应充足。

3.2 建设举措

本着这些原则，由武汉大学测绘学院牵头，联合学校实验室与设备管理处、后勤保障部、本科生院等部门，经广泛调研和研究论证，决定以湖北科技学院咸安校区为主体，建立“武汉大学-湖北科技学院合作共建测绘地理信息实习基地”。该基地位于湖北省咸宁市咸安区(如图 1 所示)，总占地面积约 800 亩，于 2015 年 6 月揭牌并投入使用(如图 2 所示)。基地距离武汉大学约 90km，车程不到两小时；地形地貌丰富、观测条件优良，基地内有小山包、外围有河流，能满足测绘相关专业大部分课程实习要求；基地内来往车辆少、交通安全状况好；后勤体系完善、生活较为便捷，合作方为实习提供了两栋宿舍楼共 400 多个床位，各宿舍楼均配备空调。

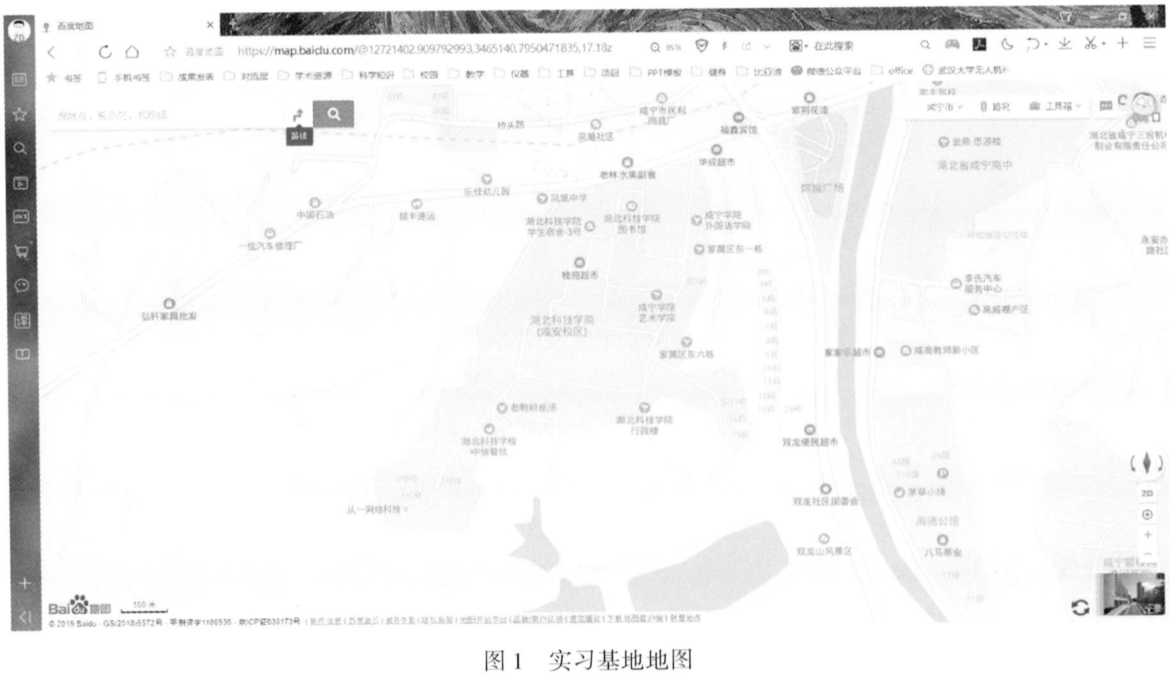

图 1　实习基地地图

图 2　实习基地揭牌仪式

在基础设施方面，为满足实习需求，由武汉大学出资购置电脑 120 余台，在实习基地的图书馆二楼建立了数据处理实验室；开设基地仪器室，用于存放三脚架、基座、全站仪、棱镜、GNSS 接收机等设备。按相关技术标准在地面及建筑物顶部埋设各等级标石近 200 个，包括强制对中观测墩、水准点、普通地面控制点等，以满足导线测量、GNSS 测量、水准测量、变形监测等不同实习课程的要求；组织师生定期对各标石进行复测，解算结果作为实习的高精度已知数据。在图书馆楼顶建立了 GPS 和北斗基准站（如图 3 所示），利用教师自主研发的软硬件，实现了电台和 CORS 双模式并行的差分定位实习。

在教学组织形式上，学生以小组为单位，在教师的指导下，根据实习任务要求，对实地进行踏勘、选点，结合测区的实际情况，讨论制定测量方案；再使用一种或几种测绘仪器获取观测数据；最后经过计算、处理、检验，必要时进行补测或返测，最终形成规定格式的成果和报告。

在人员安排方面，每次实习，除按每 50 名学生配备至少 1 名指导老师外，还有 1 名辅导员负责实习期间学生的考勤、思想及后勤工作，1 名实验技术人员专职负责仪器管理工作。学生实习场景如图 4 所示。

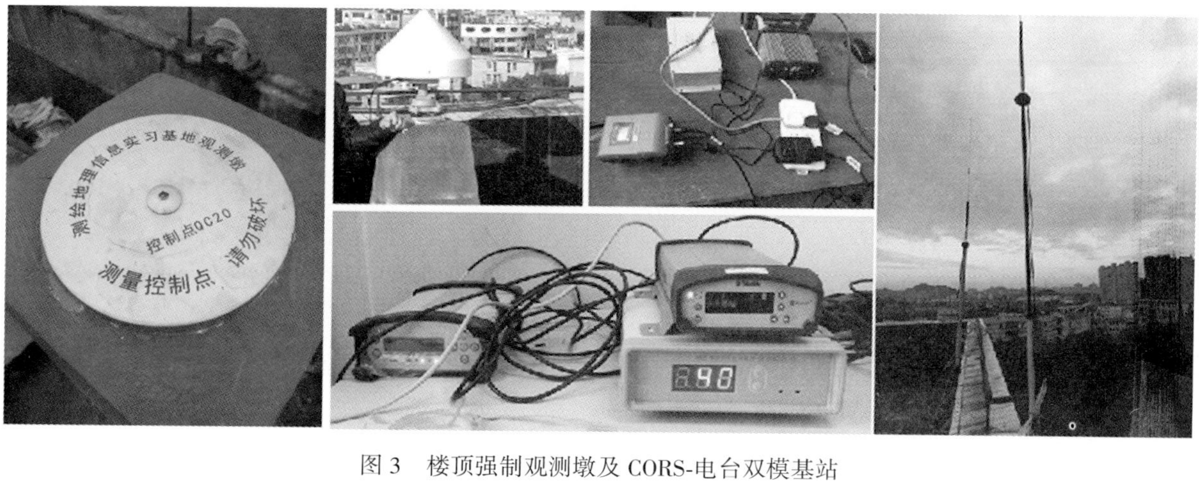

图 3　楼顶强制观测墩及 CORS-电台双模基站

图 4　学生实习场景

3.3　建设成效

实习基地自 2016 年投入使用以来，主要承担的实习包括“数字测图实习”“GNSS 测量与数据处理实习”“大地测量实习”“工程测量实习”等测绘类专业的核心主干实习课程，年均实习 1000 余人次。实习学生来自武汉大学测绘学院、遥感信息工程学院和资源与环境学院等学院，以及湖北科技学院资源环境科学与工程学院。实习基地投入实践教学，有效弥补了传统校内校外实习模式的不足，并形成了与湖北科技学院互利双赢、协同发展的良好局面，其积极作用主要体现在以下几个方面：

(1)增强了学生实践动手能力。仪器操作、软件使用是测绘工作中非常重要的内容，其规范与否在很大程度上决定了测绘成果的质量和精度。通过在实习场地集中精力反复演练，能切实增强学生操作各类仪器、使用各类软件的熟练度，增强他们的实践动手能力。

(2)提升了学生项目管理水平。以模拟项目的形式，让学生在实习基地完成“方案设计—测量实施—成果总结”的工作流程，使学生掌握测绘工程项目的设计、管理、实施、评价等实施步骤，具备工程项目管理的基本能力。

(3)强化了学生团队协作意识。在实习过程中，对学生进行分组管理。学生在组内经常要进行讨论和协商，在内外业测量过程中要与同学、教师、社会人员打交道，无形中锻炼了他们表达观点、与人相处以及化解矛盾冲突的能力，强化了学生的团队协作意识。

(4)提高了学生专业综合素养。专业性、完整流程的实习，能让学生充分认识到测量工作的科学性和严谨性，培养学生认真细致、吃苦耐劳的精神，锻炼他们理论联系实际，发现问题、分析问题、解决问题的能力，提高了他们的专业综合素养。

(5)提高了学生科研创新能力。优良的实习场地不仅可以用于计划内的实践教学，也可进行开放实验、毕业设计、科学实验及各类创新创业活动。实习基地也进一步成为提高学生科研创新能力的一个重要平台。

(6)密切了师生交流和校际合作。在实习基地进行集中实习，一方面，师生共同处在一个相对封闭的环境中，排除了其他事项的干扰，教师能集中精力教学、学生能专心致志实习，密切了师生间交流；另一方面，也加强武汉大学相关院系间、武汉大学与湖北科技学院间的交流与合作。

4 结束语

实践教学是测绘高等教育的重要组成部分，实习是实践教学的主要表现形式。它是对理论教学的验证、强化和拓展，具有较强的直观性和操作性，是培养学生综合运用测绘理论知识和实际操作能力的重要环节，也是培养实际动手能力和分析问题、解决问题能力的有效途径。

专业、规范的测绘实习场地，对于培养兼具工程实践技能、自主学习能力、团队协作意识和科研创新能力的测绘高级人才，具有重要战略意义。学校职能部门重视、院系狠抓落实、教师尽职尽责，是建设好、利用好实习基地的不二法门。科学规划、专业开发、加强管理和动态完善，能最大限度地发挥实习基地的综合效用，将实践教学不断推向前进，为新时期高素质测绘人才培养作出应有贡献。

◎ 参考文献

[1] 张坤，徐良骥，赵志根，张国卿．专业认证理念下测绘工程专业学生工程实践能力培养[J]．北京测绘，2019，33(5)：608-611.

[2] 谢新秀，张美微．加强实践教学基地建设提高测绘工程专业实践教学质量[J]．教育教学论坛，2019(7)：203-204.

[3] 姜宇榕，刘彦文，周霞，何国松，张婷．湖北科技学院地理信息科学专业建设的思考与实践[J]．湖北科技学院学报，2018，38(1)：133-135，144.

[4] 崔希民，赵红蕊，袁德宝，韦宏鹄，刘晓阳，孙国庆．多校联合的校外测绘实践教学基地建设与教学效果的协同促进[J]．教育教学论坛，2018(7)：33-35.

[5] 肖武，袁德宝，蒋金豹，李培现，孙灏．测绘类专业野外一体化实习教学基地建设探索与实践[J]．教育教学论坛，2017(41)：155-157.

[6] 谈兵，周霞，刘彦文．校内测量综合实习基地建设及管理初探[J]．亚太教育，2016(36)：111.

[7] 田桂娥，吴长悦，汪金花，宋利杰．测绘实习基地的建立与完善[J]．山西建筑，2016，42(10)：246-248.

[8] 吕伟才，赵娜娜．从数字测绘实习基地建设看大学生实践能力的培养[J]．教育教学论坛，2014(37)：246-247.

[9] 程效军，刘春，童小华，楼立志．数字测图原理与方法实践环节的组织与实施[J]．地矿测绘，2014，30(2)：45-47.

[10] 花向红，向东，邹进贵，章迪．信息化测绘体系下“数字地形测量学”教学模式[J]．实验室研究与探索，2014，33(1)：186-189.

[11] 龚云．测绘工程专业实习基地建设模式探讨[J]．内江科技，2013，34(7)：53-54.

[12] 宁津生，陈俊勇，李德仁，等．测绘学概论[M]．武汉：武汉大学出版社，2008.

·教育技术与实习·

利用视频设备字符叠加功能显示课程信息的应用

王集成

(武汉大学 教育技术与教学服务中心，湖北 武汉 430072)

摘 要：本文通过 Fiddler 软件抓取控制海康网络摄像头和网络硬盘录像机字符叠加功能的 HTTP 协议包，提取字符叠加功能的控制命令，并利用该控制命令将课程信息叠加到上述设备输出视频流上，从而实现在中心控制室的电视墙上显示课程信息的功能。给出相关部分 Python 语言例程。

关键词：视频字符叠加；抓包；网络摄像头；网络硬盘录像机；HTTP 协议；Fiddler 软件

Application of Character Overlay Function of Video Equipment to Display Course Information

Wang Jicheng

(Educational Technology and Teaching Service Center, Wuhan University, Wuhan, Hubei, 430072)

Abstract: We use Fiddler software to capture HTTP protocol package which controls the character overlay function of Hikvision network camera and network video recorder, extracts the control command of character overlay function, and uses this control command to overlay the course information on the output video stream of the above equipment, so as to display the course on the TV wall of the central control room. The related part of the Python language routines are given.

Key words: Video character overlay; Capture protocol packet; Web camera; Network video recorder; HTTP protocol; Fiddler software

1 问题的提出

随着网络视频设备的发展，高校越来越多地使用网络设备构建多媒体教室、智慧教室服务于教学，不断优化教学手段，丰富了教学内容，提高了教学服务和管理水平。监控中心不仅可以通过中控随时管理教室的各种教学设备，而且可以在电视墙实时浏览各教室的教学情况。校领导和本科院领导巡视教学情况时，会到各校区主教学楼的监控中心，通过电视墙浏览不同教学楼和不同教室的教学情况。领导们常会提

收稿日期：2019-10-08

作者简介：王集成(1968—)，男，河南新乡人，本科，六级职员，武汉大学教育技术与教学服务中心，主要从事教学管理和教学服务工作，研究方向：计算机应用。

出这样一些问题：虽然我们可以随时看到任何一间教室的上课情况，但是并不知道这间教室上什么课程，是哪位教师主讲，教师是什么职称，是哪个年级学生听课。希望在电视墙上既能看到教室中的教学情况，也能看到相应的课程信息，达到一目了然的效果。

2 解决问题的思路和方法

针对上述问题，结合我校教室设备实际情况，经过多次研究和探讨，认为可以采取视频设备具有的“字符叠加功能”技术方法，利用软件将课程信息叠加到对应教室的网络摄像头或教学楼网络硬盘录像机设备上，设备输出的视频流就包含了课程信息，任何应用程序读取网络摄像头或网络硬盘录像机设备上输出的视频流，都能呈现课程信息，因此在各校区主教学楼的中心控制室浏览教室画面时，都能看到相应教室的课程信息，达到解决了上述问题的目的。

2.1 获得“视频字符叠加功能”的控制命令

由于网络摄像头和网络硬盘录像机都内嵌 Web 服务器，提供 Web 网页管控功能，都具备视频字符叠加功能，可以显示用户自定义的文字内容，因此可以通过 Fiddler 软件抓网络摄像头或网络硬盘录像机管控时的 HTTP 协议包会话数据后，再分析出控制视频字符叠加功能的命令。

2.2 获得全校课表信息

与本科生院教务管理系统 Oracle 数据库对接，获得课表的数据结构，从课表数据中筛选出当天全校上课的课程信息，按照上课节次的时间自动向每间教室摄像头或每栋教学楼网络硬盘录像机推送课程信息。

2.3 建立自己 SQL SERVER 数据库，创建关键表，维护好表内数信息

关键表包括：(1)教室编号与网络摄像头和硬盘录像机的 IP 对照表，确保教室编号与本科生院教务管理系统内的教室信息表中的教室编号要一致。目前我校根据教学楼内教室多少配备合适数量的海康威视的网络硬盘录像机，同时每间教室根据实际情况配备 1 至多个网络摄像头，总共 1600 多个，因此需要维护好这张表的数据，保证每间教室内每个摄像头都显示同一门课程信息。由于个别教学楼使用其他品牌的网络摄像头，通过向海康威视的网络硬盘录像机推送课程信息，达到屏蔽不同品牌摄像头造成的控制差异。(2)课程节次与上课时间对照表，为保证准时按节次向每间教室网络摄像头或教学楼的网络硬盘录像机推送课程信息。

3 实现原理

3.1 视频字符叠加实现原理

实现原理的关键点：(1)网络摄像头字符叠加控制命令是通过 HTTP 协议的 PUT 方法向指定网络摄像头 IP 地址的/ISAPI/System/Video/inputs/channels/1/overlays/text 路径发送自定义字符实现字符叠加，而网络硬盘录像机的发送路径是/ISAPI/ContentMgmt/InputProxy/channels/id/video/overlays，其中 id 是通道号，每一个通道号一一对应教室里的摄像头 IP 地址，因此向不同的通道号发送自定义字符，就可以实现

对应教室的摄像头的字符叠加；(2)最多可以叠加 4 行自定义字符，每行最大字符数为 42 个字符；(3)网络摄像头自定义字符的坐标原点被定义在视频图像的左下角，X 轴正向是从左至右，Y 轴正向是自下而上，X，Y 的值都是正值，而网络硬盘录像机的坐标原点被定义在视频图像的左上角，只是 Y 轴正向是自上而下；(4)自定义叠加字符是符合 XML 1.0 规范描述的结构化数据。例如，在第一行显示“课程名”的 XML1.0 描述形式如下：

```
<VideoOverlay>
  <TextOverlayList>
      <TextOverlay>
          <id>1</id>
          <enabled>true</enabled>
          <positionX>20</positionX>
          <positionY>560</positionY>
          <displayText>课程名</displayText>
      </TextOverlay>
  </TextOverlayList>
</VideoOverlay>
```

3.2 Python 语言实现课程信息显示原理的部分实例

本实例是在 Python 3.7.3 版本下运行成功。程序需要处理 HTTP 协议、中文字符显示、Base64 编码、Oracle 数据库读取以及 ODBC 数据源操作 SQL SERVER 数据库，因此需要加载 urllib.request、os、base64、cx_Oracle 和 pyodbc 库文件。

```
def getbase64(s):
    return str(base64.b64encode(s.encode('utf-8')),'utf-8')
def readsqldb(crn):
sql = "select classroomnum, roomnum, areaname, buildingname, ip, username, password from dvr where
      classroomnum ="+crn
try:
   conn = pyodbc.connect('DSN=Rsql; UID=sa; PWD=password') # Rsql 是在 ODBC 中建立的数据源名称
   try:
     cursor = conn.cursor()
     cursor.execute(sql)
     data = cursor.fetchall()
     cursor.close()
     conn.close()
     return data
   except:
     print("数据库 SQL 语句执行错误!")
     return None
```

```
    except:
    print("数据库连接错误!")
    return None
def senddata(method, ip, url, sdata, username, password):
    req = urllib. request. Request(method = method, url = "http://"+sip+url, data = sdata )
    req. add_header("Authorization","Basic %s"%( getbase64(username+":"+pwd)))
    try:
        res_data = urllib. request. urlopen(req)
    except urllib. error. URLError as e:
        if hasattr(e,"code"):
            print("Error code: ", e. code)
def makehttpsenddata(cinfo):
    text = "<? xml version="1.0" encoding="UTF-8"? ><VideoOverlay><TextOverlayList>"
    for n in range(4):
        text = text + "<TextOverlay><id>%s</id><enabled>%s</enabled>
            <positionX>%d</positionX><positionY>%d</positionY>
            <displayText>%s</displayText></TextOverlay>"
            %(cinfo[n][0]. cinfo[n][1]. cinfo[n][2]. cinfo[n][3]. cinfo[n][4])
    text = text + "</TextOverlayList></VideoOverlay>"
    return  bytes(text, encoding='utf-8')  #http 协议要求传输数据是字节串
def dealcourse(flag, course, wc_or_nvr):   #course 参数是调用 readoracle()函数后返回的数据集
    px =20             # 第一个自定义行 X 轴起始点坐标
    if wc_or_nvr > 0: # 如果是摄像头
        py = 560       # 设置摄像头第一个自定义行 Y 轴起始点坐标
        stepY =-40     # 设置摄像头 Y 轴步长值就是行间距
    else:              # 否则是网络硬盘录像机
        py = 16        # 设置网络硬盘录像机第一个自定义行 Y 轴起始点坐标
        stepY =40      # 设置网络硬盘录像机 Y 轴步长值就是行间距
    if flag == 1:      # flag 为 1 显示课程信息，否则清除课程信息
        tkc = [("1","true", px, py, course[0])]    # course 数据集构成是 select 语句选取的字段依次
序构成，因此 course[0]是 lessonname 字段数据，course[1]是 teachername 字段数据，以此类推。
        tkc. append(("2","true", px, py+stepY * 1,"%s %s"%(course[1]. course[2])))
        tkc. append(("3","true", px, py+stepY * 2,"%s-%s 节"%(course[6]. course[7])))
        tkc. append(("4","true", px, py+stepY * 3,"%s 级 %s 人"%(course[3]. course[4])))
    else:
        tkc  = [("1","false", px, py," ")]
        tkc. append(("2","false", px, py+stepY * 1," "))
        tkc. append(("3","false", px, py+stepY * 2," "))
```

```
        tkc.append(("4","false", px, py+stepY*3," "))
        return tkc
def readoracle(gyear, gterm, gweek, gsection):
  try:
    conn = cx_Oracle.connect('username/password@10.18.28.248/TST')
    try:
      cursor = conn.cursor()
      cursor.execute("select to_char(sysdate-1,'d') from dual")
      wd = cursor.fetchall()    #根据数据库时间，获取现在是星期几
      cursor.execute('select lessonname, teachername, professionname, grade, person_number, weekday,
            starttime, endtime, startweek, endweek, classroomname, areaname, buildingname,
            classroomnum FROM where year=:cyear and term=:cterm and weekday =:cday and starttime
            <=:cse and endtime>=:cse and startweek <=:cwk and endweek>=:cwk ', cday=wd[0].
            cyear=gyear, cterm=gterm, cse=gsection, cwk=gweek)
      data = cursor.fetchall()
      cursor.close()
      conn.close()
      return data
    except:
      print("数据库选择错误!")
      return None
  except:
    print("数据库连接错误!")
    return None
```

4　结束语

利用网络摄像头和网络硬盘录像机的字符叠加功能，用软件有效解决了上课教室显示课程信息问题，由于“视频叠加”将课程信息复合到底层视频信号，形成网络视频流输出，因此各种网络硬盘录像设备在录制这种视频流，形成视频文件后，在回放视频文件时，能看到的课程信息，这种可视化标签信息对于保存的视频资料有较高的应用价值和应用场景，如国家英语四、六级考试、口语考试、研究生复试过程的录制过程的关键信息的推送显示等。

◎ 参考文献

[1]　肖佳. HTTP 抓包实战[M]. 北京：人民邮电出版社，2018.

[2]　[日]上野宣. 图解 HTTP[M]. 于均良，译. 北京：人民邮电出版社，2014.

[3]　阿奎. Python 编程基础与 HTTP 接口测试[M]. 北京：电子工业出版社，2018.

［4］ 夏敏捷，张西广．Python 程序设计应用教程［M］．北京：中国铁道出版社，2018.
［5］ 董伟明．Python Web 开发实战［M］．北京：电子工业出版社，2016.
［6］ 李勇，王文强．Python Web 开发学习实录［M］．北京：清华大学出版社，2011.
［7］ 夏换，杨秀璋，于小民．基于 Python 的 Web 大数据爬取实战指南［M］．北京：科学出版社，2019.
［8］ 罗兹．Python 网络编程［M］．北京：人民邮电出版社，2016.
［9］ 潘中强．Python 3.7 编程快速入门［M］．北京：清华大学出版社，2019.

·教育调查·

“以本为本”背景下本科课堂教学评估优化路径探析

——基于美国高校课堂教学评估的调查研究

陆晗昱

（武汉大学　本科生院，湖北　武汉　430072）

摘　要：本文通过分析美国部分高校课程教学评估体系的内涵、分类、作用、实施原则和注意事项、不同高校评教制度的区别及其实施和修订过程等内容，总结其中的良好经验，结合我国研究型大学在本科教育新形势下的实际情况，探讨不断完善、优化本科教学质量评估课程评价工作的新路径。

关键词：本科课堂教学评估；美国高校；教师教学发展

Analysis on the Optimized Path of Undergraduate Classroom Teaching Evaluation under the Background of "Undergraduate Foremost"

—Based on Research into Assessment of Classroom Teaching in American Colleges and Universities

Lu Hanyu

(Undergraduate School, Wuhan University, Wuhan, Hubei, 430072)

Abstract: By comparing the content, classification, function, implementation doctrine, points for attention, teaching evaluation, and the implementation and revision of classroom teaching evaluation between some colleges and universities in the United States, this paper sums up the experience, combines the realities of Chinese research universities in new undergraduate education environment, to explore a new path for improving and perfecting the undergraduate teaching evaluation continuously.

Key words: Undergraduate classroom teaching assessment; American universities; Teacher teaching development

一、引言

近年来，我国高等教育跨越式发展，十九大明确提出建设教育强国是中华民族伟大复兴的基础工程，必须把教育事业放在优先位置。2018年6月，教育部召开“新时代全国高等学校本科教育工作会议”，提

收稿日期：2019-10-09

作者简介：陆晗昱（1984—　），女，黑龙江黑河人，文学博士，现任武汉大学本科生院副主任秘书，主要从事本科教学管理工作。

出坚持“以本为本”，推进“四个回归”，全面振兴本科教育。2018 年 10 月，教育部发布《关于加快建设高水平本科教育，全面提高人才培养能力的意见》(教高〔2018〕2 号)①，被称为“新时代高教 40 条”，文件提出“本科教育是提高高等教育质量的最重要基础”，并指出建设高水平本科教育的指导思想和目标原则之一是“高等学校质量督导评估制度更加完善，大学质量文化建设取得显著成效”，将大学教育教学质量和保障教学质量的督导评估制度提升到前所未有的重视高度。陆续召开的会议和出台的文件精神处处体现着党和国家重视和发展本科教育的坚定决心。从教育发展的实际情况来看，我国高等教育规模近 20 年来不断扩大，1999 年全国各类高等教育在学总规模 719 万人，2018 年达到 3833 万人②，普通本专科招生数也从 1999 年的 159.68 万人升至 2018 年的 791 万人③，如此大规模的大众化时代高等教育所面临的亟待提升和解决的主要问题之一是教育教学质量的切实提高和有效保障。

教育部高等教育司 2019 年工作要点中指出培育、打造“金专”“金课”，建设一流专业、一流课程，着重强调教学质量文化建设，要求“将质量文化内化为全校师生的共同价值和自觉行动，形成以提高人才培养水平为核心的质量文化。”④相对应的，还提出建设“一流师资”，突出基层教学组织提升教师教学能力和育人素养的职能，大力提升教师教学水平。一流的专业和课程与一流的师资不可分割，相辅相成，有效的教学质量评估不仅能够保障教学质量，还是促进教师教学发展，激发基层教学组织活力的推进器。因此，如何把诸多教学要素在教学实践中更好的联系和运行起来，教学质量评估中课程评价体系的搭建至关重要。美国高校在教育教学实践过程中对本科课堂教学评估的探索对我国高等教育本科教学质量文化建设有启示意义，本文通过分析美国部分高校课程评估工作的发展，尝试分析优化我国高校本科教学质量评估课程评价体系的有效机制和路径。

二、美国高校课堂教学评估的内涵、分类、作用与局限性

(一)内涵

课堂教学评估基于其不同用途，内涵也有所不同，具体可以分为以下几个方面：

其一，用于教师职称评定的教师教学评估，为教师任期、晋升等人事决策提供信息。此类评估以数据为主要呈现形式，较少展开问卷调查，主要展示教师教学工作量和所获教学成就。这类评估有的为教学评估中心出具报告，有的是同行给予评语，很多时候同行评价难免流于形式化。

其二，用以建立问责制度。教学质量评估包含了学生的批评，反映了课堂教学中存在的方方面面问题，对评估数据进行整理和分析能够掌握课堂教学中发生的各类责任事故(情况)，从而追责、问责。此类评估相对可靠有效，实用而具有多维度。

① 中华人民共和国教育部网站：《教育部关于加快建设高水平本科教育全面提高人才培养能力的意见》(教高〔2018〕2 号)，2018 年 10 月 8 日，http://www.moe.gov.cn/srcsite/A08/s7056/201810/t20181017_351887.html，2019 年 9 月 10 日。

② 余俊杰、张云龙：《2018 年全国各类高等教育在学总规模达 3833 万人》，新华网 2019 年 2 月 26 日，http://www.xinhuanet.com/politics/2019-02/26/c_1124165826.htm，2019 年 9 月 10 日。

③ 国家统计局网站：《中华人民共和国 2018 年国民经济和社会发展统计公报》，2019 年 2 月 28 日，http://www.stats.gov.cn/tjsj/zxfb/201902/t20190228_1651265.html，2019 年 9 月 10 日。

④ 中华人民共和国教育部网站：《教育部高等教育司关于印发〈教育部高等教育司 2019 年工作要点〉的通知》(教高司函〔2019〕21 号)，2019 年 4 月 19 日，http://www.moe.gov.cn/s78/A08/A08_gggs/A08_sjhj/201904/t20190426_379670.html，2019 年 9 月 10 日。

第三，用以提升教学质量的课堂教学评估。这种教学质量评估是指对教学质量的评价体系，一般由学生在学期末、课程完成时，以填写问卷的形式针对课堂教学情况和学生学习效果展开评价。学生评教在每一所美国大学几乎都是存在的，部分高校是强制性填写，部分高校自愿填写，很多大学还把学生对教师教学的评价记录在教师档案之中。美国高校教学评估的评价对象不仅包括教师，还有课程助教；评价主体则经历了一个演变过程，以课堂教学效果评价为主逐渐发展为在此基础上更注重评估学生学习效果，展开对教与学的双重评价。本文即探讨该项含义。当然，指向课堂教学的评价不仅仅由校方开展，无论在美国还是中国，学生对课堂教学都会进行私下评论，哪位教师的课程更有用，哪位教师的讲授更融会贯通、有利于理解等，学生会在不同媒体平台形成非正式的教学评价体系。

（二）分类

美国高校按照课堂教学评估内容的重要性程度，一般将评估问卷分为核心类别和补充类别。主要有如下几个方面：核心类别包括教师参与和教师实效性、课程组织和课程内容、学生责任感与学生学习效果、课程综述和总体评论；补充类别包括包容性和风气、学习成果以及技能培养、远程教育和混合式学习情况等。每种内容分类都具有可细化的丰富内涵（详见附表）。评估中可选择的反馈通常是激烈程度不同的词语，如强烈反对、反对、中立、同意、赞同；总是、经常、有时候、偶尔、基本不，等等。

（三）作用

课堂教学评估最终服务于教与学。以加州大学洛杉矶分校为例，其管理机构中专门设立教育评估中心（Center for Educational Assessment）将课堂教学评估细化甚至“定制化”，帮助教师确定可行的评估策略，以促进学术项目的开展、教学质量、学生学习等各项教学工作的发展。其核心任务是为教师提供咨询支持，帮助他们制定和实施有意义的、可持续的评估计划，以更广泛地评估教育项目和教学经验。可见，课堂教学评估的职能使其与教师教学发展工作紧密联系，对推动教师提升教学技能有着重要的促进作用。

（四）局限性及应对

近年来，美国高校课堂教学评估逐渐从教师满意度评价转变为学生学习评价。事实上，评价教学效果是各个美国大学一直面临的难题，究竟如何确定在教学方法、教学环境、教学规模等各个变量改变的情况下，具体效果有了怎样的变化？许多教师不断尝试新的教学方法，并坚信提高了学生的学习效果，然而对此如何评估，依旧是众说纷纭。此外，在评价学生学习情况时，实际上各种做法都有其局限性，因学生学习的专业性质不同，各个专业的教育实际情况不同。所以对于学生学习效果的评估，是要根据人文、社科、理科、工科、医学等不同学科门类和专业的学科性质设计不同的测量方式和内容，而不是用同一个标准衡量不同院系专业学生学习收获的较高或较低，是故美国许多高校都设立专门的教学评估中心研究共性和个性化评估问题。如加州大学洛杉矶分校教学评估中心（CEA）的主要职责之一是设计适用于所有本科专业教学评估调查问卷核心问题，以及研究不同专业的学科性质和教学特点，从而建立多学科教学差异性评价问题库，使问卷包含符合专业特色的评估问题，这种建立跨专业、跨课程的个性化或自定义问题选项是目前美国高校课堂教学评估的发展趋势。

此外，为避免出现不客观的课程评价和降低课程不及格比例，美国部分高校允许学生在最后几周前取消所选课程，且免缴该门课程学费。

三、美国高校课堂教学评估的实施原则和注意事项

(一)实施原则

美国高校规定了实施课堂教学评估工作的各项原则：

第一，评估的指导原则是力求可比性。对于跨学院(系)的核心问题，可以使用统一评价标准。

第二，评价需要力求体现课程和教师教学效果的证据。如教师表达清晰评价，需落实到是否清楚地陈述了课程和学习目标；学生理解情况评价，即学生是否理解了课程目标；教学目标实现评价，即教师是否完成了目标，学生是否达到目标。

第三，评价中允许一定的灵活性和对定性数据的加强采集。各部门和教师可以在评估问题题库中选择附加问题进行自定义评价；学生完成评价的时间没有限制；并鼓励突出教学革新的开放性问题，如教师是否使用了革新性教学法，该方法对学习有效与否等。

第四，评估结果应提升教师的响应度。教师应展示其如何使用评估数据提升其教学效果与课程质量，并将课程评价放在教学工作的具体语境下，强调其如何回应这些结果。

(二)核心管理问题和实施注意事项

第一，强调学生的使用与参与。即通过强调学生的贡献，鼓励更广泛的学生反馈和扩大评价的影响，并考虑同意学生阅览评估结果。

第二，强调数据的精准性。即力求通过激励机制和干预(如通过邮件提醒、参与要点呈现等)确保较高的响应度，认识到所有响应度阈值数据的重要性。

第三，强调教师报告与结果阐释。即协助教师查阅评估报告，并提供解释评估结果的基本准则。

第四，强调管理与易用性，即确保全校范围内的教学评估修订工作得以实施，并加强构建自定义选项。

四、美国部分高校本科课堂教学评估制度及实施工作对比分析

加州大学系列部分分校和其他公立大学及各教育机构在进行本科课堂教学评估实践过程中，逐渐总结出课程评估体系应以评估学生的学习效果为首要目的，而非对课程的综合满意度评估。美国不同高校在践行这一认知、实施课堂教学评估过程中对评估问题的设置、是否包含学习效果评价、是否与学生组织开展合作、是否与学生分享结果以及时间周期安排等内容，有着不同的侧重。具体情况如下表所示：

美国部分高校本科课堂教学评估制度对照表①

	伯克利分校	尔湾分校	圣地亚哥分校	圣芭芭拉分校	密歇根大学	弗吉尼亚大学	威斯康星大学	斯坦福大学	达特茅斯学院
结构	非统一/因地制宜	统一	统一	统一	统一	统一	非统一/因地制宜	统一	统一

① 资料来源于加州大学洛杉矶分校教育学院提供的美国高校教育评估中心对加州大学伯克利分校、加州大学欧文分校、加州大学圣地亚哥分校、加州大学圣芭芭拉分校、密歇根大学、弗吉尼亚大学、威斯康星大学、斯坦福大学和达穆斯学院等9所高校学期末课程评估的统计信息。

续表

	伯克利分校	尔湾分校	圣地亚哥分校	圣芭芭拉分校	密歇根大学	弗吉尼亚大学	威斯康星大学	斯坦福大学	达特茅斯学院
部门/教师自定义问题和问卷长度	从问题库中选题，但必须包括两个必选问题；一般设定问题约15个	17个标准化问题	30个标准化问题，但可以增加附加问题	全部为自定义问题，最多可达42个	可自定义最多达30个评分问题，5个开放性评论问题，必须包括11个核心问题	可自定义，但需包括7个教务长问题	约30个标准问题，但可提出附加问题	可自定义，包括9个常见问题	22个标准问题
学习评估	有				有		有	有	有
学生参与	无	与学生会合作	学生管理	无	无	学生议会游说评估变革	无	无	无
与学生分享结果	酌情决定	分享定量结果	是	否	否	65%的结果分享	否	是	教师自定
时间周期安排	3周	酌情决定	2周	未指明	2周	酌情决定	酌情决定	2.5周	5周

部分学校有较为统一的评价标准，不过各学院(系)有一定的自主裁量权；有的学校的做法是让各学院(系)因地制宜，从学校问题库中自行选择问卷题目，自行组合形成问卷；也有由部门或教师自定义的问卷。但是总的来说，会遵循一套所有评价问卷须包括的常见核心问题。一些学校的问卷包括更具体的着重强调学习效果评价的问题；另一些学校与学生密切合作，尊重他们的评价权威。而有关学校对于是否向学生公布评价统计结果的态度则是不同的，且各高校的课程评价管理安排的时间周期也不尽相同。标准化评价问卷包含的问题数量从7~42个不等，大多数问卷包含的问题在15~30个之间。

五、美国部分高校本科课堂教学评估体系的实施和修订

美国各高校本科课堂教学评估体系并非一成不变，其理念随着高等教育思想的发展而发展，在实施中也是随着课堂教学观念及教学技术等教学因素的改变而不断修订。以加州大学伯克利分校和斯坦福大学为例①，这两所学校对学期末课堂教学评价体系进行过全面修订，其改革过程中有不少实施亮点。

加州大学伯克利分校于2008年组织了课堂教学评价团队，该团队成员来自全校范围，基于对当时评价实践的检讨，该团队给予了改进意见。随后，学校建立了在线课程评价指导委员会(Online Evaluation of Courses Steering Committee)来监督改进意见的实施。指导委员会对照兄弟院校的评价实践，审阅了本校正在使用的调查问卷，并由教师组成的专门小组重新修订了评价问卷，以供新的在线调查系统使用。学术评议会下属的教学专委会再对问卷中的问题进行补充和修订。其后，指导委员会选定学院(系)参与试点项目，包括对比现场填写答卷和在线填写答卷的异同等。委员会还确定了使用在线评教系统的要求，并通过

① 案例内容来源自在美国加州大学伯克利分校、斯坦福大学及加州大学洛杉矶分校调研交流期间对有关人员采访询问及对方提供的相关材料。

尝试最终版确定蓝本。2013 年秋季，伯克利教育技术服务部门发起了一个小规模的新系统使用推介活动。

斯坦福大学于 2012—2013 年间，由教务长召集课程评价委员会(Course Evaluation Committee)开发了一套全新的以学生学习效果为核心的课程评价体系。评价委员会评阅了来自教师、调查数据、学生焦点小组、其他学校和教育机构实践和相关学术研究综述提供的信息；以学生焦点小组的建议为基础，形成一个调查问卷的初步草案，之后由委员会调整，以体现和反映教师评价和文献研究的成果。教学质量评估委员会开发了两套问卷模型，一套内容较长并以闭合型问题为主，另一套内容较短并以开放性问题为主(两套问卷模型都包含着两类问题)，二者都比当时现行的评价问卷内容短。此后，通过让学生试用问卷调查表，并征求教师们对于问卷结果的反馈意见之后，委员会再行进一步修订，最终其提出了一套有 17 项内容的新评估表(之前的评估表有 34 项内容)。这种安排建立在一个假设基础上，即教师们愿意遵循建议安排不超过 4 个学习目标、5 个课程的教学板块。课程评价指导委员会建议提供较长的时间来完成评价，从之前在学期末所有课程结束的最后一周在课堂上当场填写调查表，变成期末考试结束之后的两天内完成填表。学生完成了评价表之后，在截止日期前可随时修改。

完成课堂教学评估体系的修订后，即做试运行，在基础评估问卷基础上，开发包括人文、生命科学、物理科学和社会科学四个领域课程的试点评估问卷，并确保阶段涵盖高阶和低阶课程、大型和小型课程，以及通识课程和主修课程。其后，招募至少 20 名(确保有效性)终身教职员工做志愿者，对其展开评估。最后组成包括教师和完成答卷学生的课题组，评估实验评价所获得的数据和结果。值得一提的是，为激励教师参与试点评估，给予其小额奖金和礼物，同时给教师寄感谢信，感谢他们的帮助，表明其协助对教学和业绩评估有积极正面的作用。

六、结语：关于中国高校本科课堂教学评估优化路径的思考

(一)以发展的眼光界定课堂教学评估的内容和对象

中国高校课堂教学评估在评价内容和对象的认知上主要存在以下三个方面现状：一是，多年来侧重对教学效果展开评价，即主要评价教师教学水平、教学方法的运用和教学效果，虽然也涉及一些学习效果评价，但缺少对学习效果评价体系的系统设计。二是，评教对象主要为课程主讲教师，在中国高校广泛实行本科教学课程助教制的背景下，助教已广泛地参与到各种类型的课堂中，他们随堂听课，协助主讲教师完成课堂教学、组织课堂讨论、开展课堂观察和设计，是影响课堂教学质量和学习效果的重要因素；助教大多为在读硕士、博士和青年教师，青年教师通常为新入职教师，助教期间老教师发挥传帮带作用，培养这批青年教师日后走上讲台承担主体教学任务，所以评教工作中对助教开展评价有利于推动助教对课堂的深入理解和促进其教学水平的提高。三是，国家精品在线课程、MOOC 课程等线上教育正如火如荼地发展着，中国高校学生、包括广大社会人士对在线课程有着越来越多的关注和参与，线上课程获得上线资格前需经过严格的筛选过程，教学效果受到广泛认可，但在学习效果和收获上，高校层面却较少对其展开评估和督导。

纵观美国高校对教学评估内容和评价对象的认知是有一个发展过程的，中国高校在“以本为本”、建设一流本科教育思想的引领下追求教育质量、追求培养更高水平的人才，就应该在教学质量保障体系的课堂教学评估上加强建设，既保障教师教学效果、促进教师提升教学能力，又保障学生学习效果、学习收获，努力激发教师“教”和学生“学”的双重动力。具体做法中，首先，应该用发展的思路优化评估内容，在评估体系中涵盖教师教学效果和学生学习效果评价，以此观念为导向，组织团队设计高质量的评价问题。其次，评价教学不仅包括教师评价，还应启动并完善助教教学评价，以督促助教在协助教学工作中发

挥更好的作用，使学生在课堂获得更多的科学引导。最后，伴随我国网络在线课程和远程教育的飞速发展，线上教学资源质量评估也应获得高校更多的重视，建立相应的评价体系，以规范和保障在线教学效果与学生学习质量。

（二）建立更加科学且体现学科差异性的本科课堂教学评估体系

目前，中国许多高校在本科课堂教学评价体系中存在评价类目不明确、评教体系不分学科、不分专业的情况，即评教问卷中并不以评价内容的重要程度和不同评价内容模块划分类目，且大多高校全校不同本科专业使用同一版本的课堂教学评估问卷，忽略了因学科性质不同而产生的教学差异性，削弱了评估可比性。

美国高校在课堂教学评价体系设置上，依照评价目的建立评价类别，并依照其重要程度的不同分为核心和补充性单元，为教学评估问题库起草标准化课程评估表、补充模块和可选的附加问题等。这种做法源于不同专业在学科性质、教学实践等方面有所区别，虽然通过核心类评估问题可以大致评价各专业教学和学习的总体情况，但学科性质的根本性差别仍使教学存在较大差异，如一概而论会产生与教学实际质量不符的评价结果，从而降低评估的可比性和教师的响应度。故可赋予评估体系一定的灵活性，研究体现学科性质和实践特点的教学评价内容、设计针对不同学科的具体问题，设置补充性问题有所差异的不同问卷版本，或设置问题库、允许学院（系）或教师自定义选择（可规定选项数目）。此外，还可以设置一些激发教师教学改革的开放性问题，鼓励教师投入教研工作。

（三）加强课堂教学评估工作与教师教学发展工作的紧密合作

通过实地参访，知悉美国高校大多具有专门的课堂教学质量评估、评价中心，并与教师发展中心紧密合作。两个部门将评价结果与教学实践相结合，提供教师评教结果使用指导手册，阐述如何理解和使用调查问卷数据以提升教学实效。教师发展机构则根据教学评估数据体现出的共性化教学问题，建立各类教学技能提升坊，在接待前往评估中心咨询改进教学方法的教师时，给予他们具体的改进建议。此外，各学院（系）针对各自收到的本院（系）教师教学评价结果反馈，也会组织侧重相应方面的教学提升坊，提高本院（系）教师教学水平，思考增强学生学习效果的应对策略，这种机构设置和工作制度有效衔接教学评估和教师教学发展，促进课堂教学质量的提升。

我国自 2011 年 7 月教育部、财政部发布《教育部 财政部关于“十二五”期间实施“高等学校本科教学质量与教学改革工程”的意见》提出：“引导高等学校建立适合本校特色的教师教学发展中心，积极开展教师培训、教学改革、研究交流、质量评估、咨询服务等各项工作”①起，各地高校陆续成立了高校教师教学发展机构，如教师教学发展中心、教学促进与教师发展中心等。这些促进教师教学发展的机构大多相对独立，虽然文件对其职能设定中涵盖“质量评估”，但教师发展中心所做的教学质量测评和培训大多并不基于评教数据，当然这也与评教数据本身的问题体现度和可比性相关。我国高校可在完善课堂教学评估工作的基础上，增强教师培训工作和课堂教学评估工作的合作，针对教师评价数据中体现的问题开展培训和咨询服务，并设计相应教学研究项目，提高教师教学研究与课堂教学能力。

（四）建立本科课堂教学质量评价体系修订机制

我国高校使用的本科课堂教学评价问卷通常沿用多年、较少进行修订，或是修订力度较小，不能体现

---

① 中华人民共和国教育部网站：教育部 财政部关于“十二五”期间实施“高等学校本科教学质量与教学改革工程”的意见（教高〔2011〕6 号），2011 年 7 月 1 日，http：//www.moe.gov.cn/srcsite/A08/s7056/201107/t20110701_125202.html，2019 年 9 月 10 日。

教学质量评价的新理念。美国伯克利分校和斯坦福大学本科课堂教学评价体系修订工作的启示作用是：课堂教学评价体系不是一成不变的，随着教育和课堂教学质量理念的发展而更新，定期修订，能更好地引导和保障课堂教学良性、科学发展。

从美国高校修订过程来看，修订课堂教学评价体系应注意如下几个方面：第一，组织建立课堂教学评价问卷修订机制，并设立委员会领导修订工作；第二，考虑更多的方法促进、提高学生的参与度，并允许学生也能获悉(一定限度的)评价结果；第三，选定一些院系作为试点单位，激励教师参加试点评估，协助修订评价模式。通过对课堂教学评价体系的定期修订，融入教育发展最新理念，使评估问卷成为体现“教”与“学”真实质量的有效载体，才能提升学生和教师对课堂教学评价的重视度，从而达到保障课堂教学质量的目的。

附：

美国高校本科课堂教学评估问卷不同类别问题示例①

类别 1：教师参与和教师实效性

1. 教师是以有组织的方式呈现课程材料，有助于学生的学习。
2. 教师清晰地解释了相关概念。
3. 教师明确并坚持课程目标和要求。
4. 教师明确表达了课程学习效果的衡量标准。
5. 教师表现出对学生学习的责任心。
6. 教师促进了我对课程材料的理解。
7. 教师平易近人，有问必答。
8. 教师帮助我克服困难，解决问题。
9. 教师针对我的课业情况提供明确而富有建设性的意见。
10. 教师鼓励学生提问和参与。
11. 教师让整个班级融入富有成效的讨论中。
12. 教师有效推行学术诚信和学科知识融合。
13. 教师尊重学生。

类别 2：课程组织与课程内容

1. 课程组织方式有助于我的学习。
2. 课程拓展了我对学科的认识。
3. 课程拓展了我的能力和学科相关技能。
4. 课程作业和讲解相辅相成。
5. 课程考试和作业布置有助于提升学习。
6. 课程学习强度适中。(类似措辞)与同样学分值的其他课程相比，本课程的工作量：很轻、轻、正常、重、很重。

类别 3：学生责任感与学生的学习

1. 你上了多少节课(总体数量)？

---

① 加州大学洛杉矶分校调研交流期间，教育学院和教学评估中心提供材料。

(闭合型措辞)你上这堂课的频率如何：很少、有时候、大多数时候

2. 每周花在这门课上的平均时间是多少，包括上课、阅读、复习笔记、写论文和其他课程相关工作量(总体小时时数)?

(闭合型措辞)每周花在这门课上的平均时间为：少于1小时、1~3小时、7~9小时、10小时及以上。

3. 我知道这门课程的标准和要求。

4. 我一直都为课程做准备。

5. 这门课激发了我对该学科的兴趣。

6. 这门课具有很强的智力挑战性。

7. 你对自己为这门课所付出努力的满意度为：非常满意、满意、中立、不满意、非常不满意?

8. 请描述在这门课上对你的学习最有帮助的活动(开放性问题)。

9. 你是如何积极努力的学习这门课程，有哪些经验和心得体会?(开放性问题)

类别4：课程综述与总体评价

1.【综合考虑这个学科和课程的局限性和可能性】，你如何给教师的总体实效性评定等级?

a.(选择范围)极其有效、非常有效、基本有效、效果甚微、毫无效果

b.(选择范围)优秀、很好、好、一般、不好

2.【考虑相关主题和课程的局限性和可能性】你如何评价课程的总体实效性?

3. 你认为本课程有哪些长处(开放性问题)

(另一种措辞)请对教师的1~3个优点以及将来应继续保持的长处做出评述。

4. 你认为课程有哪些需改进之处(开放性问题)

(另一种措辞)请列出1~3点教师应注意之处，以提高TA的课程教学效果。

5. 你会给准备选此课程的学生什么建议?(开放性问题)

6. 这门课程上有多少学术不端行为：很多、一些、很少、没有我能识别的。如果可以的话，请描述所发生的学术不端行为(不用提到与此相关的特定学生)(开放性问题)。

类别5：包容性/风气

1. 本课程培养了我与各种不同群体互动的能力。

2. 在这门课里，个体差异，包括种族和性别差异，都受到了认可和珍视。

3. 我感觉自己的观点得到了认可，也受到同学们的尊重。

4. 我可以坦然地表示不赞同他人的意见，同时也能保持信任感。

5. 教师营造了一个互相尊重的环境。

6. 教师创造了一个开放且公平的学习环境。

7. 请举例说明教师如何营造/未能营造一个受欢迎的、具有挑战性的、获得学生支持的学习环境(开放性问题)。

类别6：学习成果/技能培养

1. 本课程夯实了我关于世界的认知(例如，人类文化、社会、科学等)。

2. 本课程增强了我的社会责任感。

3. 本课程帮助我提高思维能力和水平(例如，批判性或创造性思维，定量分析、解决问题等)。

a. 本课程帮助我加强了定量分析的能力。

b. 本科生帮助我更好地理解书面材料。

c. 本课程提升了我在学科领域内的批判性或创造性思维能力。

d. 本课程帮助我理解研究过程。

e. 本课程加强了我做研究的能力。

4. 本课程发展了我的专业技能(例如，书面或口头交流、计算机素养、团队合作等)。

a. 本课程帮助我加强了写作技能

b. 本课程帮助我增进了口头沟通技能。

c. 本课程加强了我协同合作的能力。

类别 7：远程教学、混合式教学

1. 教学模式很有效。
2. 教材提供了自主学习的空间。
3. 视频媒体资料有助于理解课程内容。
4. 网络资源有助于理解课程内容。
5. 音频媒体资料有助于理解课程内容。

(感谢加州大学洛杉矶分校教育学院琳达·罗斯教授与教学评估中心在本文写作过程中的指导和讨论)

◎ 参考文献

[1] Center For Educational Assessment. University of California, Los Angeles, [EB/OL]. https://www.teaching.ucla.edu/about/center-for-educational-assessment, 2019-07/2019-10.

[2] 郭强. 加州大学伯克利分校教学质量评估探究[J]. 清华大学教育研究, 2014(5): 103-108.

·教育调查·

基于学生主体的二级学院研究生教育满意度调查报告

华小梅 魏 鑫 陈红坤

(武汉大学 电气与自动化学院，湖北 武汉 430072)

摘 要：作为落实研究生培养环节和保障培养质量的主体机构，如何在研究生招生规模及数量迅速发展的形势下保障和提升教育质量是高校二级学院面临的一项迫切任务。本文从学生主体视角出发，以W大学D学院的研究生教育满意度问卷调查为基础，通过对调查数据进行了定性和定量分析，了解和掌握了D学院研究生教育的基本现状和存在的问题，探究了提升研究生教育满意度的优化策略，为高校二级学院提升研究生教育质量提供有益参考。

关键词：二级学院；研究生；教育质量；调查报告

An Investigation Report on the Satisfaction of Postgraduate Education in Secondary Colleges Based on Student Subjects

Hua Xiaomei, Wei Xin, Chen Hongkun

(School of Electrical Engineering and Automation, Wuhan University, Wuhan, Hubei, 430072)

Abstract: As the main body to implement the talents cultivation and guarantee the cultivation quality of postgraduate education, how to guarantee and improve the quality of education under the situation of the rapid development of the scale and quantity of postgraduate enrollment is an urgent task facing the secondary colleges of universities. From the perspective of student subject, this paper makes a quantitative and qualitative analysis of the survey data based on the questionnaire survey of graduate education satisfaction of D-College of W-University. On this basis, the basic situation and existing problems of D-college graduate education are understood and mastered, and the optimization strategy of improving graduate education satisfaction is explored, which provides a useful reference for the secondary colleges to improve the quality of postgraduate education.

Key words: Secondary colleges; Graduate; Education quality; Investigation report

随着我国研究生教育事业的迅速发展，高校陆续建立了校院两级研究生教育和管理模式，学院作为落实研究生培养环节和保障培养质量的主体机构，在提升研究生培养质量中发挥至关重要作用。研究生作为

收稿日期：2019-06-25

作者简介：华小梅(1976—)，女，湖南衡阳人，武汉大学电气与自动化学院学科建设办公室主任，工学硕士，主要研究方向：高等教育教学管理与研究。魏鑫(1994—)，女，福建福州人，武汉大学电气与自动化学院，工学硕士，主要研究方向：电气工程科研和教学研究。陈红坤(1967—)，男，湖北浠水人，武汉大学电气与自动化学院副院长，教授博导，工学博士，主要研究方向：高等教育教学、科研与管理。

高等教育的直接参与者和教育活动的主体，其满意度是反映、监测和评估研究生教育质量的一个重要维度与指标[1]，针对研究生满意度调查已被教育部相关部门和高校广泛采用，而在二级学院开展研究生满意度调查、分析和研究具有更强的针对性、参考性和实效性，对了解研究生教育现状和提高研究生教育质量具有重要意义。本文对 W 大学 D 学院研究生在课程教学、科学研究、指导教师及管理与服务等方面的满意度进行了实证研究，旨在从学生主体视角出发，反观学院研究生教育服务现状，为提升研究生教育质量提出有效的意见和建议。

一、问卷调查概况

(一)问卷设计

本研究的问卷设计主要从研究生培养过程所涉及四个要素进行考虑，分别为：

1. 课程教学

研究生阶段的课程学习与教学依然是必要且重要的一个环节，但是在认识上要有所提高，研究生的课程绝不是本科生课程的简单延续，而是要有研究生阶段独有的特点。同时，针对不同学历的研究生，相应的课程设置也应有所不同，以适应于不同的培养要求。

2. 科学研究

进行科学研究是研究生教育与本科生教育的最大区别，研究生科研能力的高低也是衡量研究生培养质量的一个重要标准[2]。因此，高校要重视培养研究生的科研能力，要不断更新和扩大科研设施建设，营造良好的科研环境，把科研活动放在研究生培养中的核心位置。

3. 指导教师

研究生导师是研究生培养环节中极为重要的一个角色，教育质量的提升离不开导师指导环节。导师指导发挥的主要作用在于正确引导研究生深入了解本专业的前沿动态和研究方向，为研究生的生活及职业生涯规划提供帮助，培育学生成人成才。所以，研究生导师的指导方式、指导时间、指导效果是衡量其在研究生培养过程中所发挥作用的重要指标。

4. 管理与服务

培养过程是研究生培养的核心环节，主要包括教学、科学研究、学位论文以及思想教育等几个方面。因此，加强对培养过程几个方面的管理与服务对提高研究生培养质量至关重要，加强研究生教育规范化管理，进一步推进科学、合理的制度化建设，是提高研究生培养质量的保障[3]。

因此，本调查问卷的内容维度就来自于研究生培养过程中的四大要素。在参考现有研究生满意度研究文献的基础上设计了问卷。问卷分为导语、研究生(被调查者)的基本信息和题项三个部分。题项分为 4 个维度，共 66 道题目，第一部分为研究生对学院总体概况的满意度；第二部分为研究生对课程教学的满意程度；第三部分为研究生对科学研究的满意程度；第四部分为研究生对指导教师的满意程度；第五部分为研究生对管理与服务的满意程度，其中包括一题开放性问题，收集研究生对学院研究生教育与管理服务的建议。问卷每部分的维度设计如表 1 所示。为方便后期对回收数据的处理与分析，更加直观地展现调查结果，本调查问卷采用里克特 5 级正向计分的方式(如：1 表示非常不满意，2 表示比较不满意，3 表示一般，4 表示比较满意，5 表示非常满意)。

表 1　　研究生满意度调查问卷维度设计

一级维度	二级维度
课程教学	教学内容、教学形式、教学资源、教学效果
科学研究	科研环境、科研条件、科研成果
指导教师	导师实力、指导情况、指导效果
管理与服务	管理服务执行情况、管理服务执行效果

问卷针对研究生的共性问题设计了普适性题项，同时针对不同类型研究生的特性设计了针对性题项，以便调查结果既能反映学院研究生教育存在的共性问题，又能反映不同类型研究生教育的特性问题。

(二)问卷发放及回收

研究调查对象为 W 大学 D 学院不同培养类型和年级的研究生，调查过程遵循随机抽样原则，问卷设计利用“问卷星”软件，通过研究生 QQ 群进行问卷发放，问卷填写采用不记名方式，尽可能排除调查对象因各方顾忌对调查结果造成干扰，有效保证了调查结果的真实性与有效性。实际回收有效问卷 318 份，该院各类在校研究生 663 人，样本采集率达到 48%，调查样本充足，调查数据具有代表性。

(三)样本特征

样本基本情况见表 2。

表 2　　问卷调查样本基本情况

调查对象基本情况		人数	百分比
学历	博士	87	27.36%
	学术型硕士	142	44.65%
	专业型硕士	89	27.99%
年级	一年级	130	40.88%
	二年级	115	36.16%
	三年级	62	19.50%
	四年级及以上	11	3.46%

二、数据统计与分析

(一)总体概况

针对学院研究生教育、课程教学、参与科研工作、指导教师、研究生教育管理与服务、就业指导和服务与心理咨询和服务七个方面，被调查研究生对每个表述可选择 1～5 分进行评价，依次表示非常不满意到非常满意，调查结果如图 1 所示。

由图 1 可知，被调查研究生在读期间对学院的总体满意程度的平均分为 3.90 分，其中对指导教师的

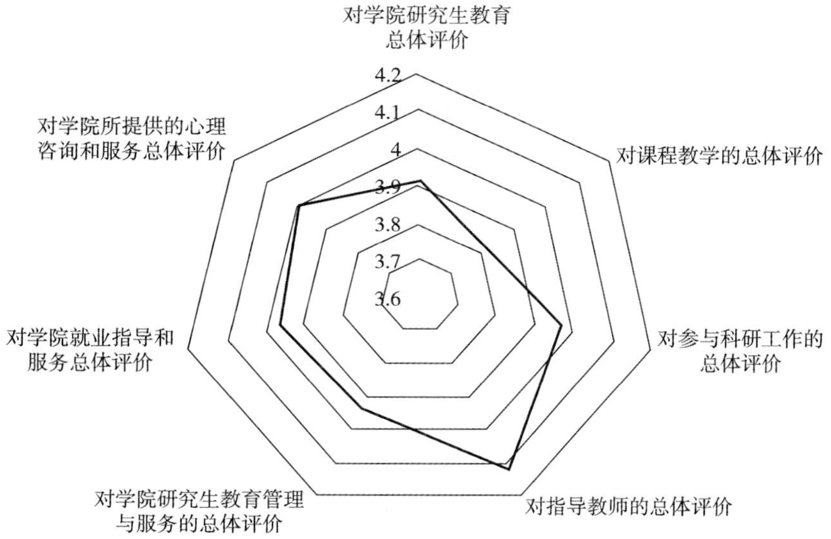

图 1　各方面总体满意度调查结果

满意度最高，对于课程教学的满意度最低，说明研究生对学院总体比较满意，对于指导教师的综合水平具有较高的满意度，而认为学院在课程教学方面仍需改进。

(二)课程教学

1. 课程教学各方面情况

针对课程体系合理性、课程内容前沿性、教师教学水平与教师教学方法等四个方面，被调查研究生对每个表述可选择 1~5 分进行评价，依次表示非常不满意到非常满意，具体评价结果如图 2 所示。

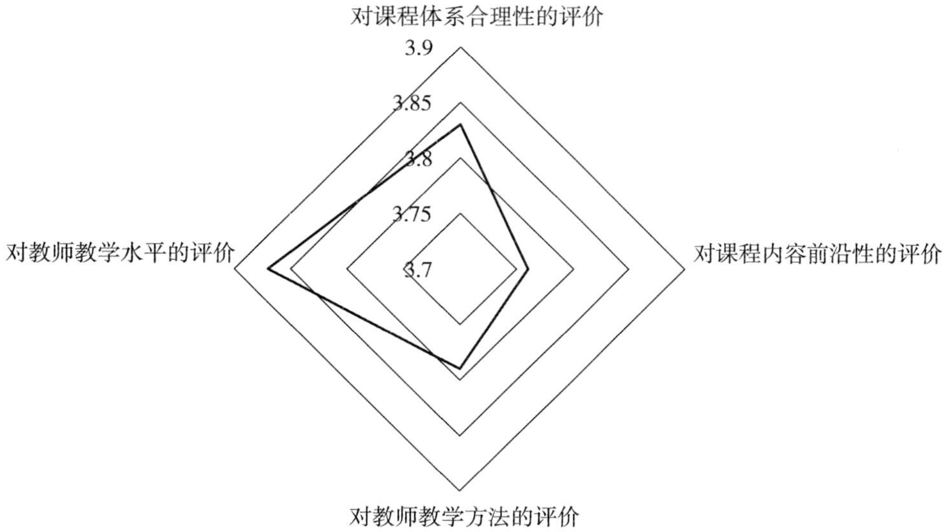

图 2　课程教学各方面满意度调查结果

由图 2 可见，被调查研究生对课程教学总体评价的平均分为 3. 81 分，说明对课程教学质量总体比较满意，其中对教师教学水平的满意度最高，而对课程内容前沿性的满意度最低。说明在课程教学方面，应增加部分前沿性与创新性的内容满足研究生培养需要。

2. 课程质量情况

针对课程质量情况调查结果显示，现有课程中很有价值的课程所占比例的平均分为 3. 57 分，未达到比较高的水平；而现有课程中“水课”所占比例的平均分为 3. 37 分，超过一般的水平。说明很有价值的课程数量不能够充分满足研究生的学习需要，而“水课”较多，应进一步对相关课程进行调查与调整，全面梳理各门课程的教学内容，对“水课”进行改进，满足研究生培养对课程教学的需要。

针对研究生课程在各方面的作用，被调查研究生对每个表述可选择 1～5 分进行评价，依次表示非常小到非常大，具体调查结果如图 3 所示。所有项目的平均分为 3. 86 分，表示学院研究生认为当前研究生课程总体作用较大，其中研究生认为现有课程对于拓展学术视野的作用最高，而对于提升实践能力的作用偏低。说明研究生对于课程在学术与学科方面的作用较为认可，但现有课程在提升实践能力方面仍有待加强，需进一步提高课程的实用性。

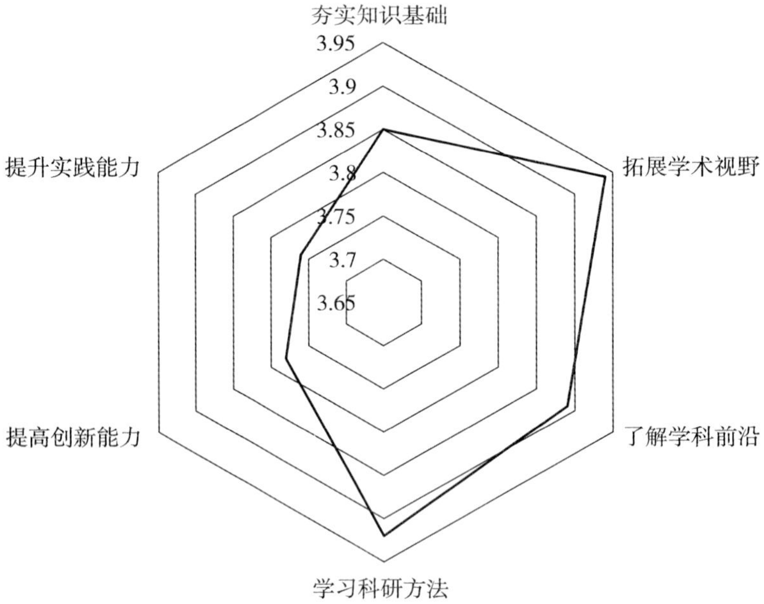

图 3　研究生课程各方面作用情况调查结果

针对研究生专业课程重复度方面，被调查研究生对每个表述可选择 1～5 分进行评价，依次表示无重复到重复非常多。课程重复度的平均分为 2. 53 分，说明研究生认为当前的专业课程与前期学习课程重复度较低，现有的专业课程能够帮助学院研究生学习到新的专业知识。

(三)科学研究

1. 研究生实验室氛围情况

针对研究生实验室的氛围方面，调查结果如图 4 所示。

由图 4 可知，共有 73. 27%的被调查研究生认为实验室的氛围轻松活泼、氛围融洽，说明绝大部分的研究生对于实验室氛围满意。

2. 读研期间科研项目情况

针对读研期间参加过的科研项目数方面，具体评价结果如图 5 所示。

由图 5 可知，被调查研究生中 94. 65%有参加科研项目的经历，而 70. 12%的研究生参加了两项及以

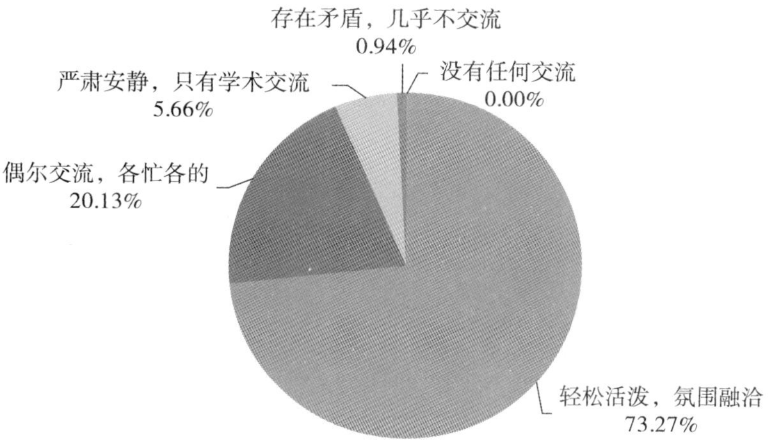

图 4　研究生实验室氛围调查结果

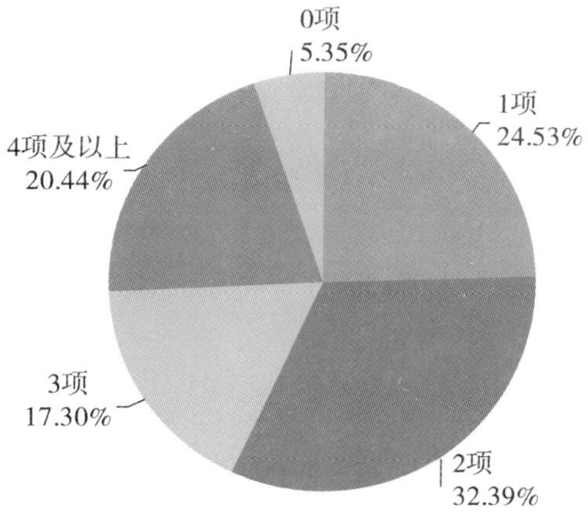

图 5　读研期间科研项目情况调查结果

上的科研项目，说明绝大多数研究生均能够获得实际科研项目研究机会。

3. 科学研究情况

针对科学研究情况，被调查研究生对每个表述可选择 1～5 分进行评价，依次表示非常低到非常高，具体调查结果如图 6 所示。

由图 6 可知，研究生认为投入时间最多的课题与学位论文研究的相关程度较大，即研究生的学位论文大部分依赖于课题研究完成。同时，研究生对学院在科研方面的重视情况较为认可，但对所提供的科研设备条件则相对不满意。说明学院应加强科研所需设备条件的建设与管理，以满足研究生进行科学研究的需要。

4. 学院提供的学术服务情况

考虑到博士研究生对于学术服务具有更高的要求，因此针对学院提供的学术服务情况对博士研究生进行调查。被调查研究生对每个表述可选择 1～5 分进行评价，依次表示非常不满意到非常满意。所有项目的平均分为 4. 04 分，具体调查结果如图 7 所示。

由图 7 可知，被调查博士研究生对于学院所提供的学术服务满足论文需要的程度表示较为满意，而对于学院提供的从事科研活动的硬件条件及学业考核、指导与管理方面满意度偏低。说明学院应进一步加强科研硬件设施的建设，同时加强学业考核、指导和管理服务，以满足博士研究生的科研需要。

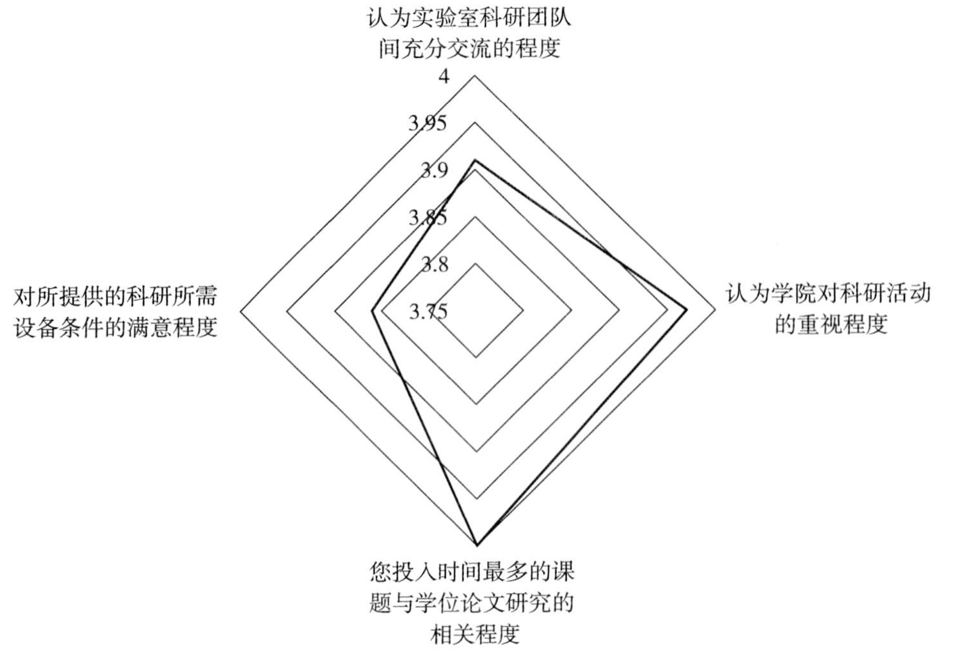

图 6　科研环境与氛围调查结果

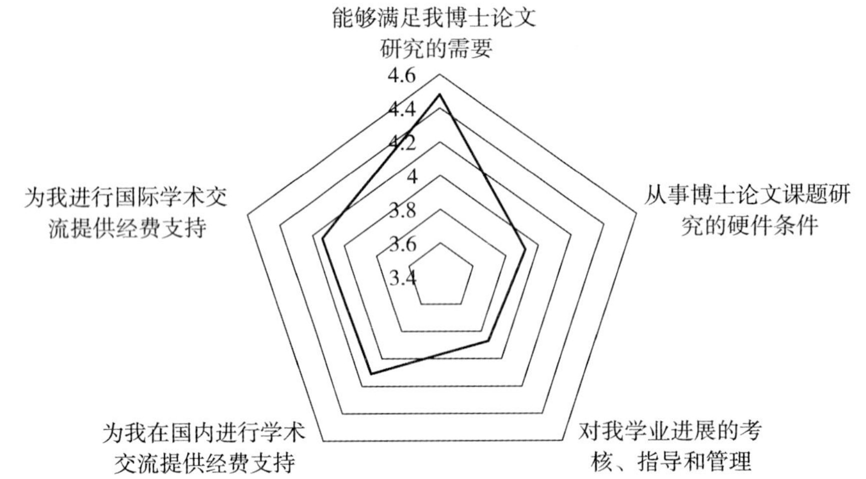

图 7　学院提供的学术服务情况调查结果

5. 学术氛围及学术交流情况

针对博士研究生对学校和学院的学术氛围、学术交流满意度进行调查，被调查研究生对每个表述可选择 1~5 分进行评价，依次表示非常不同意到非常同意。所有项目的平均分 3.70 分，具体调查结果如图 8 所示。

由图 8 可知，被调查博士研究生普遍认为其在学术上有不同看法时，可以和导师自由讨论，同时导师支持其与其他老师进行交流；但实际而言，除导师外，被调查博士研究生与本院其他老师互动较少。说明学院博士生导师的指导较为到位，而不同方向、不同实验室间的师生交流不够。

此外，针对学院提供的学术服务情况也在学术型硕士中开展调查。所有项目的平均分为 3.98 分，具体调查结果如图 9 所示。

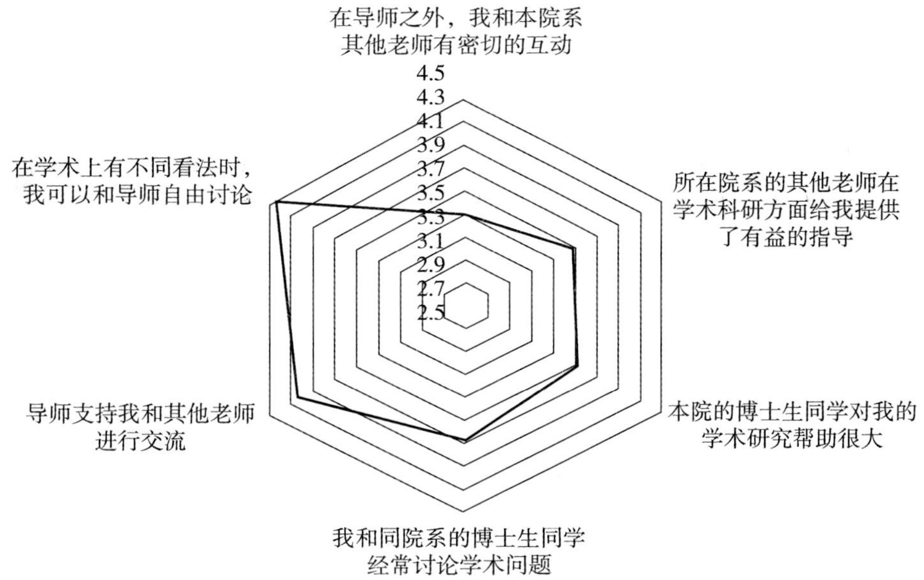

图 8　学术氛围及学术交流满意度调查结果

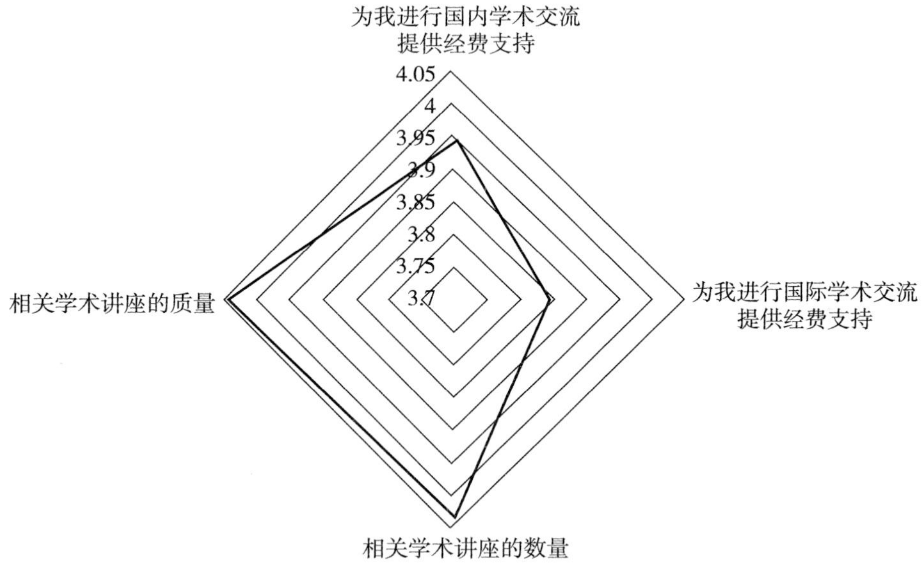

图 9　学院提供的学术服务满意度调查结果

由图 9 可知，被调查学术型硕士对于学院所举办的讲座数量及质量满意度较高，而对于国际学术交流活动的经费支持满意度相对偏低。说明学术型硕士对于学院所提供的学术服务整体较为满意，但学院在学术交流活动的经费支持方面可能更侧重于博士研究生，而忽略了学术型硕士有同样的需求，学院在对学术型硕士提供国际学术交流的经费支持方面仍有待增加。

(四)指导教师

1. 研究生与导师交流情况

针对研究生与导师的交流情况，分别从导师平均每周与研究生交流时间及交流频率两方面进行调查，调查情况如图 10 和图 11 所示。

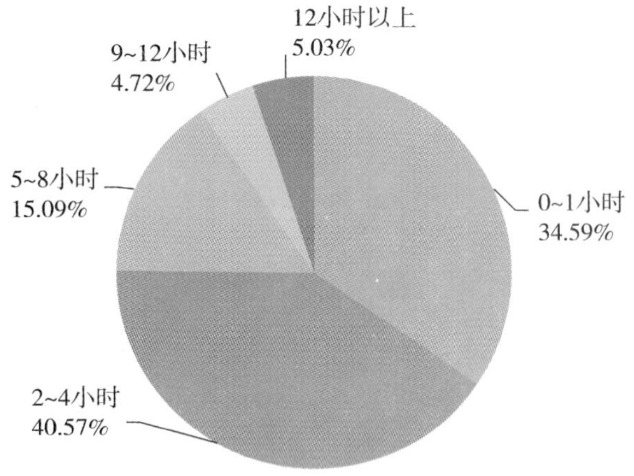

图 10 研究生与导师每周交流时间调查结果

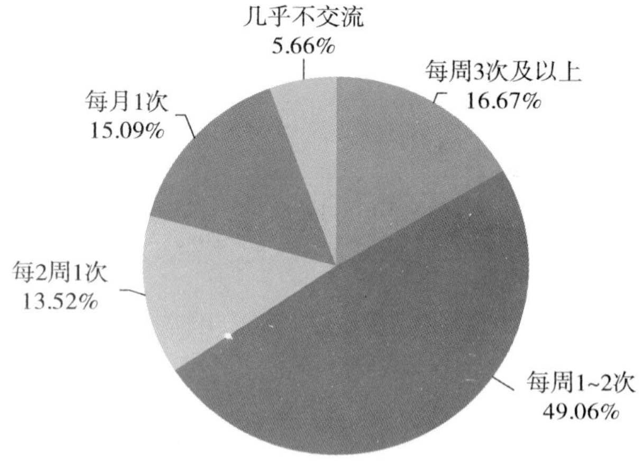

图 11 研究生与导师交流频率调查结果

由图 10 可知，75. 16%的被调查研究生近半年来平均每周与导师进行各方面交流的总时间低于 4 个小时，而交流总时间高于 9 小时的研究生仅 9. 75%，有超过三分之二的学生平均每天与导师交流的时间不足半小时，说明研究生与导师进行交流的时间普遍较少。图 11 显示，65. 73%的被调查研究生近半年来与导师进行各方面交流的频率高于每周 1 次，但仍有 20. 75%的被调查研究生与导师交流的频率低于每月 1 次，说明大部分研究生与导师交流频率较高，但仍有不少研究生与导师交流频率较低。

2. 导师个人素质情况

针对导师个人素质情况，被调查研究生对每个表述可选择 1 ~ 5 分进行评价，依次表示非常低到非常高。所有项目的平均分为 4. 36 分，说明学院研究生对于导师各个方面的满意程度均较高，具体调查结果如图 12 所示。

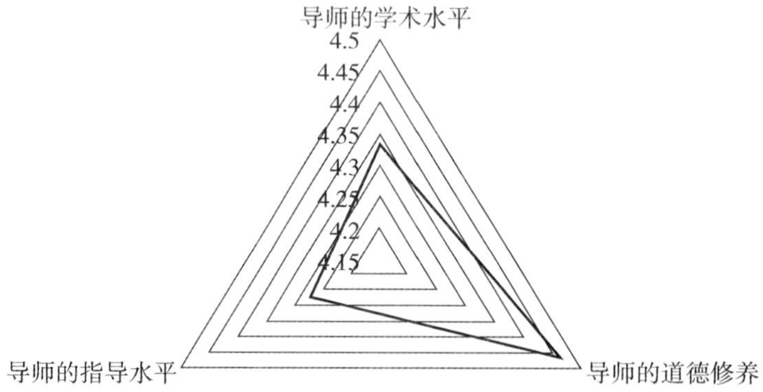

图 12 导师个人素质情况调查结果

由图 12 可知，研究生对于导师的道德修养和学术水平充分肯定，而对于导师指导水平的满意度相对偏低，但也超过了比较高的水平，说明研究生对于导师各方面情况均较为满意。

3. 导师对研究生影响情况

针对导师对研究生的影响程度方面，被调查研究生对每个表述可选择 1 ~ 5 分进行评价，依次表示非常小到非常大。所有项目的平均分为 4. 15 分，具体调查结果如图 13 所示。

由图 13 可知，研究生认为导师在治学态度与道德修养方面对其影响最大，而在学术兴趣方面的影响相对偏低，但超过了影响较大的水平，说明研究生对导师对其各方面的影响均较为肯定。

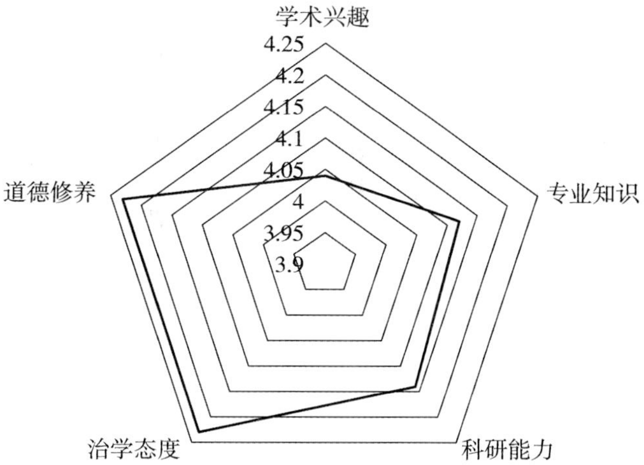

图 13　导师对研究生各方面影响调查结果

4. 导师提供指导情况

针对导师提供的指导，分别在博士研究生和学术型硕士中开展调查。被调查研究生对每个表述可选择1~5分进行评价，依次表示非常不同意到非常同意。博士研究生与学术型硕士的调查结果分别如图14与图15所示。

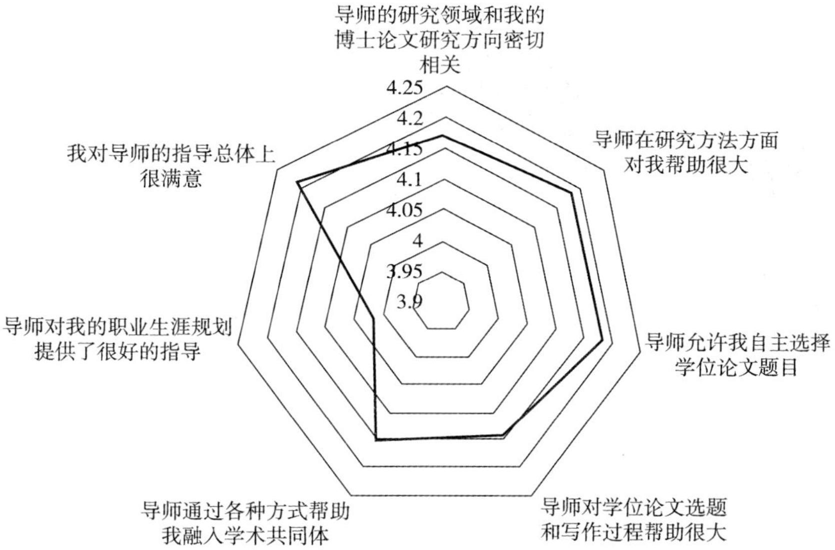

图 14　博士研究生导师指导情况调查结果

由图14和图15可知，研究生认为导师在科学研究方面对自己提供了较大的帮助，而在职业生涯规划指导方面的指导作用相对较少。说明导师对研究生的培养主要侧重于科学研究方面，而在职业生涯规划方面的指导仍需要加强，以促进研究生的全面发展。

5. 专业型硕士实践导师情况

针对实践导师的情况在专业型硕士中开展调查，被调查的89名专业型硕士中仅4人有实践导师，仅占被调查专业型硕士的4.5%。说明具有实践导师的专业型硕士比例极少，实践导师的人数完全无法满足专业型硕士的培养要求。

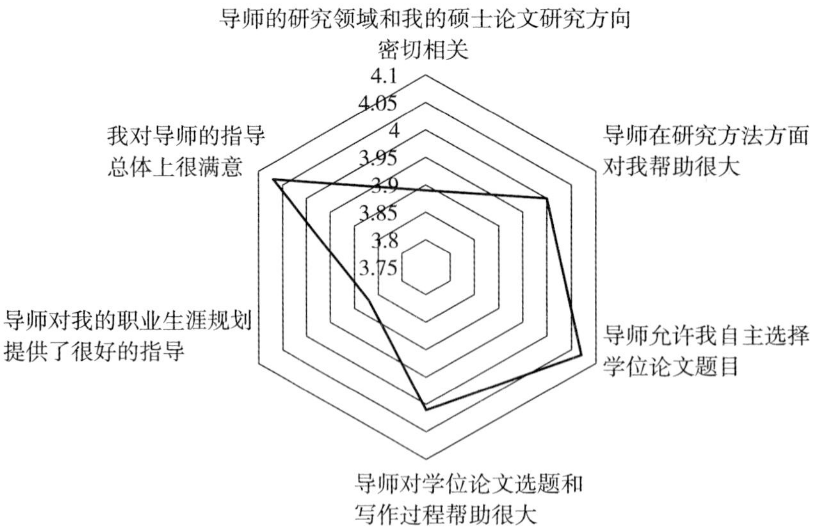

图 15　学术型硕士导师指导情况调查结果

随后针对实践导师的能力及指导情况进行调查，被调查研究生对每个表述可选择 1～5 分进行评价，依次表示非常不满意到非常满意。所有项目的平均分为 4. 44 分，具体调查结果如图 16 所示。

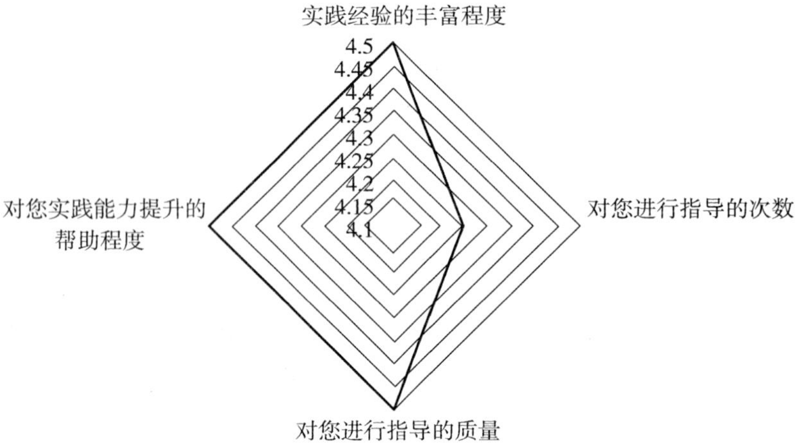

图 16　实践导师能力与指导情况调查结果

由图 16 可知，专业型硕士对其实践导师各方面的满意程度均较高，而在实践导师指导次数方面的满意度相对较低，但也超过了较为满意的水平。说明具有实践导师的专业型硕士对于实践导师各方面的能力及指导情况较为肯定，即实践导师对于专业型硕士实践能力的提升具有一定的作用。

（五）管理与服务

1. 学院制度与服务情况

针对学院制度与服务情况，被调查研究生对每个表述可选择 1～5 分进行评价，依次表示非常不满意到非常满意。所有项目的平均分为 3. 94 分，具体调查结果如图 17 所示。

由图 17 可知，研究生对于五类制度与服务均接近于比较满意的水平，其中，对于“三助”岗位设置及

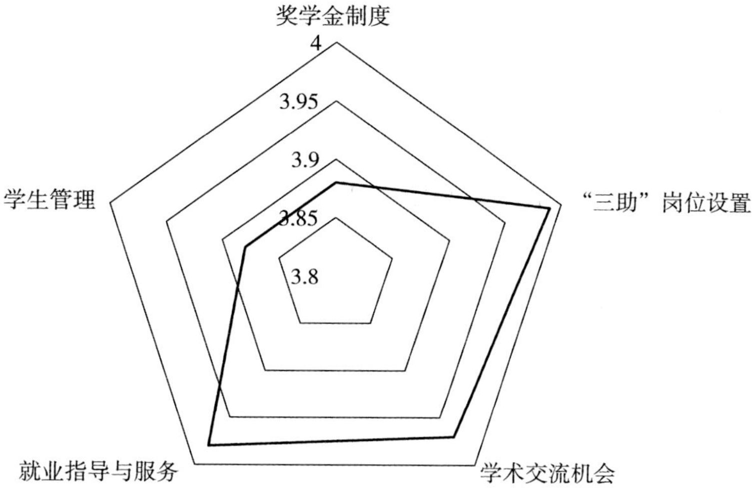

图 17　学院制度与服务调查结果

就业指导与服务方面的满意程度最高，而对于学生管理与奖学金制度方面的满意程度相对较低。说明研究生对于学院的各项制度与服务整体而言较为满意，但学院在学生管理与奖学金制度建设方面仍有待加强。

2. 培养环节管理情况

针对学院博士培养环节的执行情况在博士研究生中进行调查，被调查研究生对每个表述可选择 1～5 分进行评价，依次表示非常不严格到非常严格。所有项目的平均分为 4.11 分，具体调查结果如图 18 所示。

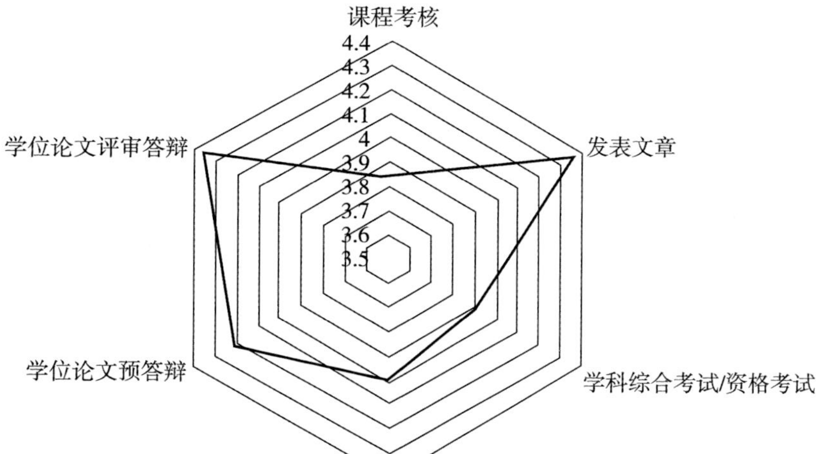

图 18　博士培养环节执行情况调查结果

由图 18 可知，被调查博士研究生认为学院在学位评审答辩及发表文章方面的执行情况较为严格，而在课程考核和学科综合考试方面执行不太严格。说明博士研究生对于培养环节的执行情况较为认可，但在课程考核和学科综合考试方面仍需进一步加强。

针对学院硕士培养环节的执行情况在学术型硕士中进行调查，被调查研究生对每个表述可选择 1～5 分进行评价，依次表示非常不严格到非常严格。所有项目的平均分为 3. 99 分，具体调查结果如图 19 所示。

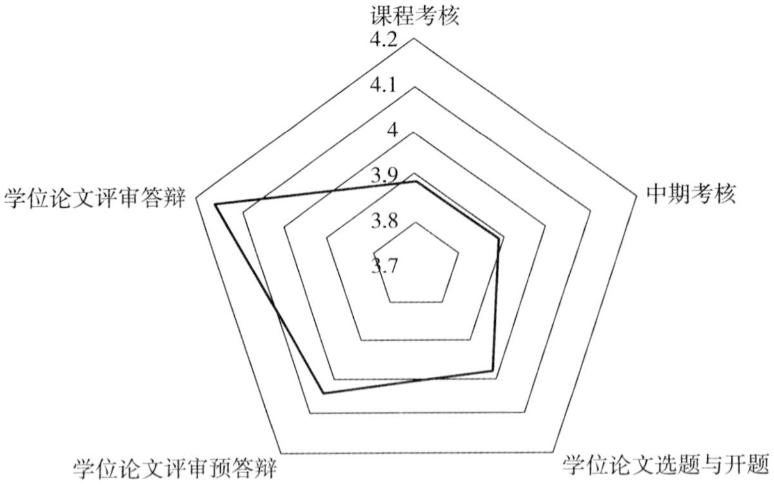

图 19　硕士培养环节执行情况调查结果

由图 19 可知，被调查学术型硕士认为学院学位论文评审答辩的执行情况较为严格，而认为课程考核及中期考核方面的执行情况不够严格，与博士研究生的调查结果相近。说明学术型硕士对学院硕士培养环节的执行情况较为认可，但学院在课程考核与针对学术型硕士的中期考核方面仍有待加强。

3. 实习实践情况

针对实习实践经历情况在专业型硕士中展开调查。被调查专业型硕士中，仅 25 人具有实习实践经历，占被调查专业型硕士人数的 28%。说明学院具有实习实践经历的专业型硕士比例较低。

进一步针对实习实践岗位的来源进行调查，具体调查结果如图 20 所示。

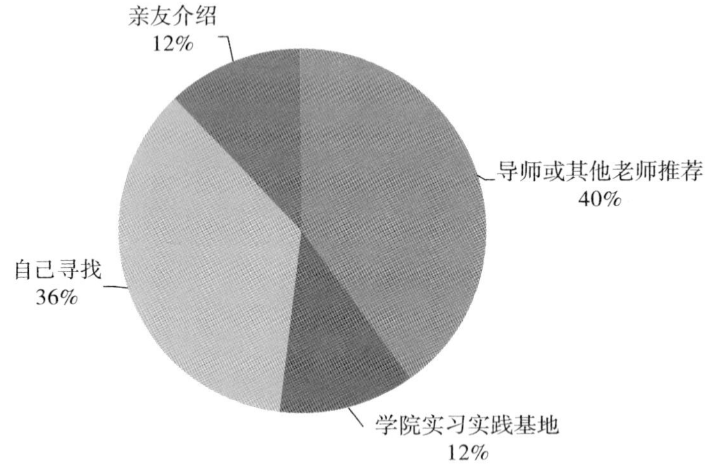

图 20　实习实践岗位来源调查结果

由图 20 可知，导师或其他老师推荐是专业型硕士获得实习实践岗位的主要来源，而通过学院实习实践基地获得实习机会的专业型硕士较少。说明学院需进一步加强实习实践基地的建设，提高专业型硕士的实践能力与应用水平。

4. 学院奖助学金情况

针对学院奖助学金情况，被调查研究生对每个表述可选择 1 ~ 5 分进行评价，依次表示非常不同意到非常同意。所有项目的平均分为 3. 93 分，具体调查结果如图 21 所示。

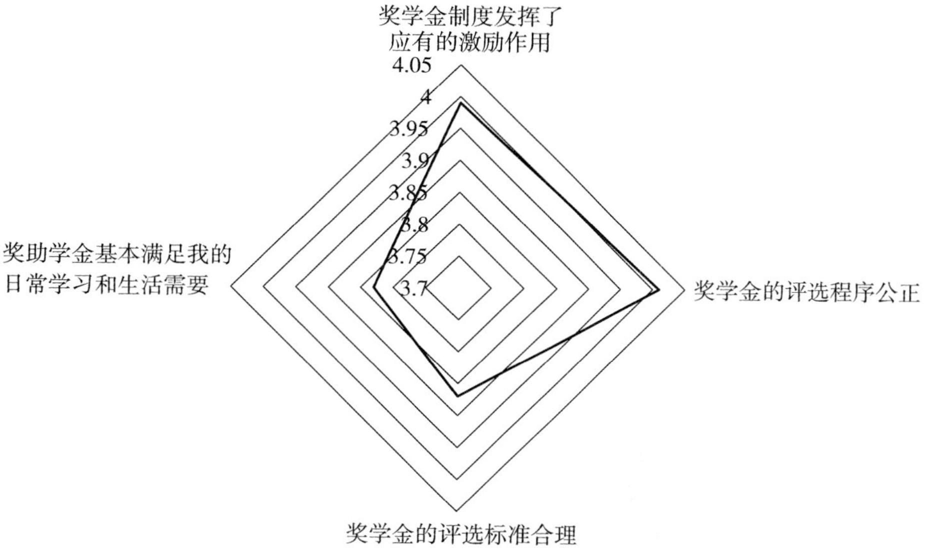

图 21　奖助学金情况调查结果

由图 21 可知，研究生对于奖助学金情况各个项目的评价均接近较为满意的水平，其中，对于奖学金制度的激励作用与奖学金评选程序的公正性较为满意，而对于奖助学金数额与奖学金评选标准的满意度相对较低。说明学校和学院应依据研究生学习生活情况，对奖助学金相关政策及评选标准进行调整，以满足研究生的意愿与需求。

5. 研究生管理与服务建议

为收集研究生对于学院研究生教育与管理服务的意见及建议，问卷设计了一个开放性问题。对被调查研究生所提意见进行词频分析，结果如图 22 所示。

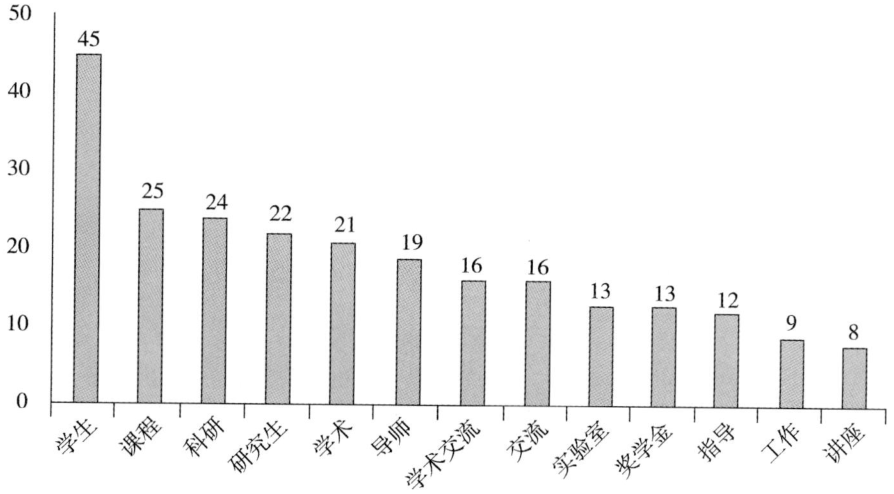

图 22　研究生管理与服务建议词频分析

由图 22 可知，研究生最关心的方面包括对学院对学生的关注程度、课程情况、科研条件、导师水平等。针对不同关键词各提取了 5 条相关意见，如表 3 所示。

表 3　研究生管理与服务相关建议

关键词	相关意见
学生/研究生/硕士	关注学生需求和心理
	结合学生的研究方向给予适当的课程以及其他学习资源的帮助
	学院应该增加对研究生的管理权限，削弱导师对学生的决定性管理权限
	建议硕士入学时全部分为一类专业硕士，学制改为三年制，研二期间根据大家兴趣分流，有读博想法的可转为学术硕士或硕博连读，没有读博想法的一律继续作为专业硕士，最后一年实习实践落到实处。专业硕士把课程上好，积累好课题研究经验和实习实践经验即是培养目的。个人认为读博才是真正的学术科研，如果不读博士，学术硕士是一个很鸡肋的存在
	学生活动在奖学金的评比中所占的比重可以再降低一些，而科研所占比重还可以更高，研究生的主要学习/工作应该是在充分科研的基础上，可以另外参加一些文体活动，不应该鼓励学生本末倒置
	不能让学生负责太多的科研项目，限制了学生个人发展
课程	课程方面需要开一些具有前沿性质的课
	研究生课程应该减少不实用的，比如知识产权信息检索，多一些真正能指导科研工作的
	课程设计需更加贴合最新发展领域
	希望能提高课程质量，课程前沿水平，感觉这有些课帮助不大，内容都比较古老
	课程质量差，没什么用，讲课时老师也是敷衍，还不如开展软件培训
科研	加强对科研重视，提高奖学金评比中科研占比
	适当增加科研硬件设施的投入
	课程安排不够合理，博士生奖学金评选时学生工作占比太多，学术成果占比太少，不利于鼓励学生科研
	提升科研硬件条件
	科研上的国际交流非常重要，目前的硕士、博士研究生的出国交流机会略少，应该鼓励出国交流，并为出国的中国留学生提供一定的经济支持
学术	增强实验室之间的学术交流，增强心理健康咨询活动，多组织课外健康活动
	可适当增加真正有用的学术交流活动，促进各实验室间的学术交流及融合
	学生参加国内外的学术会议应该也算参加一次博士论坛，不要强行要求非要参加学院组织的，国内外的会议汇报更能锻炼人
	加强学术成果的实际运用、提升课题组之间的交流频率、为研究生新生普及多类研究课题、自主选择感兴趣的研究方向
	硕士增加国际学术交流访问的机会
导师	导师权力过大，不同实验室之间几乎没有学术交流，从而导致很多学术上的问题自己导师具有一票否决权，想要和其他实验室老师之间交流却没有门路，对学生科研其实造成很大的阻碍
	如果学生不能按时毕业，希望学院能调查原因，追究导师责任
	导师自身要加强道德规范与学术水平，有些人自己都不做科研，只想着做项目赚钱，怎么指导学生做科研
	导师们应该指导学生搞好科研，而不是让学生变成赚钱的工具
	导师权力过大，无人监督，部分导师忙于自己的项目，对学生不管不顾

三、存在的问题与困境

结合对上述调查问卷数据的统计和分析结果，可以较全面了解和掌握 W 大学 D 学院研究生教育的基本现状，发现该院在研究生教育四大要素中存在如下问题：

（一）课程教学

1. 课程设置无法充分满足研究生培养需要

学院现有的课程设置存在着有价值的课程较少、“水课”较多的弊端，一方面，课程内容较为枯燥，无法激发研究生的学习兴趣，制约了研究生教学效果；另一方面，现有的课程对于研究生在知识拓展及能力培养方面的作用偏小，无法充分满足研究生的培养需求。

2. 课程内容缺乏前沿性与实践性

研究生课程内容缺乏前沿性与实践性，即现有的课程内容较为陈旧，无法帮助研究生了解行业前沿知识，且现有的课程内容普遍存在“重理论，轻实践”的现象，导致研究生在实践技能方面的能力有所欠缺。

3. 专业类课程质量有待提升

教学内容缺乏较强的时代性、系统性与实用性，无法使研究生深入学习到知识的本质，造成研究生对于专业知识的掌握仅停留在表面上；专业课授课的方法模式较为陈旧，采用封闭式、注入式的方式进行教学，仅注重核心理论知识的讲解与传授，致使大部分研究生的学习目的是单纯地取得合格的分数。

（二）科学研究

1. 科研设备无法充分满足研究生需求

学院对于科研设备的建设重视程度不够，所提供的科研平台和设备有限，此外学院缺乏相关的科研平台及科研设备管理部门，相应的实验设备管理与运行机制不够健全，不能将全院的科研设备进行统一管理与运行，无法满足研究生科研创新活动的需求。

2. 学术交流活动有待增加

研究生进行学术交流的范围局限于本实验室或本课题组，缺乏与不同课题组及不同研究方向的师生进行交流与沟通的平台。学院在研究生学术交流平台搭建方面的投入仍有所欠缺，通常以讲座的形式进行，交流的形式过于单一，导致学术交流不够广泛与深入，无法满足研究生（尤其是博士研究生）对于学术交流的需要，进而限制了研究生科学研究水平的进一步提高。

（三）指导教师

1. 导师与研究生关系出现异位

研究生导师队伍的发展落后于研究生数量的扩张速度，部分指导教师的管理模式由传统的“师徒制”教育模式逐渐转变为“放养式”管理，导师亲自指导研究生学习、研究的时间越来越少，某些导师将研究生作为“赚钱的工具”，师生之间的关系逐渐畸形。导师对研究生（特别是博士生）不当的管理与制约、对其科研项目和成果的限制，已成为导致研究生无法按期毕业的重要原因之一。

2. 导师提供职业生涯规划指导欠缺

导师对于研究生的指导重点侧重于学术研究，而在研究生职业生涯规划方面的指导仍有所欠缺，导致研究生在就业能力和职业发展的核心竞争力等方面有所缺乏。

3. 实践导师无法满足专硕需要

目前具有丰富实践经验的专业型硕士校外导师的人数极少，而校内导师倾向于学术化，造成专业型硕士与学术型硕士培养趋同化，而在学习年限上专业型硕士又比学术型硕士少一年，严重影响专业型硕士培养质量。

(四)管理与服务

1. 研究生培养环节有待严格落实

学院存在课程考核、博士综合考核、学硕中期考核和专硕实习实践等培养环节执行不到位的情况。课程考核方式不能拓宽学生的思维，启发其积极探索的能力，忽略了对于研究生专业实践技能的培养与考核，导致研究生对课程考核制度的满意度较低；中期考核管理规范性不够，没能充分发挥其在研究生培养质量建设中的导向作用和把关作用；专业硕士实习实践环节几乎缺失，严重影响专业学位硕士培养质量。

2. 专硕型硕士实践条件急需提升

学院实习实践基地建设无论从基地数量还是效能上都无法满足专业型硕士培养需求。实习实践教学场所一般由导师利用自身的资源独立安排，并非学院长期稳定的校外实践基地，导致研究生实习实践环节缺乏组织与规划，参与实习实践经历的研究生数量偏低。具备“双师”素质的师资队伍严重欠缺，无法按照教育部规定在专业型硕士培养的过程中施行“双导师制”培养，严重影响专业型硕士培养质量。

3. 博士奖学金评选标准亟待调整

现有的奖学金评定规则与博士生的培养要求不够相符，学生工作、文体竞赛等方面的权重设置偏高，科研成果的上限设置偏低，该标准与长期投入科学研究的博士研究生适应度不高，导致部分在科研方面颇有建树的博士研究生相较于积极参与学生工作及文体竞赛的研究生而言反而失去了优势。

四、对策思考

(一)完善课程体系，提升课程教学质量

课程体系是研究生课程教学开展与实施的基础，课程体系的优劣不仅直接影响研究生教学质量的高低，也影响研究生对其培养过程的满意度。因此，学院要根据社会经济发展与学生自身发展需求，结合学院与学科发展实际，广泛调研并充分论证，修订培养方案，构建更科学、更合理、更先进的课程体系。

加强课程教学质量检查力度，找出现有研究生课程中的“水课”及“有意义的课”，将“有意义的课”的授课内容与授课形式进行推广宣传，整改“水课”以使课程教学内容及形式符合研究生的培养要求。采取措施督促教师及时更新课程内容，将本专业领域中最新的、前沿性的科研成果融入课程内容之中。扩大专业型硕士案例课程比例，改革研究生课程教学方式，加强课程教学对研究生创新能力和实践能力的培养。

(二)改善科研条件，搭建学术交流平台

加强学院科研条件建设，通过建立科研设备管理信息系统，整合和规划学院现有的科研设备资源，建立科研设备的共享、调剂平台，对科研设备进行动态管理，提高科研设备利用率，同时加大经费投入购置先进、必备的科研设备以改善研究生的科研条件。

搭建丰富的学术交流平台，拓宽研究生的学术视野。学院可建立研究生定期学术汇报制度，保障导师与学生的交流时间和频率，同时通过集中汇报加强实验室内部学生之间的学术交流；学院通过茶话会、学术沙龙的形式组织不同实验室、不同研究方向的导师和学生的交流研讨，强化学院内部不同研究方向和学

科之间的学术交流与融合；学院通过组织高质量的国际和国内学术会议，并投入经费为学生提供学术会议和出国学术交流资助，促进研究生学术交流的深度及广度。

（三）完善导师考评制度，营造和谐师生关系

加强学院导师队伍建设，多渠道引进人才充实导师队伍，并加强对导师的职业培训，提升导师整体水平；建立导师与研究生之间的定期交流制度，引导导师不仅对研究生提供学术指导，还要关心研究生生活和职业发展规划，促进研究生全面、健康地发展，从而营造和谐温馨的师生关系；完善导师考评制度，将学生评价作为导师考评的重要观测点，对导师职责的履行状况进行综合全面的评估，增强研究生导师的竞争意识、参与意识及危机意识，建立导师问责制，实现研究生导师的优胜劣汰。

采取“引进来”和“走出去”相结合方式建设实践导师队伍，加大专业型硕士“双导师制”的执行力度，促使校内、校外导师合力完成研究生的指导和培养工作，保障培养环节的紧密衔接，实现专业型硕士研究生的培养目标。

（四）落实培养环节，优化激励政策

严格课程考核、实习实践、中期考核等培养环节，明确学院、系和导师在研究生培养过程中的职责和权利，实现“培养链”全过程质量监控。完善课程考核制度，实现考核制度与课程建设的有机结合，发挥课程考核对研究生学习效果评价功能和对高层次人才知识素养的衡量功能；健全中期考核制度，发挥中期考核对研究生培养过程的筛选作用，实现研究生的合理分流和淘汰；加强实习实践基地建设，切实保障专业型硕士实习实践的时间和效果，提升专业学位硕士质量。

优化奖助学金评定规则，将科研成果作为评定研究生奖助学金的重要依据，合理分配各项评价指标的权重，使其在端正学生学习态度、培养研究生创新意识、实现研究生全面发展方面发挥正向激励作用。

◎ 参考文献

[1] 周文辉，黄欢，付鸿飞．2017 年我国研究生满意度调查[J]．学位与研究生教育，2017(9)：45-51.

[2] 薛莉娟，李梁．如何提高硕士研究生的科研能力[J]．中国科教创新导刊，2014(11)：142-143.

[3] 李慧．我国研究生培养质量过程管理研究[D]．大连：大连理工大学，2014.